Jagdgewehre in der Praxis

STELLAN ANDERSSON · JAN ÅKERMAN

MOTORBUCH VERLAG STUTTGART

Die Übertragung ins Deutsche besorgten **Andreas Schulz** und **Mabel Lesch**.

ISBN 3-613-01393-2

1. Auflage 1991

Satzherstellung: Andreas Schulz
Printed in Belgium

Jagdgewehre in der Praxis
geht auf eine Idee von Johnston & Company, Göteborg, Schweden, zurück, die auch die Herausgabe, Gestaltung und Produktion übernommen haben.

Beratender Herausgeber: Robert Elman.

Bildmaterial: Anders Engström, Hans Linder, Lennart Molin und Ulf Söderqvist (Jagdmethoden)

Danksagung
Die Verfasser und der Verlag danken Lennart Jacobsson für seinen Rat und Beistand; auch den nachfolgend Genannten gilt ihr Dank für das bereitgestellte Material und die technischen Informationen:
Aimpoint
P. Beretta S. p. A.
Blaser Sportwaffenfabrik
Bohus Trading
Browning Arms Company
BSA Company
Classic Vapen
FFV Gevärsfaktoriet
HDF-Bolagen
Interaims
J-G Vapen
Norma Projektilfabrik
Krico Jagd- und Sportwaffenfabrik
Remington Arms
J. P. Sauer & Sohn
Sako-Tikka
Savage Arms Company
Småländska Vapen
Stiga Vapen
Stoeger Industries
Sturm, Ruger & Company
Winchester Arms Company
Carl Zeiss GmbH

Inhalt

Büchsen

Die Büchse ist aufgrund ihrer Vielseitigkeit die nützlichste Feuerwaffe des Jägers, denn wegen ihrer Reichweite und anderen Unterschieden zur Flinte läßt sie sich in vielen Formen der Jagd und für eine große Vielfalt von Wild verwenden. Eine sinnvoll eingesetzte Präzisionsbüchse ist bei großem Wild, wie etwa einem Elefanten, genauso wirkungsvoll wie bei einem kleineren Tier, zum Beispiel einem Fuchs. Mit der Büchse kann ein aus dem nahen Dickicht ausbrechender wilder Eber aufgehalten, aber auch in einer Entfernung von 200m stehendes oder langsam ziehendes Dam- oder Elchwild erlegt werden. Die Vielseitigkeit dieses Waffentyps beruht darauf, daß er mit einer Vielzahl von Kalibern, Geschossen und Pulverladungen eingesetzt werden kann. Bei der leichten Schonzeit-Büchse für die Kaninchenjagd handelt es sich um den gleichen Waffentyp mit dem gleichen System wie bei der viel schwereren Büchse, mit der ein Nashorn erlegt wird.

Doch eine Einschränkung muß in der Praxis gemacht werden: Die Büchse kann nicht für Vögel im Flug oder sich schnell bewegendes Wild eingesetzt werden. Dafür gibt es eigentlich keinen technischen Grund. Ein solcher

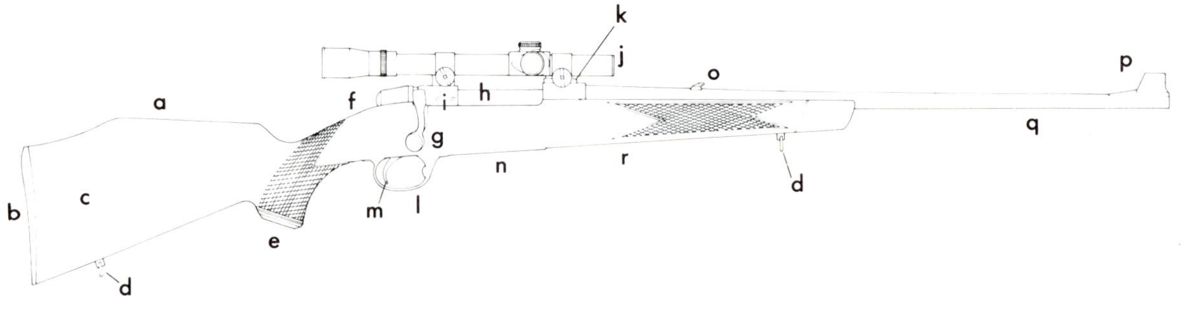

Schuß stellt jedoch sehr hohe Ansprüche an das Können und schnelle Reaktionsvermögen des Jägers. Wenn das Wild plötzlich auftaucht und nur wenige Sekunden im Blickfeld verweilt, ist ein Büchsenschuß erheblich schwieriger anzubringen als ein Schuß aus einer Schrotflinte. Die Streuung der Schrotflinte und die Tatsache, daß mit einem Schuß viele kleine Kügelchen verschossen werden, machen sie zu einer idealen Waffe für nahe Ziele, die sich schnell bewegen.

Die Büchse hingegen ist dafür gedacht, stehende oder sich langsam bewegende Ziele in großer Entfernung mit einem einzigen Schuß zu treffen. In offenem Gelände läßt sich mit einer Büchse über eine Entfernung von mehreren Kilometern ein tödlicher Schuß abgeben. Aufgrund ihrer sehr viel größeren Reichweite ist eine Büchse bei leichtsinnigem Umgang weit gefährlicher als eine Flinte. Doch ein unvorsichtiger Schuß ist in jedem Fall gefährlich und kann den Tod oder die Verwundung eines Menschen zur Folge haben.

Man darf nicht meinen, daß ein Büchsenschuß das Wild tötet, egal wo es getroffen wird. Dies gilt auch für ein Gewehr schweren Kalibers. Die

Die Teile einer Büchse

(a) Schaftrücken
(b) Schaftkappe
(c) Schaft
(d) Riemenbügel
(e) Pistolengriff
(f) Sicherungsschieber
(g) Kammerstengel
(h) Kammer
(i) Verschlußhülse
(j) Zielfernrohr
(k) Zielfernrohrmontage
(l) Abzugbügel
(m) Abzug
(n) Magazindeckel
(o) Kimme
(p) Korn
(q) Lauf
(r) Vorderschaft

Büchse ist eine Präzisionswaffe, und das Geschoß muß unbedingt die lebenswichtigen Organe des Wildes treffen.
Neben der weit größeren Reichweite der Büchse besteht der hauptsächliche Unterschied zwischen ihr und der Schrotflinte darin, daß sich in der Büchsenpatrone ein einziges Geschoß befindet, während die Schrotpatrone eine Anzahl kleiner runder Kügelchen enthält, die man als Schrote bezeichnet. Außerdem ist der Lauf der Flinte glatt gebohrt, was eine geringe Richtungsgenauigkeit zur Folge hat, während der Büchsenlauf mit spiralenförmigen Rillen versehen ist. Diese sogenannten Züge geben dem Geschoß beim Verlassen des Laufes eine genaue Ausrichtung. Außerdem geben sie ihm noch eine Drehumg um dessen Längsachse, wodurch seine Flugbahn selbst über große Entfernungen noch weitgehend geradlinig bleibt. Die moderne Sportbüchse ist so genau, daß ohne weiteres mehrere Schüsse über eine Entfernung von etwa 100m in einem Feld plaziert werden können, das kleiner als eine halbe Handfläche ist.
Schrotkugeln töten das Wild, indem die kleinen Kugeln, die es getroffen haben (manchmal auch sehr viele), einen Schock auslösen und dadurch das

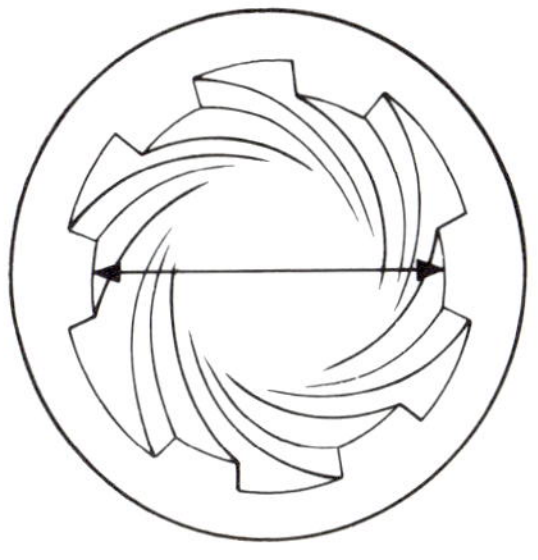

(oben) Das Kaliber einer Büchse wird als die lichte Weite zwischen den Zügen (den erhabenen Bereichen einer Laufbohrung) gemessen.

(Mitte) Ein Büchsengeschoß kann durch einen Zweig oder einen kleinen Ast, den der Schütze beim Zielen nicht gesehen hat, sehr leicht abgelenkt oder sogar zersplittert werden.

Nervensystem »kurzschließen«. Bei kleinem Wild können die Schrote natürlich auch tiefer eindringen und ein lebenswichtiges Organ treffen. Das durch den Drall stabilisierte Geschoß aus einer Büchse dagegen tötet das Wild, indem es in den Körper eindringt und ein lebenswichtiges Organ zerstört, wie zum Beispiel das Herz oder die Lunge. Verletzt das Projektil das Rückgrat, wird das Tier gelähmt. Beim Auftreffen auf den Wildkörper wird es abgebremst und mehr oder weniger stark deformiert, was seine zerstörende Wirkung noch erhöht. Wenn bei einem verhältnismäßig großen Wildstück, wie einem Reh, nur Muskelpartien, zum Beispiel am Vorderlauf, getroffen wurden, bleibt es nicht stehen. Es wird mit seiner Verwundung flüchten, so daß der Jäger ihm folgen muß, um es zu strecken. Die größere Reichweite des Büchsengeschosses ist mit einer erheblich größeren Empfindlichkeit verbunden. Ein kleiner Zweig, den der Jäger beim Zielen übersehen hat, kann das Geschoß von seiner Bahn ablenken oder es sogar in Stücke zersplittern lassen. Aufgrund dieser Empfindlichkeit gegenüber Hindernissen in der Geschoßflugbahn muß sich der Schütze seinen Schuß genau überlegen. Wenn sich das Wild bewegt, muß er ein

wenig vorhalten. Des weiteren muß er die Auswirkung von Schwerkraft und Erdanziehung auf die Flugbahn berücksichtigen. Je länger die Flugbahn, desto größer ist der Einfluß beider Kräfte. Zum Beispiel läßt sich das Visier einer Büchse so einstellen, daß das Geschoß auf eine Entfernung von 150m genau den anvisierten Punkt trifft. Wenn sie aber so eingestellt ist, daß sie auf 100m Entfernung den anvisierten Punkt trifft, dann muß man, um bei 150m Entfernung den gewünschten Punkt zu treffen, nicht ihn selbst, sondern einen etwas höher liegenden Punkt anvisieren, um das Abfallen der Flugbahn auf den letzten 50m auszugleichen.
Auch der Winkel, in dem das Geschoß im Ziel einschlägt, ist beim Büchsenschuß von wesentlich größerer Bedeutung. Ein aus einem ungünstigen Winkel abgegebener Schuß verwundet das Tier unter Umständen nur oder zerstört das Wildbret so sehr, so daß es nicht mehr verwendbar ist. Der günstigste Schuß bei der Groß- und Hochwildjagd mit Büchsen trifft das Wild seitlich im Brustbereich in einem Winkel von ungefähr 90 Grad.
Da aus der Büchse normalerweise ein Präzisionsschuß abgegeben wird, ist es bei der Bejagung von stehendem Wild sehr vorteilhaft, aufgelegt zu schießen. Wenn ein Baumstumpf in der Nähe ist, kann er als Auflage für die Waffe dienen. Eine Schußstütze können Sie sich auch selber anfertigen. Legen Sie die Büchse nicht auf einer harten Unterlage wie einem Stein oder einem Baum auf, denn sie springt sonst im Schuß hoch. Eine harte Unterlage beeinflußt zudem die Schwingungen, die während der Schußentwicklung die gesamte Waffe durchlaufen. Das Ergebnis ist oft eine veränderte Trefferlage. Am besten legen Sie die Hand oder den Arm auf die Unterlage und halten den Vorderschaft der Büchse in dieser Hand. Auf diese Weise ruht der Schaft federnd auf der Unterlage.
Sie können auch im Sitzen schießen. Dabei werden die Unterarme oder Ellenbogen auf die Knie gestützt. Setzen Sie sich mit gespreizten Beinen hin. Die Fersen werden fest in den Boden gestemmt und der Oberkörper leicht nach vorne geneigt.
Schwieriger ist das Schießen mit einer Büchse auf laufendes Wild. Hier verfährt der Jäger ähnlich wie beim Schuß mit der Schrotflinte. Er muß kurz vor dem Wild anhalten und den Schuß abgeben, während die Waffe

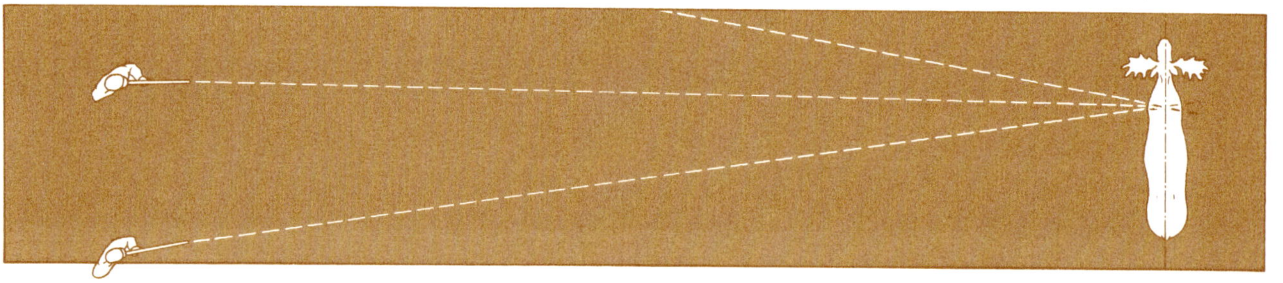

Bei einem Schußwinkel von 90 Grad besteht die größte Wahrscheinlichkeit, ein großes Tier zu erlegen ohne das Wildbret unnötig zu beschädigen.

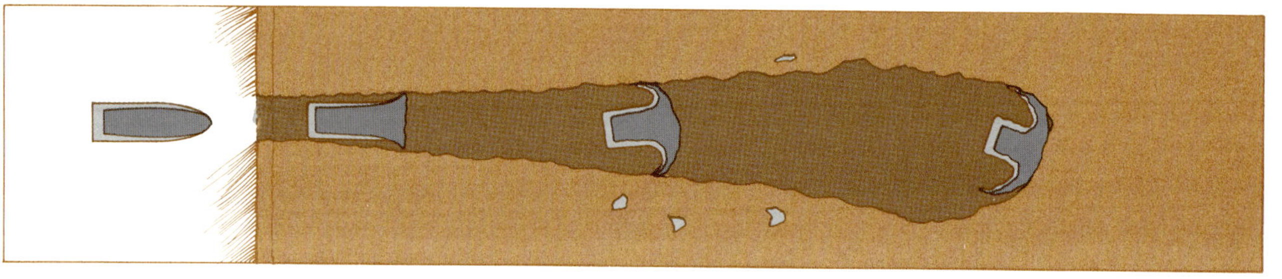

Das moderne Teilmantelgeschoß mit weicher Spitze verformt sich beim Aufprall und vergrößert seinen Durchmesser fast um das Doppelte, wodurch seine Wirkung verstärkt wird.

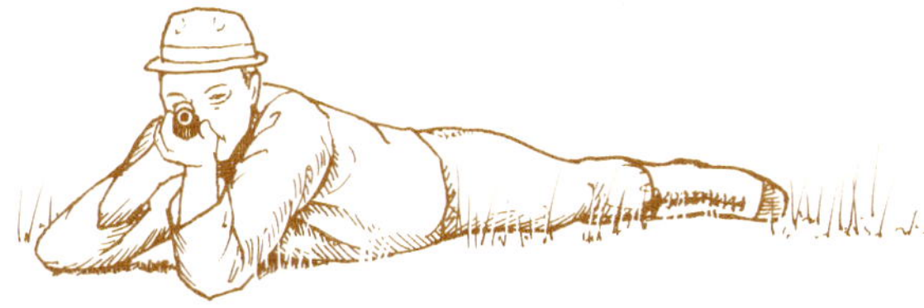

Das Schießen auf stehendes Wild
Die hier beschriebenen Positionen gestatten dem Jäger, das Gewehr beim Zielen ruhig zu halten. Alle Zeichnungen zeigen rechtshändige Schützen.

Die linke Hand stützt den Vorderschaft. Die Büchse ruht auf einem »Dreibein«, das durch Arme und Oberkörper des Schützen gebildet wird.

Aus liegender Position
Der Körper des Schützen und das Visier bilden einen Winkel von 45 Grad. Der linke Ellenbogen wird aufrecht unter den Vorderschaft gestellt.

Der Gebrauch des Riemens
Führen Sie Ihren linken Arm durch die Schlaufe.

Ziehen Sie die Schlaufe am linken Oberarm fest.

Die linke Hand über den Riemen und an den Riemenbügel des Vorderschaftes legen.

Die Büchse bietet noch immer genügend Spielraum für den Schuß auf sich bewegendes Wild.

Aus sitzender Position
Der Körper ist leicht nach vorne geneigt, die Beine bequem auseinandergespreizt, die Fersen in den Boden gestemmt, der rechte Oberarm direkt unterhalb des Knies gegen das rechte Bein gedrückt.

Der Oberkörper befindet sich in einem 45 Grad-Winkel zur Schußlinie.

Der linke Oberarm wird unterhalb des Knies gegen das linke Bein gedrückt.

Die knieende Position
Die Außenseite des linken Oberarms wird direkt oberhalb des Knies fest an das linke Bein gedrückt. Der Körper ist leicht nach vorne geneigt.

Auch hier befindet sich der Oberkörper ungefähr in einem Winkel von 45 Grad zur Schußlinie.

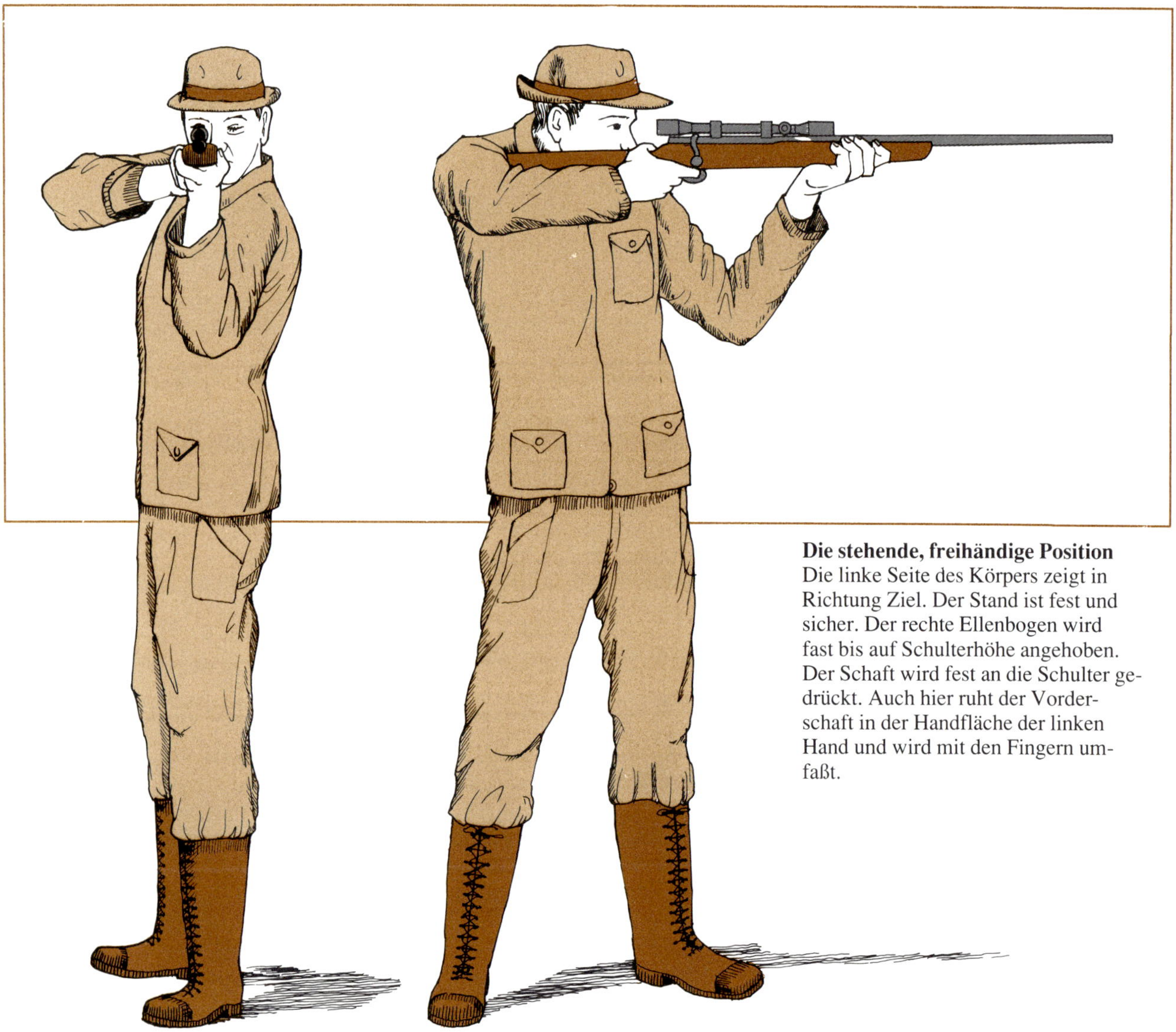

Die stehende, freihändige Position
Die linke Seite des Körpers zeigt in Richtung Ziel. Der Stand ist fest und sicher. Der rechte Ellenbogen wird fast bis auf Schulterhöhe angehoben. Der Schaft wird fest an die Schulter gedrückt. Auch hier ruht der Vorderschaft in der Handfläche der linken Hand und wird mit den Fingern umfaßt.

mit der Bewegung des Wildes mitgeführt wird. Wenn die Bewegung unterbrochen wird, schlägt der Schuß zu weit hinten ein. Doch nicht nur die Geschwindigkeit des Wildes muß berücksichtigt werden. Es ist meist einfacher, auf Wild in schneller und gleichmäßiger Bewegung zu schießen als auf Wild, das seine Richtung ändert oder sich auf und ab bewegt (ein typisches Beispiel für eine solche Bewegung bietet ein Reh, das aufgescheucht wurde, aber den Jäger noch nicht gewittert hat; es flüchtet in flachen, welligen Sprüngen).

Bei einer Büchse mit und ohne Zielfernrohr wird dieselbe Schießtechnik angewandt. Der Vorteil einer Büchse mit Zielfernrohr liegt in der größeren Zielgenauigkeit. Beim Anvisieren sehr naher Ziele gelingt es jedoch erst nach einiger Übung, das Ziel schnell aufzufassen und gleichzeitig den Überblick über das Umfeld zu behalten. Beim Blick durch das Zielfernrohr konzentriert man sich ganz auf das Wild und überblickt kaum noch dessen Umfeld, in dem sich zum Beispiel ein anderer Jäger aufhalten könnte.

Heutzutage sind sechs Typen von Büchsen in Gebrauch. Sie sind in vielen Ausführungen erhältlich und werden von zahlreichen Herstellern in aller Welt gebaut. Der in Europa und Nordamerika vorherrschende Typ ist die Repetierbüchse mit Zylinderverschluß, die sich vom inzwischen klassischen deutschen Mauser-System aus dem späten 19. Jahrhundert ableitet. Weitere Typen sind der Unterhebel-Repetierer, der Vorderschaftrepetierer und die halbautomatische Selbstladebüchse, ferner die Doppelbüchse und die einschüssige Büchse, wobei die Doppelbüchse seltener in Gebrauch ist. Die einschüssige Büchse erfreut sich unter den Jägern, die besonderen Wert auf genaues Zielen legen, wieder großer Beliebtheit: Sie halten sich beim Schießen eher zurück und warten auf eine bessere Gelegenheit, anstatt auf einen schnellen zweiten oder dritten Schuß zu vertrauen.

Schießen auf Wild in rascher Bewegung
(oben) Der Durchschwung, der hinter dem Tier begonnen wird, führt über das Tier hinweg, bis die rechte Führung erreicht ist.
(unten) Beim Vorhalteschuß wird mit der korrekten Führung vor dem Tier angesetzt, einige Sekunden gehalten und geschossen.

Repetierbüchsen mit Zylinderverschluß

Die Repetierbüchse mit Zylinderverschluß erfreut sich nach wie vor in aller Welt der größten Beliebtheit bei den Jägern. Im Vergleich zu den anderen erhältlichen Systemen hat der Repetierer mit Zylinderverschluß zahlreiche Vorteile und kaum Nachteile. In den hundert Jahren seit der Einführung des Mauser-Systems wurde er von vielen Herstellern verfeinert und verbessert, ohne daß jedoch seine grundlegende Technik verändert wurde. Bisher hat niemand eine einfachere und zuverlässigere Jagdbüchse entwikkelt als die mit dem Zylinderverschluß nach Mauser. Der Verschluß ist einfach konstruiert und die Handhabung leicht und schnell. Das Magazin ist fest angebracht oder abnehmbar und faßt je nach Kaliber und Modell drei bis fünf Patronen. Möchte man die Höchstzahl an Patronen verwenden, kann eine direkt in das Patronenlager eingelegt werden, womit die Waffe schußbereit ist.
Beim Zurückziehen der Kammer wird der Abzugsmechanismus gespannt und das Patronenlager geöffnet. Der Jäger kann jetzt eine Patrone direkt in

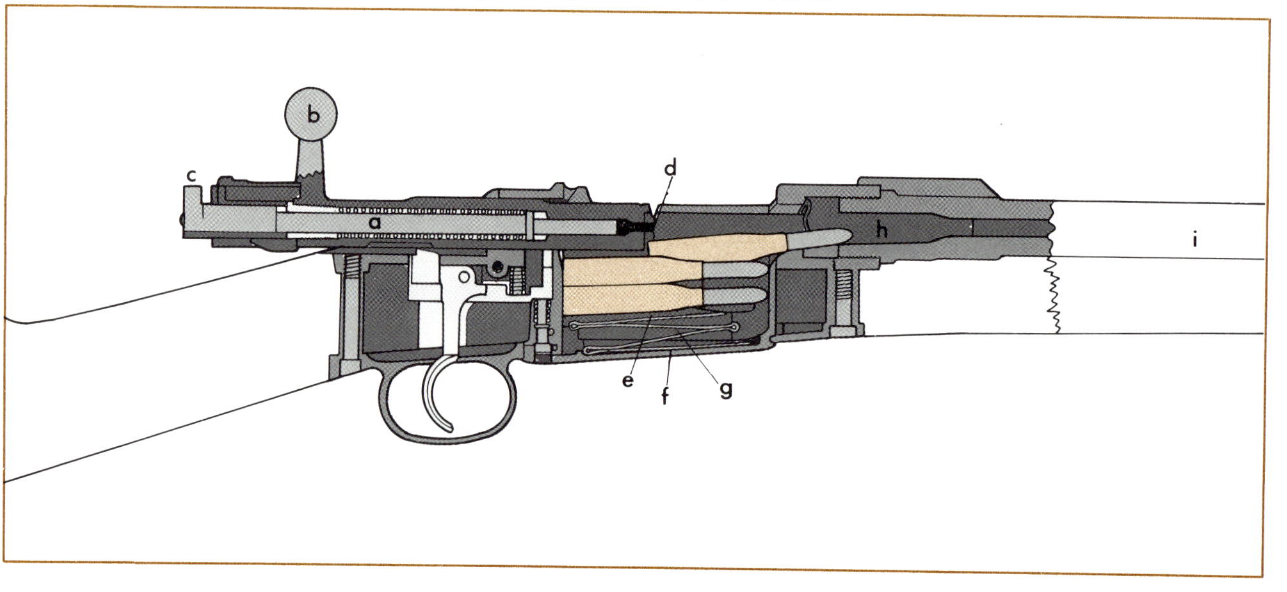

das Patronenlager laden, während gleichzeitig das Magazin vollständig gefüllt bleibt. Wenn das System geschlossen ist, indem die Kammer ganz nach vorn geschoben und nach unten gedreht wurde, verriegelt die Kammer in der Verschlußhülse, und die Büchse ist schußbereit. Wird die Kammer wieder zurückgezogen, greift eine gefederte Kralle die im Patronenlager befindliche Patrone (gleich ob abgeschossen oder nicht) am Hülsenboden und zieht sie zurück, bis sie an den Auswerfer stößt, der sie seitlich aus der Büchse hinauswirft. Während die Kammer wieder nach vorne in die verriegelte Position gebracht wird, hebt der Zubringer die oberste Patrone im Magazin an. Sie wird in das Patronenlager geschoben, womit die Büchse für den nächsten Schuß vorbereitet ist.
Die weite Verbreitung des Mauser-Systems in den Vereinigten Staaten ist ein deutlicher Beweis für seine Güte. Dort muß es mit den Unterhebelverschlußbüchsen, Vorderschaftverschlußbüchsen und halbautomatischen Modellen konkurrieren — sehr wirkungsvollen Repetierbüchsen, die alle in den Vereinigten Staaten entwickelt wurden.
Der Zylinderverschluß konnte sich hauptsächlich aus folgenden Gründen

Das Verschluß-System von Peter Paul Mauser, wie es gegen Ende des 19. Jahrhunderts in vielen Armeen verwendet wurde. Diese Zeichnung zeigt den Verschluß der M/93 der spanischen Armee von 1893.
(a) Kammer
(b) Kammergriff
(c) Sicherungshebel
(d) Schlagbolzen
(e) Zubringer
(f) Magazin
(g) Magazinfeder
(h) Patronenlager
(i) Lauf

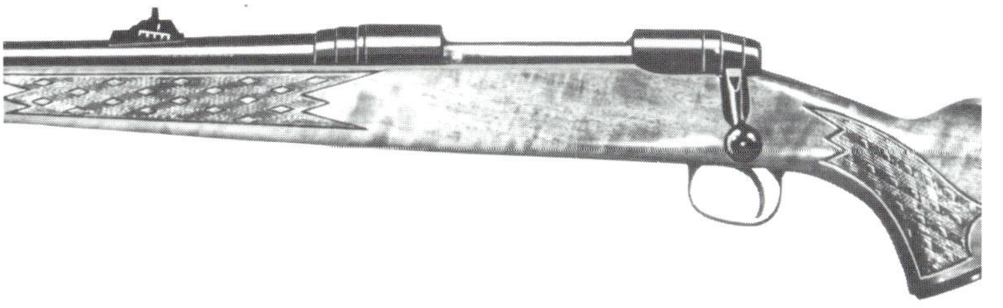

(rechts) Der Zylinderverschluß eines Repetierers kann für Rechtsschützen *(oben)* oder Linksschützen *(unten)* montiert werden.

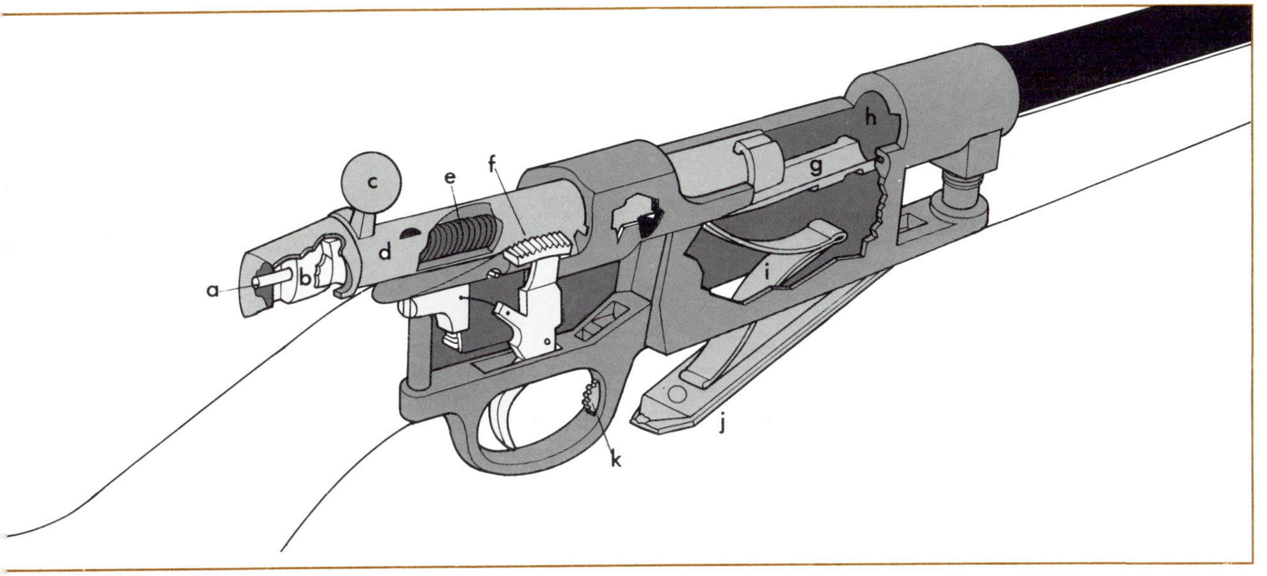

Ein moderner Drehzylinderverschluß

(a) Schlagbolzen
(b) Schlößchen
(c) Kammergriff
(d) Kammer
(e) Schlagbolzenfeder
(f) Sicherungshebel
(g) Zubringer
(h) Patronenlager
(i) Magazinfeder
(j) Magazindeckel
(k) Magazindeckelhalter

durchsetzen: Er ist einfach, robust und zweckmäßig konstruiert. Außerdem hält er dem hohen Gasdruck der modernen Patronen stand, ist bequem zu handhaben und hat ein elegantes, attraktives Äußeres.

Den Repetierer mit Zylinderverschluß gibt es für Rechtshänder und für Linkshänder. Die einzigen Unterschiede bestehen darin, daß bei der Ausführung für Linkshänder der Kammergriff von der rechten auf die linke Seite versetzt ist und der Verschluß sich beim Öffnen mit dem Uhrzeiger anstatt gegen ihn dreht. Weitere Vorteile dieser Jagdbüchse sind ihre sichere Handhabung und ihr günstiger Preis, da sie in Serie gefertigt wird. Der Zylinderverschluß ist so konstruiert, daß er den hohen Druck aushält, der bei einigen der heutigen Hochgeschwindigkeitspatronen im Patronenlager entsteht. Es gibt Büchsen mit Zylinderverschluß, deren Patronenlager auch noch für sehr starke Magnumpatronen ausgelegt sind.

Obwohl sich der Aufbau der Mauser-Systeme seit Ende des 19. Jahrhunderts kaum verändert hat, wurden bestimmte Details, unter anderem die Sicherung, modernisiert. Früher waren alle Mauser-Systeme mit einer Flügelsicherung (auch als »Flaggensicherungshebel« bekannt) ausgerüstet. Hierbei handelte es sich um einen relativ großen Schwenkflügel, der sich hinter der Kammer befand und zur Seite bewegt wurde, um die Waffe schußbereit zu machen. Befand sich der Flügel in der senkrechten Stellung, so ragte er direkt hinten auf und behinderte erheblich die Anbringung eines Zielfernrohrs. Damit der Sicherungsflügel unter dem Zielfernrohr noch genug Platz hatte, mußte dieses so hoch montiert werden, daß es nur unbequem zu benutzen war. Heute werden wesentlich kleinere Sicherungen verwendet. Die am weitesten verbreitete Sicherung ist an der Seite der Verschlußhülse angebracht, wo sie die niedrige Montage eines Zielfernrohrs nicht behindert. An einigen Jagdwaffen mit Zylinderverschluß dient ein hinter dem System angebrachter verschiebbarer Knopf als Sicherung, nicht anders als der Sicherungsknopf im Baskülenschwanz einer Doppelflinte. Eine weitere Schwäche der frühen Mauser-Systeme bestand darin, daß die Kammer während des Öffnens oder Schließens seitlich in ihrer Führung verrutschen konnte. Die modernen Zylinderverschlüsse sind hingegen mit stabil geführten und reibungsarmen gleitenden Kammern ausgerüstet, was sehr zu ihrer Zuverlässigkeit beiträgt.

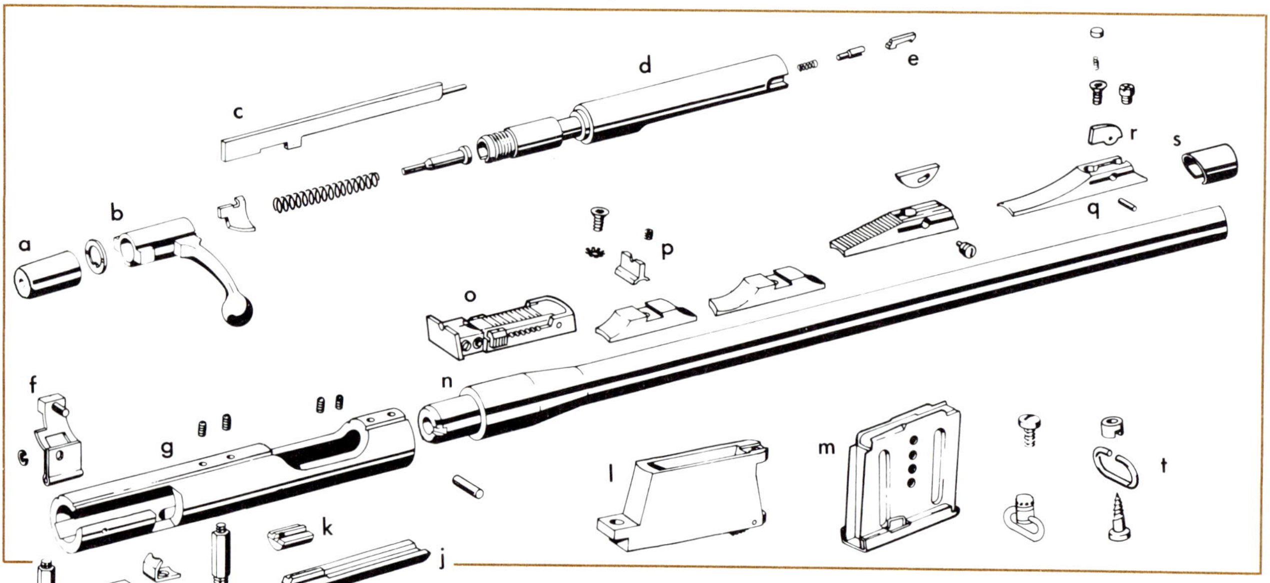

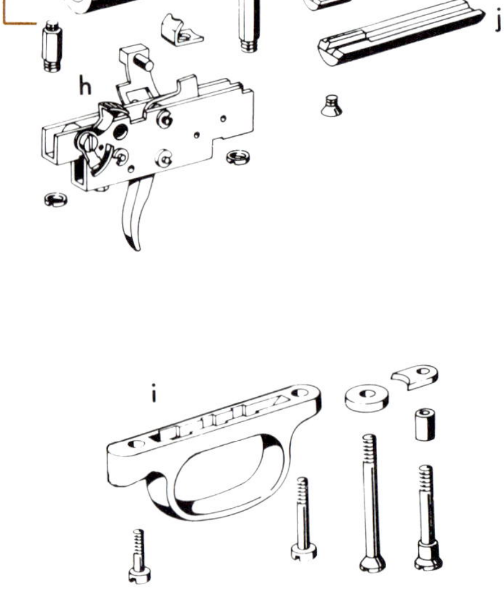

Die wichtigsten Teile des Verschlusses und des Laufs einer Büchse

(a) Schloßmutter
(b) Kammergriff
(c) Schlagbolzen
(d) Kammer
(e) Auszieher
(f) Schloßhalter
(g) Verschlußhülse
(h) Abzugsystem
(i) Abzugbügel
(j) Lademulde
(k) Kammerführung
(l) Magazinschacht
(m) Magazin
(n) Lauf
(o) Visierung (hier Kurvenvisier, Visiersattel)
(p) feststehende Kimme
(q) Kornfuß
(r) Kornblatt (Korn)
(s) Kornschutz
(t) Riemenbügel

(oben) Wenn der Sicherungsflügel senkrecht nach oben steht, läßt sich nur schwer ein Zielfernrohr montieren.

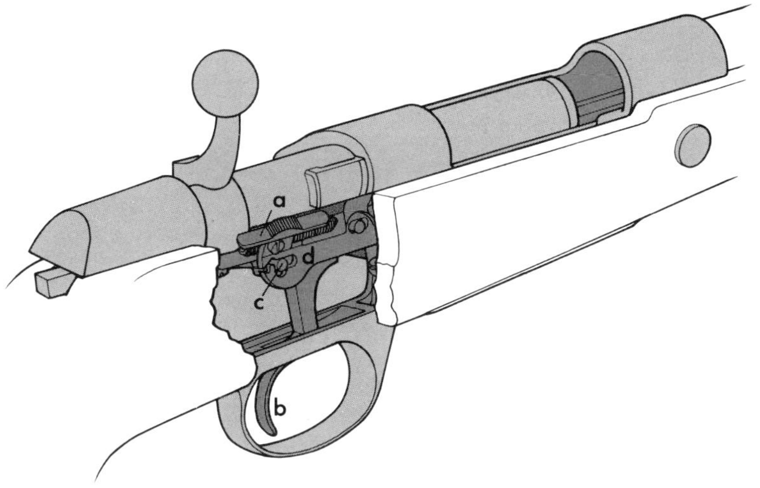

(rechts) Beim modernen Zylinderverschluß wird eine versehentliche Auslösung des Abzugs *(b)* verhindert, wenn der Sicherungshebel *(a)* in der Position »ein« steht und dadurch ein Stift *(c)* in den Hebel *(d)* geschoben wird.

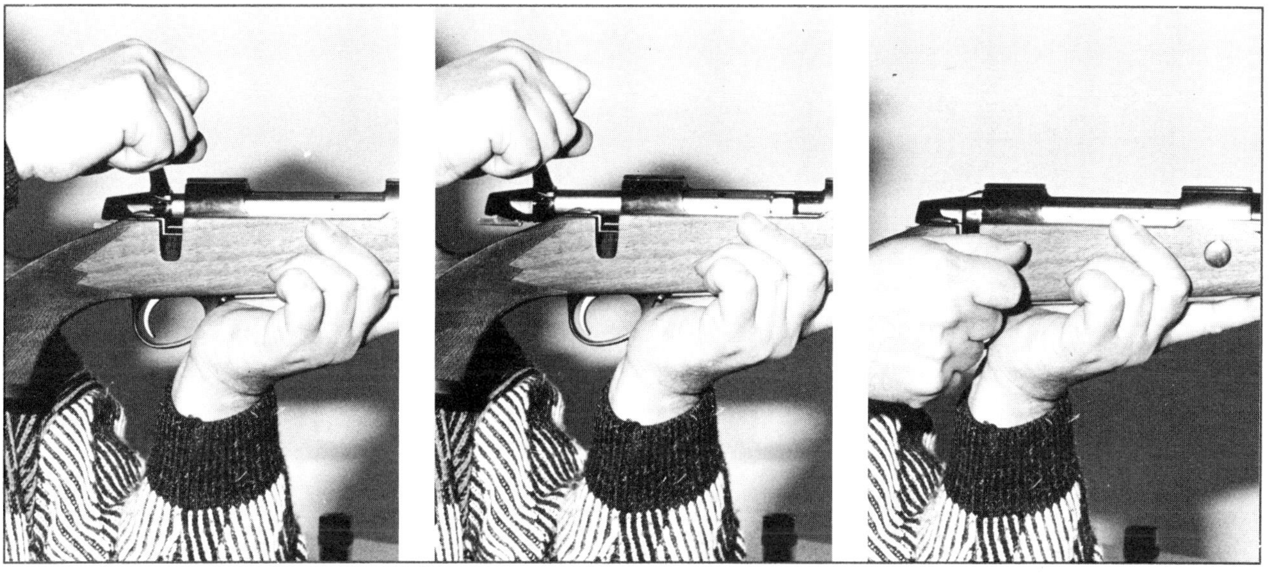

Es bedarf einiger Übung, den Zylinderverschluß zu bedienen, ohne dabei die Büchse von der Schulter zu nehmen. Wenn nach einem Schuß schnell ein zweiter folgen soll, schiebt der Schütze den Kammergriff in die aufrechte Position, zieht ihn leicht zu sich nach hinten und führt ihn dann wieder in die ursprüngliche Position zurück. Damit ist die Büchse erneut schußbereit. Mit der anderen Hand hält der Schütze die Büchse möglichst auf das Ziel gerichtet fest.

Die so verbesserten Repetierer bieten somit zahlreiche Vorteile. Ein Nachteil ist, daß man mit ihnen weniger schnell schießen kann als mit einem Unterhebel-Repetierer, Vorderschaftrepetierer oder etwa einem Selbstlader. Das liegt daran, daß sich nur mit viel Übung der Verschluß öffnen und schließen läßt, ohne die Waffe von der Schulter abzusetzen. Selbst wenn man die Waffe angeschlagen läßt, ist die Handhabung nicht so schnell wie bei einer Waffe, die man über den Unterhebel oder Vorderschaft nachlädt. Bei einem halbautomatischen Selbstlader ist gar keine Ladebewegung zwischen den Schüssen nötig. Dennoch stellt die kleine Pause, die durch die Betätigung des Verschlusses entsteht, selten einen ernsthaften Nachteil dar. In manchen Fällen kann sie sogar nützlich sein. Der Jäger, der seine Waffe absetzt, um eine neue Patrone einzuführen, gibt oft einen besseren zweiten Schuß ab, weil er neu zielen muß. Somit spricht bei einer Büchse mit Zylinderverschluß beim ersten wie auch beim zweiten Schluß nichts gegen eine hervorragende Treffsicherheit.

BSA Standard, Zylinderverschluß
Kaliber .222 Remington, 6,5 × 55, 7mm Remington Magnum, .308 Winchester, .30-06 und .300 Winchester Magnum. Verstellbare Kimme. Es ist auch ein Stutzenmodell mit einem kürzeren Lauf und Vollschäftung erhältlich.

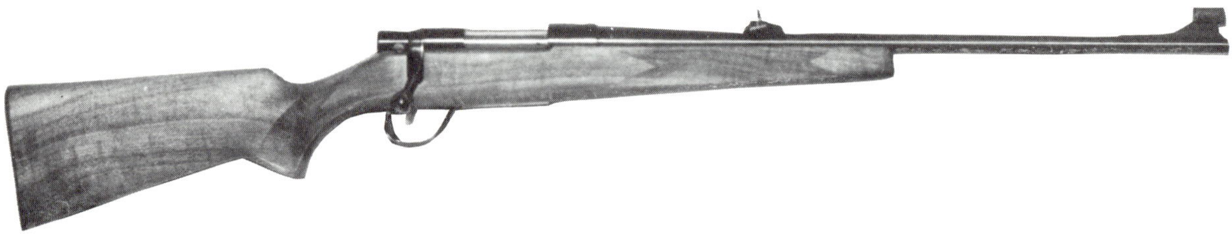

Churchill Highlander, Zylinderverschluß
Kaliber .222 Remington, .223 Remington, und 6,5 × 55. Verstellbare Kimme. Drei- bis sechsschüssiges Magazin, je nach Kaliber. Gerader Schaft.

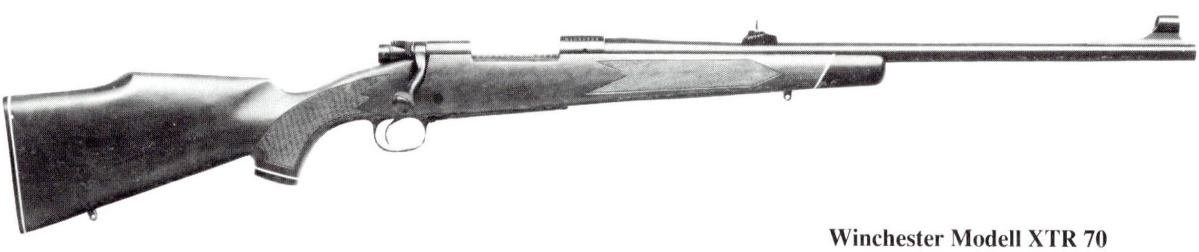

Winchester Modell XTR 70 Magnum, Zylinderverschluß
Großwildbüchse. Der Schaft ist durch zwei starke durchgehende Schrauben verstärkt. Kaliber 7mm Remington Magnum, .300 Winchester Magnum, .338 Winchester Magnum, .375 H&H Magnum und .458 Weatherby Magnum. Verstellbare Kimme. Drei- bis fünfschüssiges Magazin, je nach Kaliber.

Remington Sportsman 78, Zylinderverschluß
Kaliber .243, .270, .30-06 und .308. Kastenmagazin für fünf Schuß. Verstellbare Kimme.

Remington Modell 700 Classic, Zylinderverschluß
Kaliber .22-250, .243, 6mm Remington, .270, .30-06, 7mm Remington Magnum. Verstellbare Kimme. Magazin für vier oder fünf Schuß, je nach Kaliber.

(rechts) Verschluß der Remington Sportsman 700.

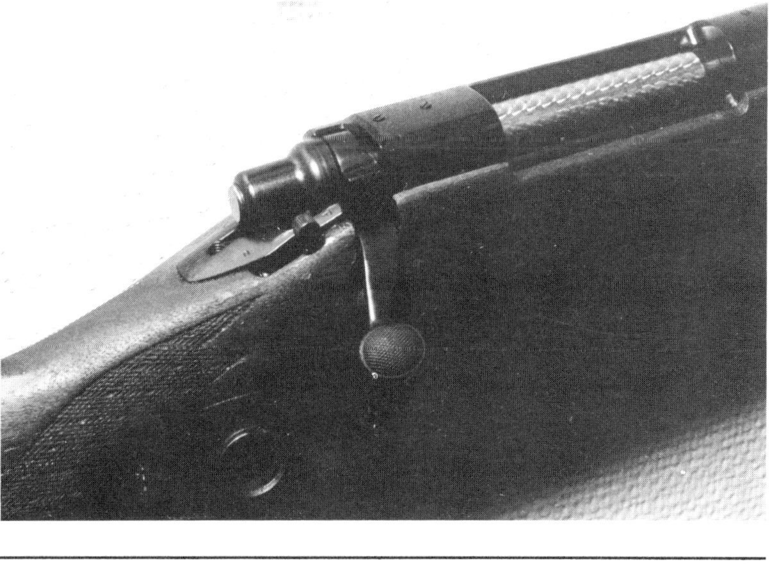

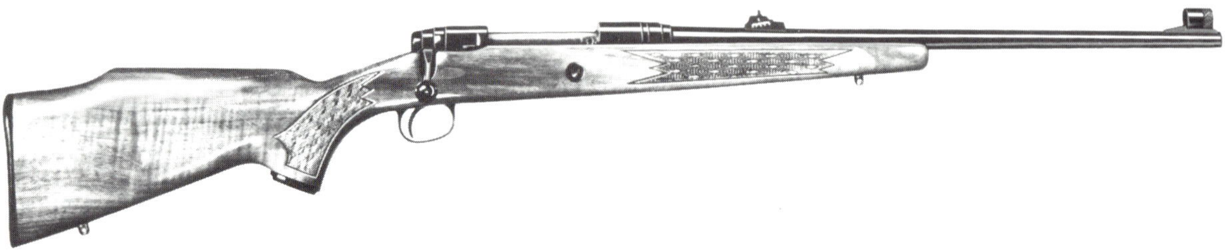

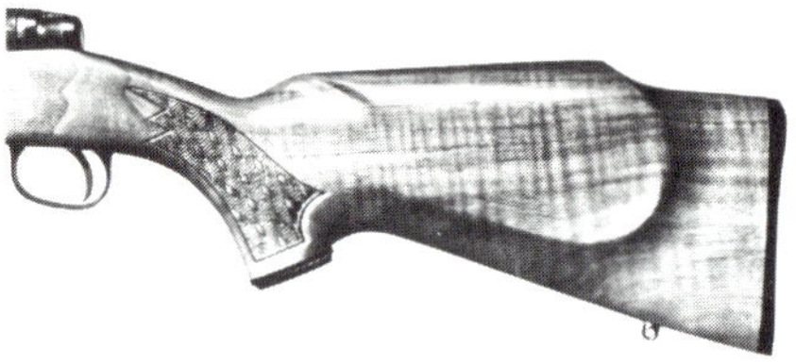

Savage Modell 110-C, Zylinderverschluß
Kaliber .243, .270, .308 Winchester, .30-06, und 7mm Remington Magnum. Herausnehmbares Magazin für vier oder fünf Schuß. Verstellbare Kimme und Korn mit Kornschutz. Der Ausschnitt zeigt die Schaftbacke auf dem Monte Carlo-Schaft.

Savage 340, Zylinderverschluß
Kaliber .222 Remington und .22 Hornet. Umlegbare verstellbare Kimme. Das Magazin *(rechts)* ist herausnehmbar und faßt drei bis vier Schuß.

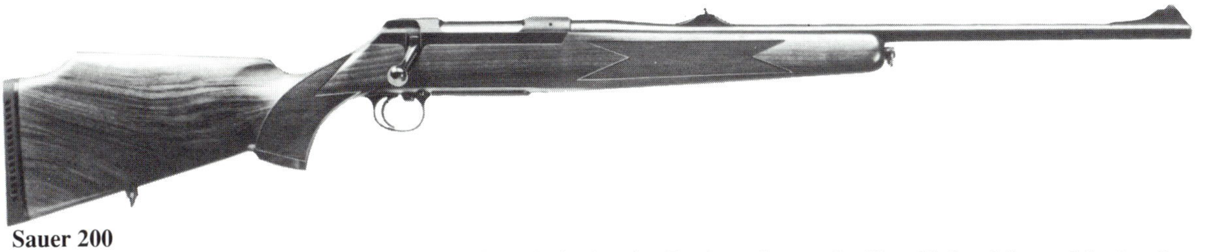

Sauer 200
Kaliber 6,5 × 55, 6,5 × 57, 7 × 64, 9,3 × 62, .243 Winchester, .25-06, .270 Winchester, .30-06, und .308 Winchester. Das Magazin hat, je nach Kaliber, eine Kapazität von drei oder fünf Schuß. Dieses in Deutschland gebaute Gewehr ist für eine Büchse mit Zylinderverschluß ungewöhnlich, da Schaft und Vorderschaft nicht aus einem Stück bestehen. Der Lauf ist über sechs Verriegelungswarzen direkt mit der Kammer verriegelt. Dadurch ist der Verschluß stabiler und das Laufende gasdicht. Außerdem ist der Lauf leicht auszuwechseln, und es lassen sich mit demselben Verschluß bis zu acht Läufe für verschiedene Kaliber verwenden.

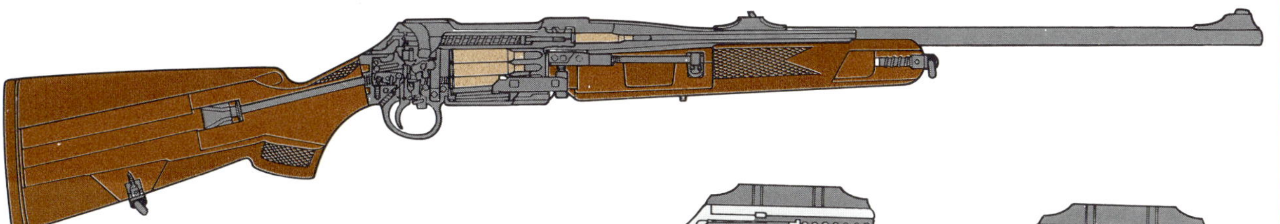

Die Konstruktionszeichnung zeigt, wie der Hinterschaft mit der Verschlußhülse durch eine sogenannte Langschraube verbunden ist (eine ähnliche Konstruktion findet sich bei der Ruger No. 1). Eine weitere Schraube verbindet den Vorderschaft mit der Verschlußhülse, die eine feste Verbindung zwischen Lauf, Vorderschaft und Hinterschaft bildet.

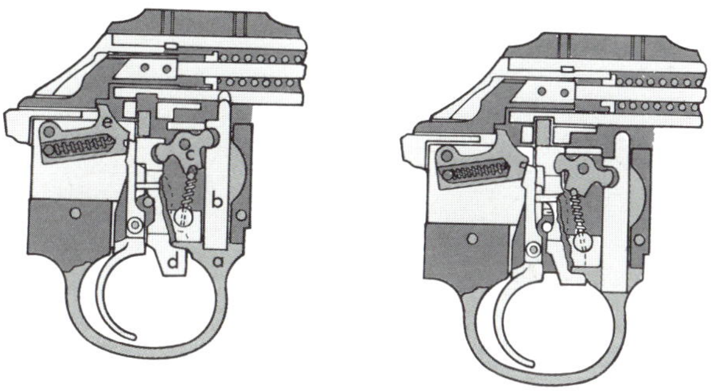

Die beiden kleineren Zeichnungen zeigen das Sicherungssystem. Auf der linken Seite ist die Sicherung eingeschaltet, auf der rechten nicht. Wenn der Sicherungshebel *(a)* nach oben gedrückt wird, überträgt der Gleithebel *(b)* die Bewegung über den doppelarmigen Hebel *(c)* auf den Sicherungshebel oder Verriegelungsbolzen *(d)*, der den Abzug blockiert. Gleichzeitig blockiert er den Abzugstollen*(e)*, der seinerseits den Schlagbolzen daran hindert, sich nach vorn zu bewegen.

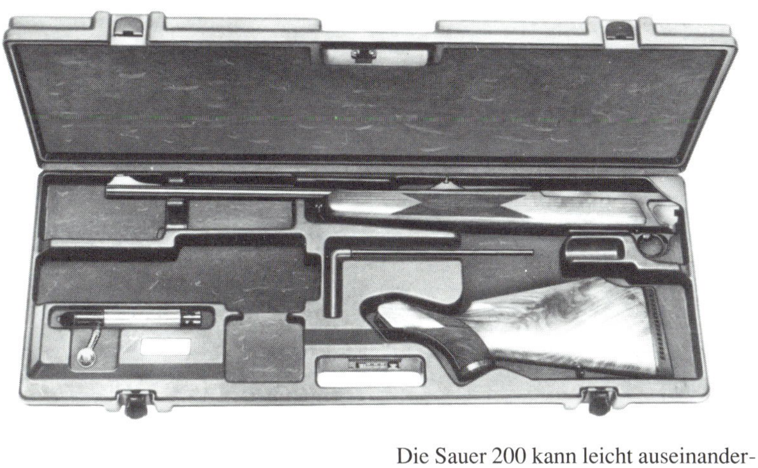

Die Sauer 200 kann leicht auseinandergenommen und in einem Koffer verstaut werden.

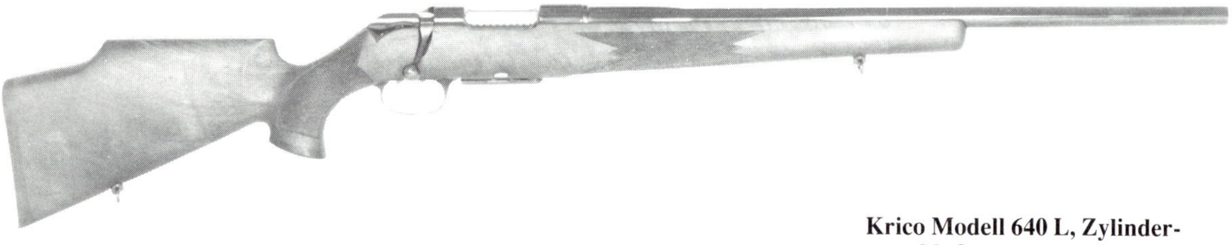

Krico Modell 640 L, Zylinderverschluß
Kaliber .222 Remington, .243 Winchester und .308 Winchester. Dieses Gewehr hat einen deutschen Stecher (Doppelzüngelstecher) und wird sowohl für die Jagd als auch zum jagdsportlichen Schießen verwendet.

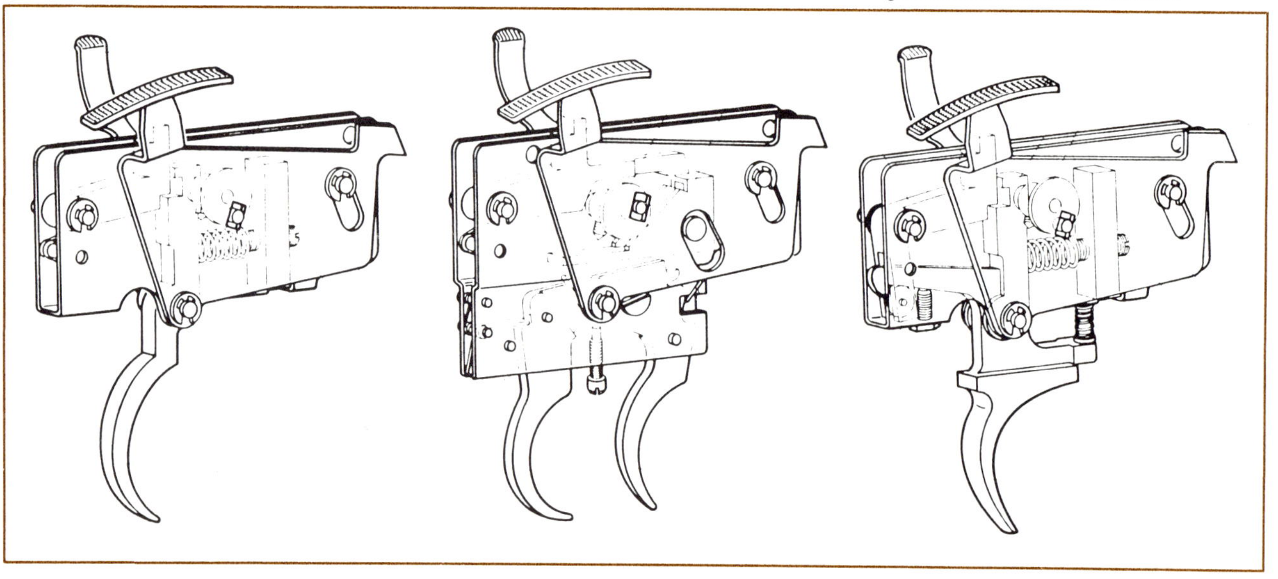

Von Krico gibt es drei Arten von Abzügen für Jagdbüchsen: den Flintenabzug *(links)*, den deutschen Stecher *(Mitte)* und einen Rückstecher, der durch leichtes Vorschieben eingestochen wird *(rechts)*.

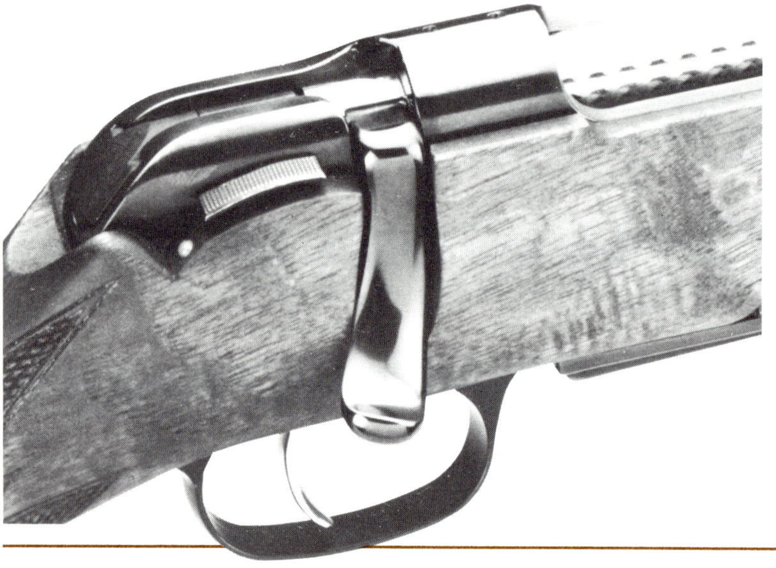

(links) Bei den Krico Modellen 600 und 700 De Luxe hat der Kammergriff eine löffelartige Form und erhält dadurch ein stromlinienförmiges Aussehen. Der Sicherungshebel befindet sich hinter dem Kammergriff und bedeckt in der gesicherten Position einen roten Punkt.

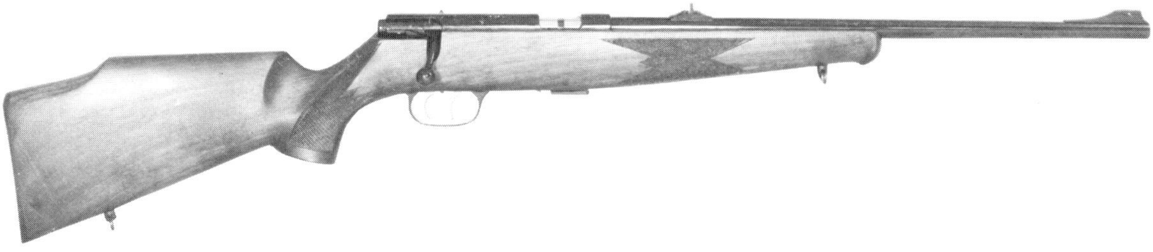

Krico Modell 300 D, Zylinderverschluß
Kaliber .22 LR oder .22 Winchester Magnum. Die Büchse ist mit einem deutschen Stecher zur Jagd auf Raubzeug und Kleinwild ausgerüstet.

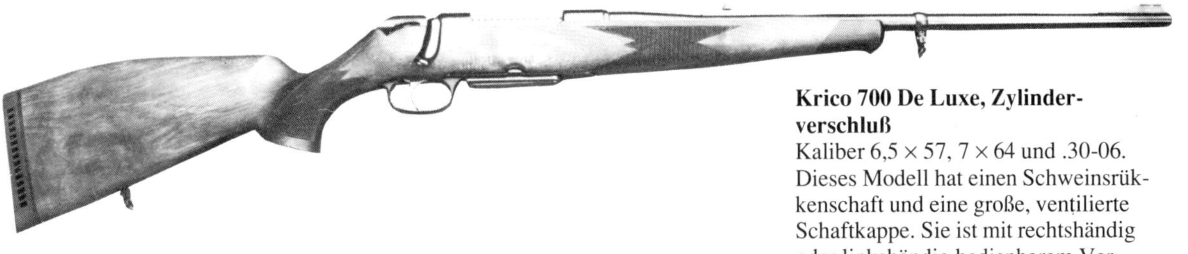

Krico 700 De Luxe, Zylinderverschluß
Kaliber 6,5 × 57, 7 × 64 und .30-06. Dieses Modell hat einen Schweinsrükkenschaft und eine große, ventilierte Schaftkappe. Sie ist mit rechtshändig oder linkshändig bedienbarem Verschluß erhältlich.

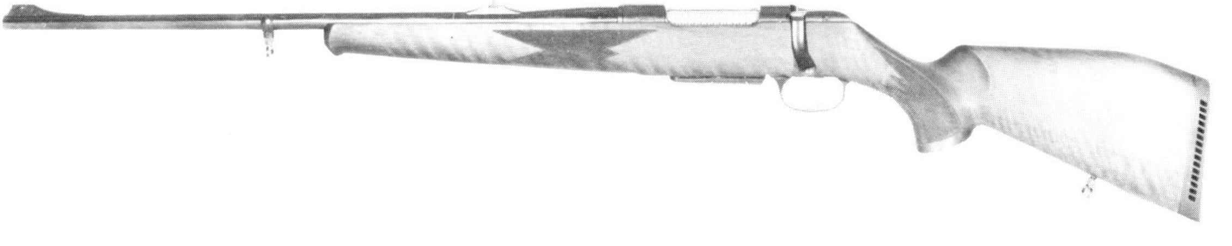

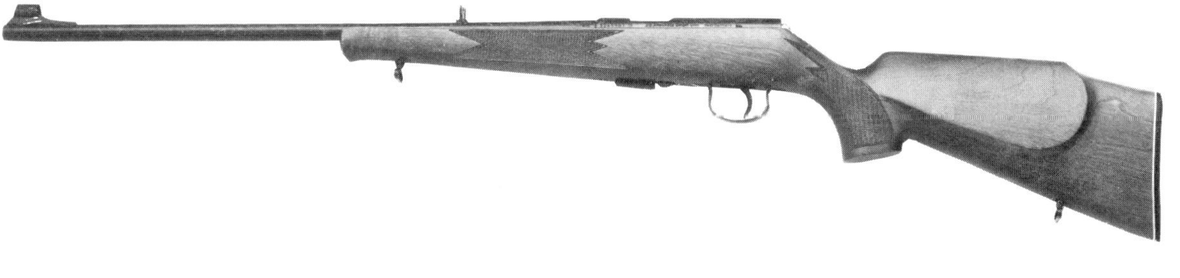

Anschutz Modell 1416, Zylinderverschluß
Kaliber .22 und .22 Magnum. Verstellbare Kimme und Perlkorn mit Kornschutz. Das Magazin faßt fünf Schuß.

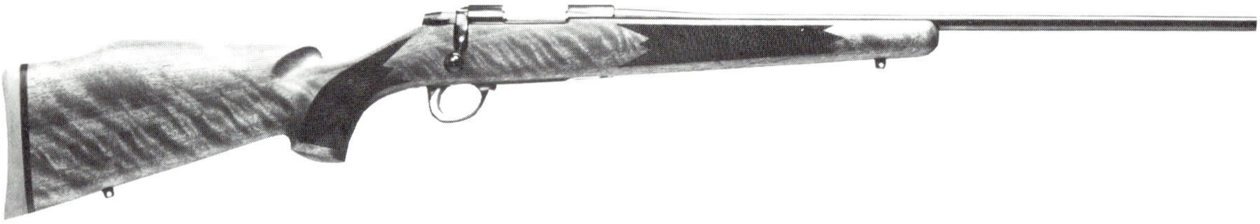

Sako Fiberglass, Zylinderverschluß
Als Allwetterbüchse von dem finnischen Gewehrbauer Sako eingeführt, ist diese schwarze Fiberglasversion mit gerader Schäftung der L61R/Magnum für die folgenden Kaliber erhältlich: .25-06 Remington, 6,5 × 55, .270 Winchester, 7 × 64, 7mm Remington Magnum, .300 Winchester Magnum, .338 Winchester Magnum und .375 H&H Magnum. Zielfernrohre und offene Visiere können angebracht werden.

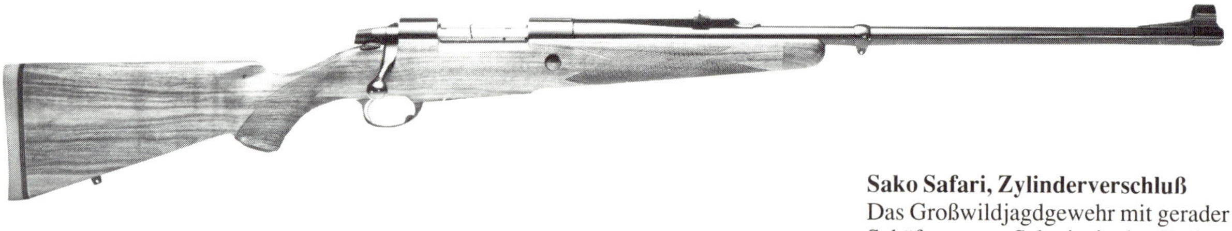

Sako Safari, Zylinderverschluß
Das Großwildjagdgewehr mit gerader Schäftung von Sako ist in den Kalibern .300 und .338 Winchester Magnum und .375 H&H Magnum erhältlich. Bei Korn und Riemenbügel sind Ringe um den Lauf gelötet. Es hat eine auf einer Schiene befestigte umlegbare Kimme und ein Korn mit Kornschutz.

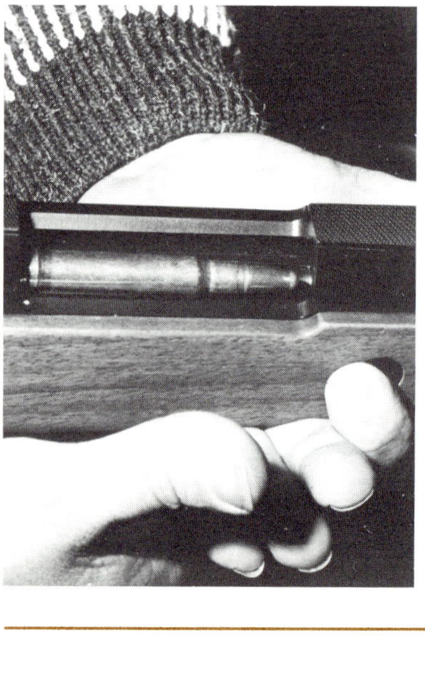

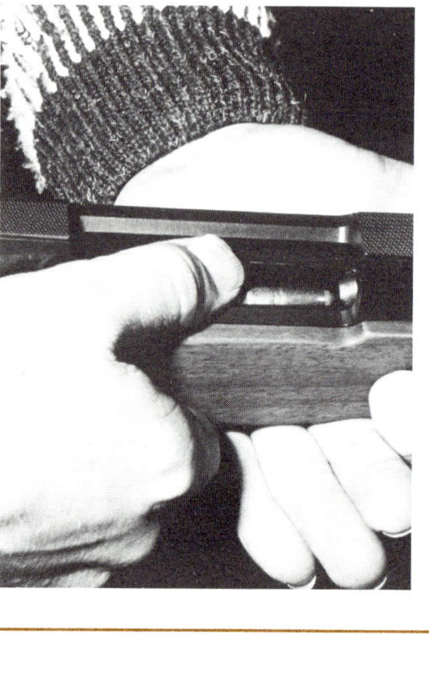

(links) Die Sako Safari hat ein erweitertes Magazin mit einer Kapazität von vier Patronen. Mit der Patrone im Patronenlager sind es insgesamt fünf Schüsse.

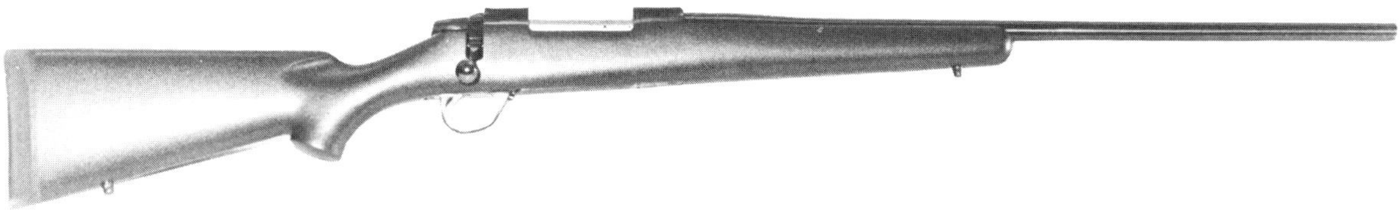

Sako Hunter, Zylinderverschluß
Erhältlich in einer großen Anzahl von Kalibern, von .17 Remington bis .300 Winchester Magnum, und in drei verschiedenen Verschlußgrößen.

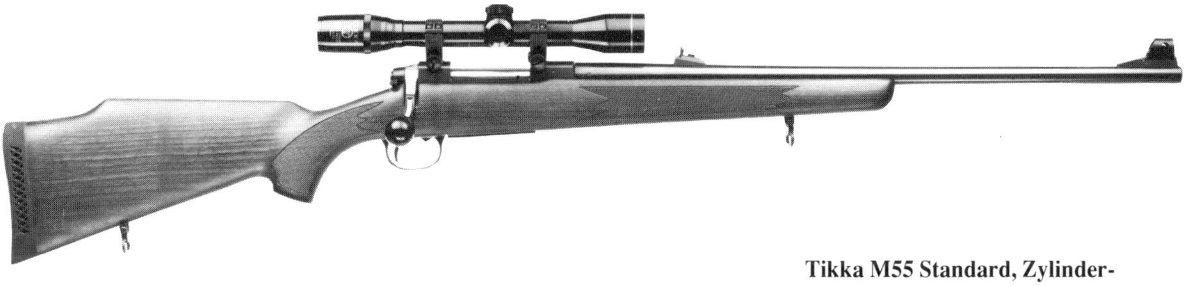

Tikka M55 Standard, Zylinderverschluß
Kaliber .222 Remington, .223 Remington, .243 Winchester. Monte Carlo-Schaft. Erhältlich mit rechtshändig oder linkshändig zu bedienendem Verschluß.

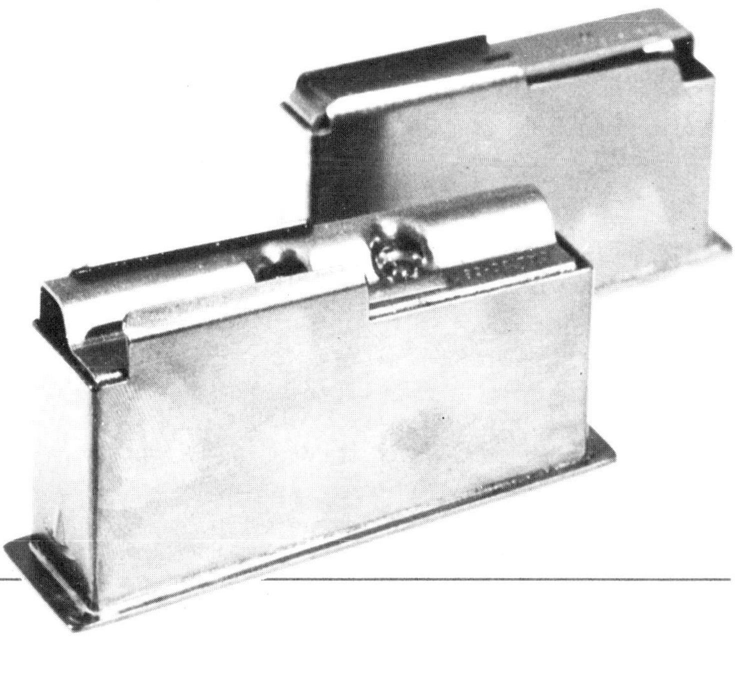

(rechts) Tikka Magazine. Das kleinere gehört zur Tikka M55 und faßt drei Schuß, während das größere zur Tikka M65 gehört und fünf Schuß faßt.

Repetierbüchsen mit Unterhebelverschluß

Die Waffen mit Unterhebel spielten in der Geschichte der Vereinigten Staaten eine bedeutende Rolle. Sie erlaubten der U.S.-Kavallerie und den legendären Helden des Wilden Westens, mehrere Schüsse in schneller Folge abzugeben. Heute wird die Büchse mit Unterhebel nur noch jagdlich verwendet. Sie hat ihren Hauptabsatzmarkt immer noch in den Vereinigten Staaten. Natürlich werden sie auch außerhalb der Vereinigten Staaten verkauft. Die Käufer sind insbesondere in Europa vornehmlich jüngere Jäger, die vielleicht vom Wilden Westen träumen, als Männer noch Männer waren...

Die Repetierbüchsen mit dem klassischen Unterhebel sind im Grunde sehr einfach aufgebaut und meist auch nicht sehr teuer. Mit anderen Worten, sie sind »Schießeisen«, die unter wirklichen Kennern nie einen besonders hohen Ruf genossen. Doch sind sie sehr schnell in der Handhabung, und der Schütze muß sie nicht absetzen, um eine neue Patrone nachzuladen. Sowohl Rechtshänder als auch Linkshänder können sie bedienen. Wurde

Erma .22, Unterhebel-Repetierer
Die in Deutschland hergestellte Erma-Büchse für Randfeuerpatronen mit Unterhebelverschluß und Röhrenmagazin.

ein Schuß abgefeuert, zieht der Schütze den Hebel nach unten und schwenkt ihn dann nach oben in die Ausgangsposition zurück. Dadurch wird die leere Hülse aus dem Patronenlager ausgezogen und eine neue eingeführt. Gleichzeitig wird der Hahn gespannt und das System verriegelt, wonach die Waffe erneut schußbereit ist.

Der größte Vorteil solcher Waffen liegt darin, daß man eine schnelle Folge gezielter Schüsse abgeben kann, ohne sie aus dem Anschlag nehmen zu müssen.

Gelegentlich heißt es, daß sich Unterhebel-Repetierer oder Vorderschaft-Repetierer leicht verkeilen oder zu anderen Funktionsstörungen neigen. Obwohl Fehlfunktionen bei allen Arten von Repetierern möglich sind (sogar bei denen mit einem einfachen Zylinderverschluß), treten sie bei qualitativ guten Waffen selten auf — es sei denn, sie werden auf irgendeine Weise falsch gebraucht oder mit ungeeigneter, beschädigter oder fehlerhafter Munition geladen. Die Teile des Unterhebelverschluß- oder Vorderschaftverschlußmechanismus sind hohen Belastungen gewachsen, so daß die Büchse auch dann noch verbrauchte Patronen auswerfen und neue in

Die Funktionsweise des Unterhebelverschlusses

Beim Senken des Unterhebels *(a)* wird die Bewegung über einen Achsstift *(b)* auf die zwei Arme *(c)* und *(d)* übertragen. Der hintere Arm spannt den Hahn *(e)*, so daß er bereit zum Schuß ist. Der vordere Arm zieht den Verschlußzylinder zurück, um die leere Patronenhülse auszuwerfen. Eine neue Patrone kann nun aus dem Magazin in das Patronenlager eingeführt werden. Beim Anheben des Hebels in die geschlossene Position wird der Verschlußzylinder nach vorn geschoben, führt die neue Patrone in das Patronenlager ein und verriegelt das System, das nun schußbereit ist.

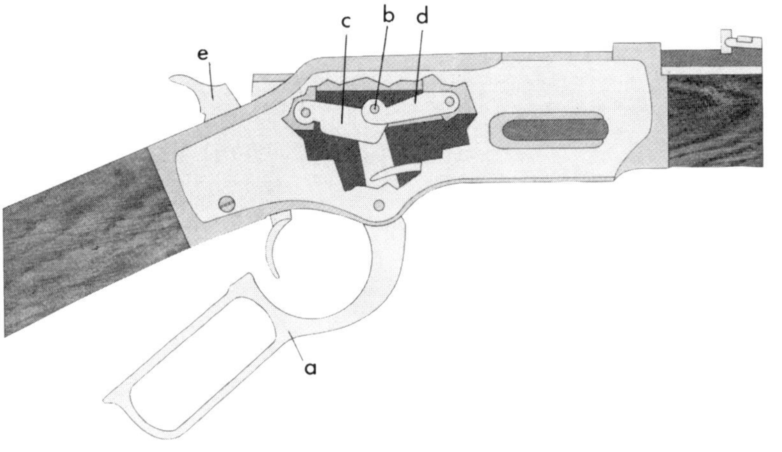

Winchester Modell 94, Unterhebelverschluß

Die klassische Winchester »Lever-Action«-Büchse für die Kaliber .30-.30 Winchester und .44 Magnum. Das Röhrenmagazin unterhalb des Laufs wird über eine Ladeklappe auf der rechten Seite des Verschlußkastens mit Patronen gefüllt. Die leeren Hülsen werden oben aus dem Verschlußkasten ausgeworfen. In dem heute gebräuchlichen Modell 94-AE wirft ein Umlenkstück die Hülsen in einem flachen Winkel seitlich aus, so daß dicht über dem Verschlußkasten ein Zielfernrohr montiert werden kann.

das Patronenlager einführen kann, wenn eine Tannennadel, Sand oder andere Fremdkörper in den Systemkasten geraten sind.

Doch haben die beiden dargestellten Waffenarten andere Nachteile. Die meisten über einen Hebel bedienten Repetierer haben einen zweiteiligen Schaft und sind von ihrer Konstruktion her weniger auf Schußgenauigkeit eingestellt als die Systeme mit einem Zylinderverschluß. Bei einigen Unterhebel-Repetierern befindet sich die Auswurföffnung oben im Systemkasten, wo sie die Anbringung eines Zielfernrohrs behindert. Viele Unterhebel-Repetierer sind mit einem Röhrenmagazin ausgestattet. Hier liegen die Patronen hintereinander innerhalb einer Röhre, so daß die Geschoßspitze der einen Patrone an das Zündhütchen der jeweils nächsten Patrone im Magazin stößt. Bei diesem System ist die Auswahl der verwendbaren Patronen sehr beschränkt. Außerdem ist eine derartige Büchse nur zur Verwendung von Patronen geeignet, deren Geschosse eine abgeflachte oder gerundete Spitze haben, da spitze Patronen nicht sicher genug für ein Röhrenmagazin sind. Beim Rückstoß, wenn die Büchse zu Boden fällt oder auf sonstige Weise angestoßen wird, läßt sich bei einer Patrone mit Spitzgeschoß die Möglichkeit nicht gänzlich ausschließen, daß sie das Zündhütchen der davorliegenden Patrone stark anschlägt und zur Zündung bringt. Die Folge wäre eine Explosion im Magazin der Büchse und wahrscheinlich eine schwere Verletzung des Schützen. Deshalb werden in Röhrenmagazinen keine Patronen mit Spitzgeschossen verwendet, obwohl sie sich für manche Arten der Jagd am besten eignen.

Winchester Modell 9422 »XRT Lever-Action«
Randfeuerversion des Modells 94 (s. Seite 27). Sie ist in den Kalibern .22 S, .22 L, .22 LR und .22 WMR erhältlich; das Röhrenmagazin faßt 21 Schuß S, 17 L oder 15 LR. Die Hülsen werden an der rechten Seite des Verschlußkastens ausgeworfen. Die 9422 XTR hat eine verstellbare Kimme. Der obere Teil des Verschlußkastens ist für die Anbringung eines Zielfernrohrs mit Gewindebohrungen versehen.

Verstellen des Visiers
Um höher zu schießen, wird der Stellkeil unterhalb des Kimmenblattes um eine oder mehrere Stufen nach hinten geschoben.
Wenn das Kimmenblatt leicht nach rechts gedrückt wird, schießt die Büchse mehr nach rechts. Eine Verstellung nach links wird durch ein leichtes Verschieben des Blattes nach links erreicht.

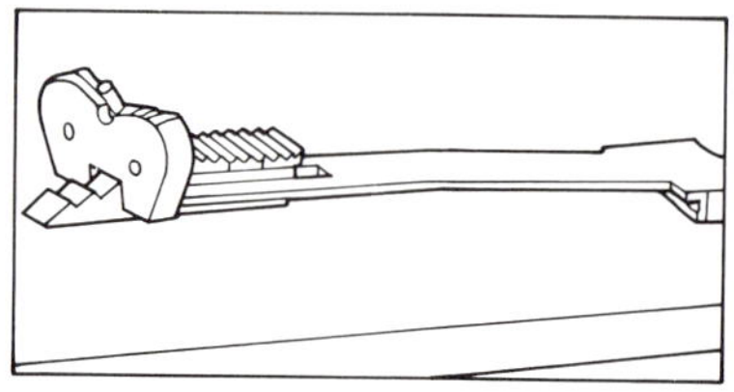

Wenn erforderlich, kann eine zusätzliche Höhenverstellung durch Lösen der zwei kleinen Schrauben erreicht werden, die das Kimmenblättchen in seiner Basis halten. Dann läßt sich das Blättchen nach oben oder unten bewegen; hinterher werden die Schrauben wieder angezogen.

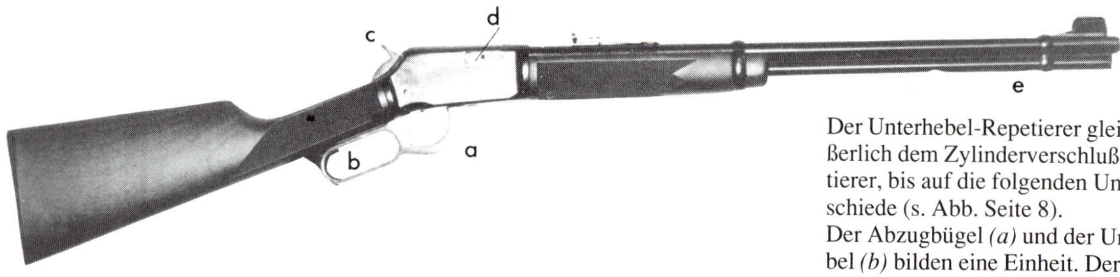

Der Unterhebel-Repetierer gleicht äußerlich dem Zylinderverschluß -Repetierer, bis auf die folgenden Unterschiede (s. Abb. Seite 8).
Der Abzugbügel *(a)* und der Unterhebel *(b)* bilden eine Einheit. Der Hahn *(c)* ist sichtbar und mit einer Sicherheitsraste versehen. Bei diesem Randfeuermodell werden abgeschossene Hülsen durch das Auswurffenster *(d)* ausgeworfen. Das Magazin *(e)* ist meistens röhrenförmig.

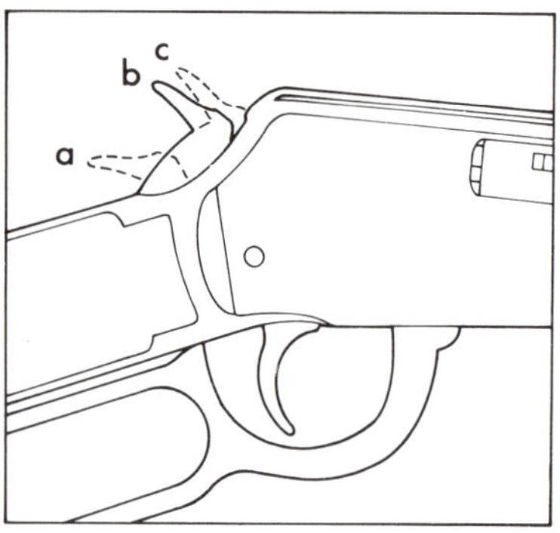

Wie man die Sicherung einlegt
Spannen Sie den Hahn durch Umlegen des Unterhebels. Dann drücken Sie, während der Hahn mit dem Daumen in der vollständig gespannten Position *(a)* gehalten wird, gegen den Abzug, um den Hahn aus der gespannten Position zu lösen. Nehmen Sie den Finger vom Abzug und lassen Sie den Hahn mit dem Daumen nach vorn bis in die Sicherungsposition *(b)*. Mit einer Patrone im Lauf sollte sich der Hahn niemals in der Feuerposition *(c)* befinden. Vor dem Schuß greifen Sie den Hammersporn mit dem Daumen und ziehen den Hahn zurück in die vollständig gespannte Position. Dabei nehmen Sie den Finger vom Abzug.
Durch die Stellung des Hahns in der Sicherheitsraste wird verhindert, daß er mit dem Schlagbolzen in Berührung kommt. Ein versehentliches Auslösen, zum Beispiel wenn Sie das Gewehr fallenlassen, ist jedoch weiterhin möglich. Daher ist beim Umgang mit dieser Waffe besondere Sorgfalt geboten.

Vorderschaft-Repetierer (Pump Action-System)

Die Vorderschaft-Repetierer mit Vorderschaftverschluß fassen normalerweise bis zu fünf Patronen. Waffen, die für die kleinen .22er Randfeuerpatronen ausgelegt sind, haben oft ein Röhrenmagazin. Bei der Randfeuer-Zündung besteht gegenüber der Zentralfeuer-Zündung keine Gefahr, daß ein plötzlicher Stoß eine zufällige Zündung innerhalb des Magazins auslöst. Bei Vorderschaft-Repetierern für Zentralfeuer-Patronen wird normalerweise — im Gegensatz zu den Repetier-Flinten in ähnlicher Technik — ein herausnehmbares Kastenmagazin anstelle eines festen Röhrenmagazins verwendet. Dadurch ist die Wahl der Munition — das heißt der Geschoßformen — frei, im Gegensatz zu den Unterhebel-Repetierern mit Röhrenmagazin innerhalb des Laufes.
Vorderschaft-Repetierer werden auch als Slide-Action-Waffen bezeichnet. Hier wird mit einer Hin- und Herbewegung des Vorderschafts die leere Hülse ausgeworfen, der Mechanismus gespannt und eine neue Patrone vom Magazin in das Patronenlager eingeführt. Beim Zielen und Schießen

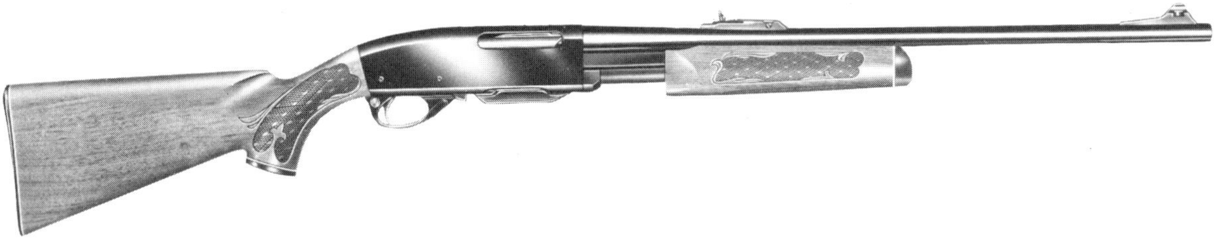

Remington Sportsman 76, Vorderschaft-Repetierer
Diese Vorderschaftrepetier-Büchse für Zentralfeuerpatronen, Kaliber .30-06, hat ein herausnehmbares Kastenmagazin für vier Schuß. Sie ist mit einer verstellbaren Kimme und einem Schaft mit geradem Rücken versehen. In Nordamerika sind Vorderschaft-Repetierer für Randfeuerpatronen sehr beliebt, doch nur von wenigen Herstellern wird dieser Büchsentyp für Zentralfeuerpatronen angeboten; die Auswahl an Kalibern und Modellen ist nicht sehr groß.

hält der Schütze den Vorderschaft in der nach vorn gestreckten Hand. In dieser Stellung betätigt er mit dem beweglichen Vorderschaft auch den Verschluß. Nach dem Schuß zieht er den Vorderschaft nach hinten und schiebt ihn sogleich wieder nach vorn in die Ausgangsposition. Damit ist die Büchse bereit zum nächsten Schuß. Diese Bewegung ist sogar noch schneller als die eines Unterhebel-Systems, weil sie geradlinig nach hinten und wieder nach vorn ausgeführt wird. Dadurch wird die Waffe selbst fast gar nicht bewegt und kann von einem Schuß zum nächsten besser im Anschlag gehalten werden als eine Waffe mit Unterhebel oder etwa eine Waffe mit dem Zylinderverschluß. Nur der Rückstoß führt zu einer Bewegung der Waffe, doch dies läßt sich grundsätzlich nicht vermeiden.
Weshalb wurde angesichts dieser Vorteile der Vorderschaft-Repetierer nicht genauso beliebt wie andere Repetierbüchsen? Zum einen ist er, wie auch der Unterhebel-Repetierer, von seiner Konstruktionsweise her nicht so genau wie die fester zusammengesetzte Büchse mit einem Zylinderverschluß. Zum anderen sieht er weder so elegant aus, noch liegt er so gut in der Hand wie die anderen.

Halbautomatische Büchsen (Selbstlader)

Der halbautomatische Selbstlader ist die schnellste Waffe für die Jagd. Zum Auswerfen der abgeschossenen Hülse, zum Spannen der Schlageinrichtung und zum Einführen einer neuen Patrone ist keine weitere Ladebewegung seitens des Schützen nötig.

Das Geschoß wird durch den hohen Gasdruck, der beim Verbrennen der Pulverladung entsteht, vorangetrieben. In der halbautomatischen Büchse — sofern es ein sogenannter Gasdrucklader ist — für Zentralfeuerpatronen wird ein kleiner Teil dieses Gasdrucks durch einen kleinen Durchlaß aus dem Lauf hinausgeleitet, um auf einen Gaskolben wirken zu können. Der Gaskolben wird danach durch eine Feder wieder nach vorn gedrückt. Durch diese Kolbenbewegung wird der Verschluß entriegelt, die abgeschossene Hülse ausgeworfen, der Abzugsmechanismus gespannt, eine neue Patrone in das Patronenlager eingeführt und der Verschluß für den nächsten Schuß wieder verriegelt. All diese Vorgänge spielen sich fast gleichzeitig ab. Im Wesentlichen arbeitet diese Büchse genauso wie ein Vorderschaft-Repetierer, mit dem Unterschied, daß der Verschluß durch Gasdruck anstatt durch die Hand des Schützen bewegt wird. Daher wird der moderne halbautomatische Selbstlader auch als Gasdrucklader bezeichnet. Die Feuergeschwindigkeit für den zweiten Schuß hängt einzig davon ab, wie schnell der Schütze erneut den Abzug zieht.

Anstelle des hohen Gasdrucks läßt sich auch die Rückstoßenergie zum Patronenladen eines Selbstladers einsetzen. Dies wurde früher bei vielen halbautomatischen Selbstladern ausgenutzt. Bis vor dem zweiten Weltkrieg galten die »Rückstoß-Lader« den »Gasdruck-Ladern« als überlegen. Doch die Einführung des heute berühmten, amerikanischen, halbautomatischen Militär-Gewehrs »M-1 Garand« hat die Überlegenheit des Gasdruckladers erwiesen, so daß dieses Verfahren heute zum Standard geworden ist.

Was schon für die Repetierer mit Unterhebel und die Vorderschaft-Repetierer gesagt wurde, gilt auch für alle halbautomatischen Waffen: Sie sollen angeblich zu Funktionsstörungen neigen. Wenn jedoch militärische und sonstige Gasdrucklader tatsächlich leicht zu Störungen neigten, wären sie

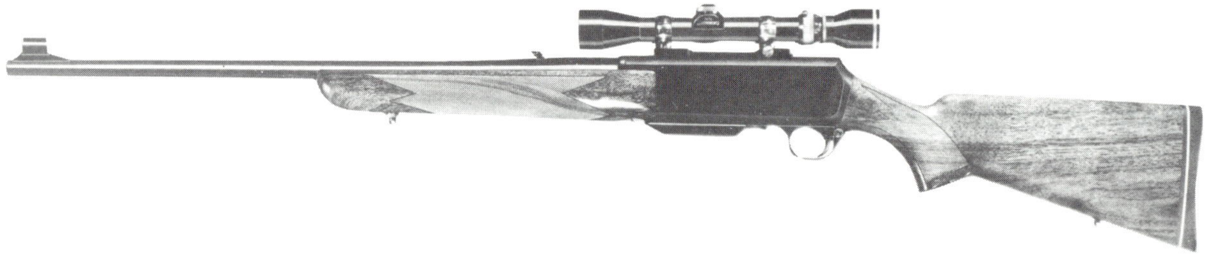

Browning BAR Grade 1, Selbstlader
Kaliber .243, .270, .308, .30-06, 7mm Remington und .300 Winchester Magnum. Das herausnehmbare Magazin faßt vier Schuß (drei bei Magnum-Patronen).

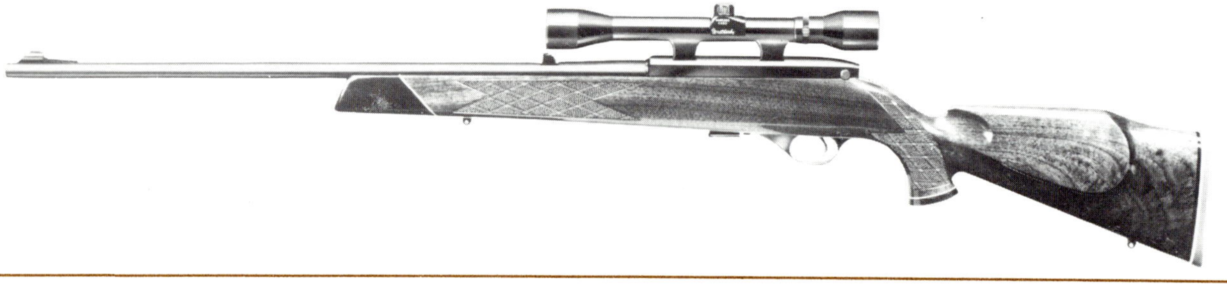

Weatherby Mark XXII, Selbstlader
Kaliber .22 LR. Dieser Selbstlader für Randfeuerpatronen hat einen einteiligen Walnußschaft mit Monte Carlo-Rücken und Schaftbacke.

(oben)
Remington Modell 55 2, Selbstlader
Ein Selbstlader für .22 LR, L, und S. Das Röhrenmagazin faßt fünfzehn LR-Patronen, siebzehn L, und zwanzig S. Ein interessantes Merkmal ist das Ablenkstück, das am hinteren Teil des Auswurffensters zu sehen ist. Es lenkt die ausgezogenen Hülsen nach unten. Bei anderen Büchsen werden die Hülsen häufig mehr oder weniger beliebig ausgeworfen. Dieses Umlenkstück ist besonders bei Linksschützen beliebt, da die leeren Patronenhülsen nicht vor das Gesicht fliegen und so den Schützen ablenken.

sicher nicht weltweit die bevorzugte Infanteriewaffe geworden. Gewiß sind gründliche Reinigung und fachgerechte Wartung bei solchen Waffen besonders wichtig. Auch erreicht eine durchschnittliche Jagdwaffe mit diesem System nicht die Schußpräzision einer Waffe mit Zylinderverschluß. Viele Schützen sind außerdem der Ansicht, daß den Selbstladern die elegante Form der klassischen Repetier-Büchse fehlt.
Die halbautomatische Waffe für Zentralfeuer-Patronen ist, ebenso wie die Vorderschaft-Repetierer in ähnlichen Kalibern, mit einem Kastenmagazin ausgerüstet, das dem Schützen keine Beschränkungen bezüglich der verwendeten Geschoßformen auferlegt. Die meisten jagdlich genutzten Selbstlader fassen drei bis fünf Patronen — mehr als ein Jäger wahrscheinlich braucht und genug, bis sich eine Gelegenheit ergibt, das Magazin erneut zu füllen. Einige Jäger stehen den Selbstladern gerade aufgrund ihrer schnellen Schußfolge kritisch gegenüber. Da ein zweiter Schuß einfach durch erneutes Ziehen des Abzugs ausgelöst wird, muß der Schütze der Versuchung widerstehen, zu schnell ein zweites Mal zu schießen, ohne wirklich sorgfältig neu gezielt zu haben.

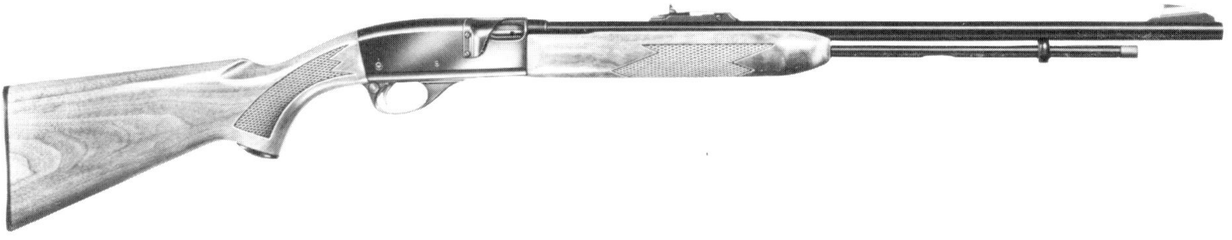

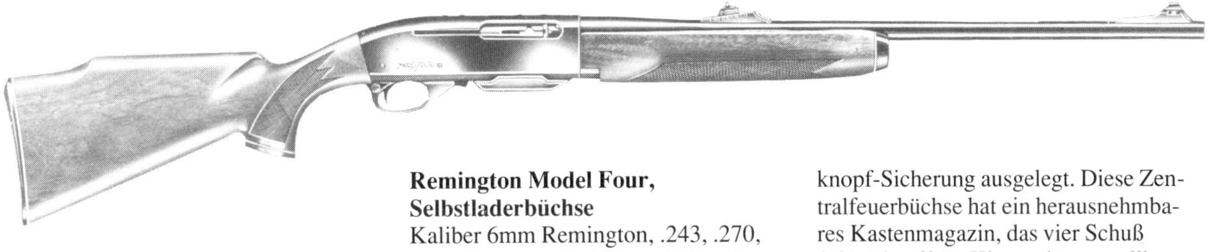

Remington Model Four, Selbstladerbüchse
Kaliber 6mm Remington, .243, .270, 7mm Express, .30-06 und .308. Die manuelle Sicherung ist als Druckknopf-Sicherung ausgelegt. Diese Zentralfeuerbüchse hat ein herausnehmbares Kastenmagazin, das vier Schuß faßt. Die offene Kimme ist verstellbar.

Ruger Modell 44 YR-25, Selbstladerbüchse
Diese selbstladende Zentralfeuerbüchse hat ein .44 Magnumkaliber, darum eine umlegbare Kimme und ein Messingperlkorn.

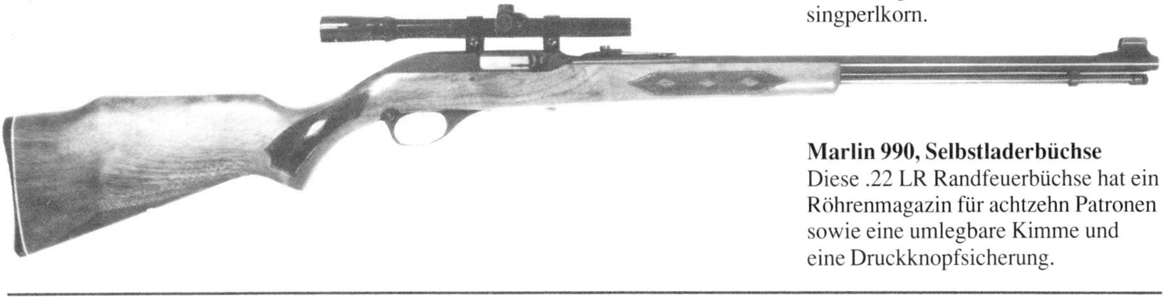

Marlin 990, Selbstladerbüchse
Diese .22 LR Randfeuerbüchse hat ein Röhrenmagazin für achtzehn Patronen sowie eine umlegbare Kimme und eine Druckknopfsicherung.

Einschüssige Büchsen

Das erste Gewehr überhaupt war eine sehr einfache Ausführung einer einschüssigen Waffe. Der moderne Einzellader hingegen ist oft ein sehr hoch entwickeltes technisches Gerät. Im Grunde genommen handelt es sich um ein Gewehr mit nur einem Lauf und ohne Magazin, so daß immer nur eine Patrone geladen und verschossen werden kann. Zum erneuten Laden muß die abgeschossene Hülse von Hand herausgenommen und eine neue Patrone eingelegt werden. Einschüssige Büchsen und Gewehre sind weniger gebräuchlich als Repetierer, obwohl sie in den letzten Jahren, seitdem Ruger eine verbesserte Schloßkonstruktion eingeführt hat, in den Vereinigten Staaten neue Beliebtheit erlangt haben. Das Ruger-System basiert auf den sogenannten Fallblock-Verschlüssen des 19. Jahrhunderts (besonders auf dem ausgezeichneten Farquharson-Verschluß), wurde aber wesentlich umgearbeitet. In seiner modernen Version ist es auch für den Gebrauch verschiedener starker Hochgeschwindigkeitspatronen geeignet. Es hat eine kürzere Zündverzugszeit — das ist die Zeit zwischen der Betätigung des Abzugs und der Zündung der Patrone –, ein Faktor, der die Genauigkeit erhöht. Hinzu kommt, daß die Einzellader von Ruger zuverlässig sind und auch noch elegant aussehen. Mehrere Firmen sind Rugers Beispiel gefolgt, so daß nunmehr einige hervorragende jagdliche Einzellader verfügbar sind, obwohl kaum einer von ihnen die Ruger No. 1 übertrifft.

Jeder Einzellader hat den großen Nachteil, daß ein schlechter erster Schuß nicht durch einen nachgesetzten zweiten Schuß wettgemacht werden kann. Wer mit einer einschüssigen Büchse vertraut ist und das schnelle Nachladen geübt hat, lernt mit der Zeit jedoch, eine zweite Patrone fast genauso schnell zu laden wie der Schütze, der eine zweite Patrone in das Patronenlager seines Repetierers einführt.

Der große Vorteil der einschüssigen Büchsen und Gewehre ist ihre ausgezeichnete Präzision, die von keinem anderen Waffentyp übertroffen wird. Das Bewußtsein, nur über einen einzigen Schuß zum Erlegen der Jagdbeute zu verfügen, kann den Schützen dazu verleiten, zu lange zu zögern, bevor er seinen Schuß abgibt. Doch die Disziplin, die er sich beim Warten

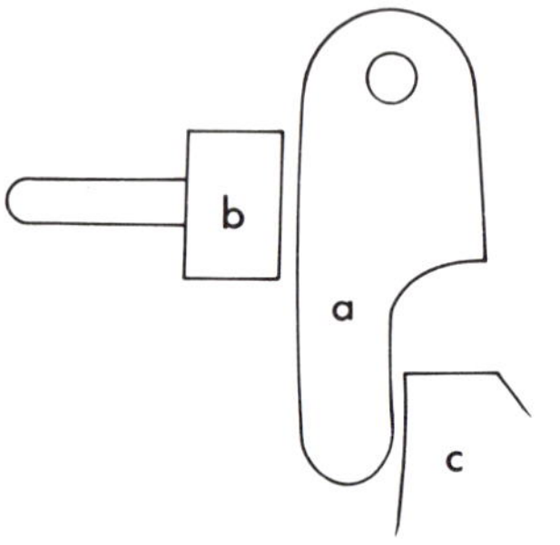

Der Ruger No. 1-Verschluß erhält einen geraden Schlag vom Schlagbolzen über einen Übertragungshebel *(a)*, der am Schlagbolzen *(b)* anliegt und vom Hahn *(c)* angeschlagen wird. Bei dieser Zündung geht kaum Kraft verloren.

Ruger No. 1, Einzellader
Das ist die mittelschwere Sport-Version für die Kaliber 7mm Remington Magnum, .300 Winchester Magnum, .338 Magnum und .45-70. Da er kein Magazin hat, ist dieser Einzellader mit einem 66cm langen Lauf insgesamt nicht länger als eine Büchse mit Magazin und einem 56cm langen Lauf.
Der Verschlußkasten ist massiv und bildet eine feste Verbindung zwischen Lauf und Schaft. Eine Langschraube wird durch den Schaft geführt und verbindet ihn fest mit dem Verschlußkasten.

auferlegen muß, bis sich das Wild in einer guten Schußposition befindet, gehört zu den positiven Herausforderungen der Jagd mit diesem Büchsentyp. Die Möglichkeit, mehrere Schüsse in schneller Folge abgeben zu können, ist in bestimmten Jagdsituationen zweifellos von beträchtlichem Vorteil. Sie kann aber auch zur Folge haben, daß der Jäger sich zu sehr auf die Wirkung mehrerer Schüsse verläßt, anstatt sich darauf zu konzentrieren, das Wild mit einem Schuß zu erlegen. Häufig wird mit einem oder vielleicht zwei Schüssen ein besseres Ergebnis erzielt als mit vier oder fünf Schüssen in rascher Folge. Von einem internationalen Jagdführer, der mit vielen Jägern zusammengearbeitet hat, stammt der Ausspruch: »Ein Schuß tötet, zwei Schüsse töten vielleicht, drei Schüsse nie!«

Thompson/Center TRC'83-Hunter
Ein in Amerika gebauter Einzellader mit Kipplaufverschluß und obenliegendem Öffnungshebel. Kaliber .223, .22-250, 7mm Remington Magnum und .30-06. Verstellbare Kimme. Einstellbarer Flintenabzug (Direktabzug) oder deutscher Stecher. Auswechselbare Läufe.

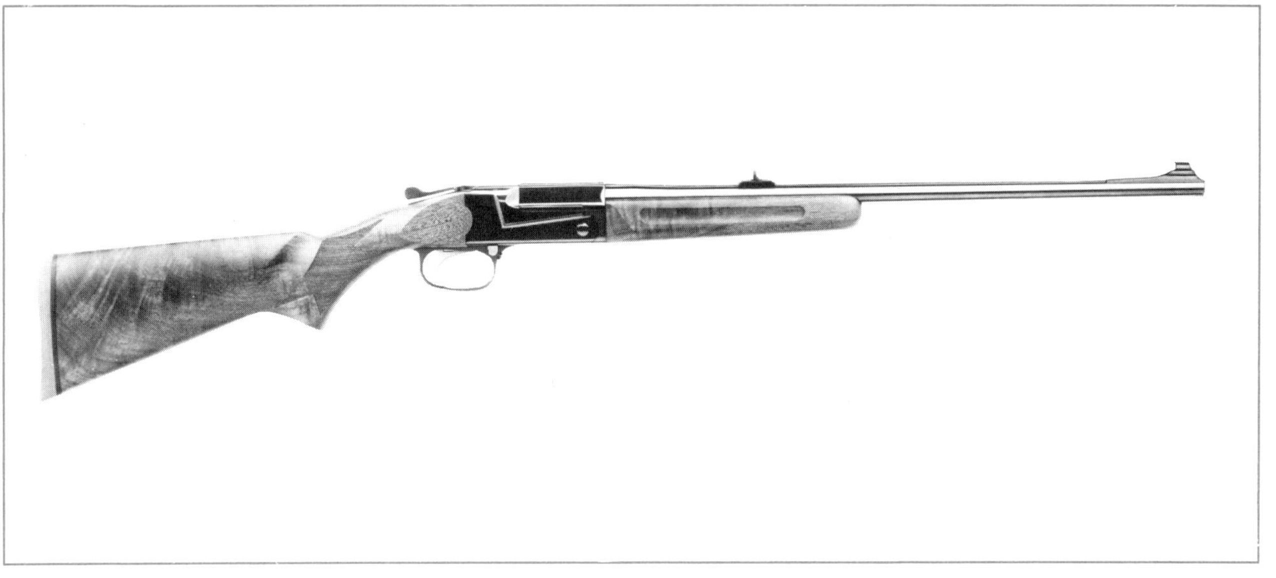

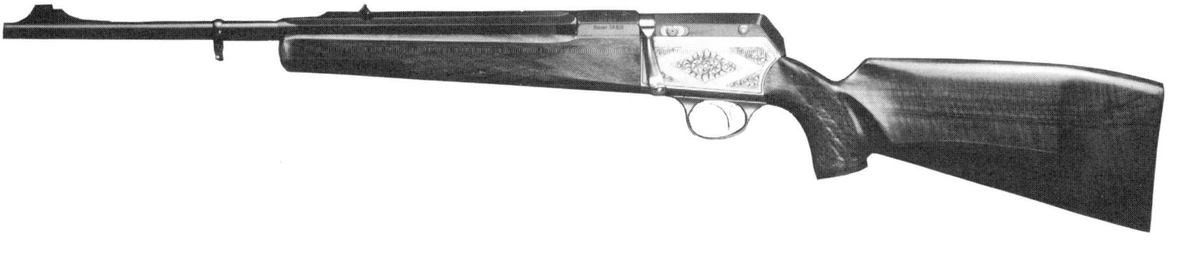

Blaser SR 830, Einzellader
Ein in Deutschland gebauter Einzellader, der für die Kaliber 6,5 × 55, .308 Winchester, .30-06, .300 Winchester und 9,3 × 62 erhältlich ist.

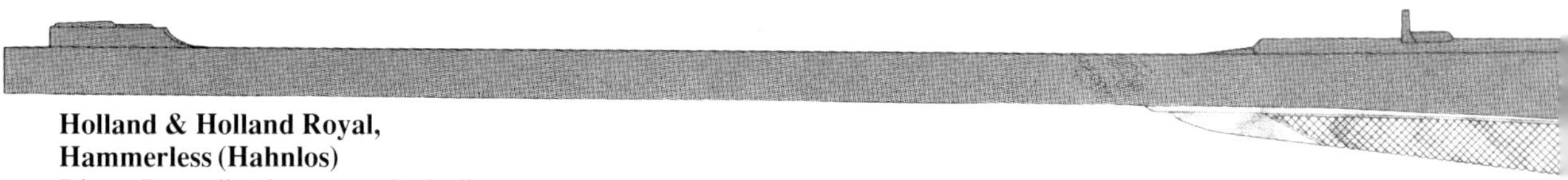

Holland & Holland Royal, Hammerless (Hahnlos)
Dieser Doppelbüchsentyp galt als die klassische Waffe für die Großwildjagd, als Großbritannien noch Kolonien in Afrika besaß. Sie war in den Kalibern von .240 bis .470 erhältlich.

Doppelbüchsen

Die Doppelbüchse ist die klassische Jagdwaffe für Großwild. Im Unterschied zu den anderen Büchsentypen verfügt sie über zwei Läufe, die zum

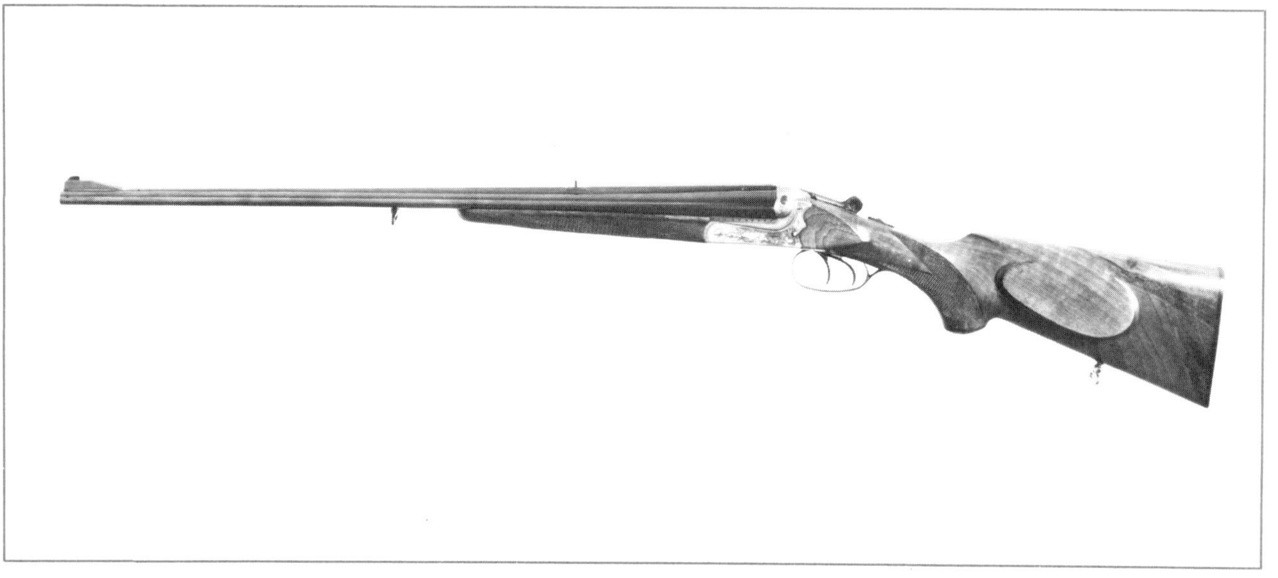

Laden oder Entladen aufgekippt werden. Abgesehen von den Zügen im Lauf ist diese Art von Gewehr in Aussehen und Funktion der üblichen Querflinte oder der etwas moderneren Bockdoppelflinte sehr ähnlich.
Nicht nur der hohe Preis der Doppelbüchse hat dazu geführt, daß sie heute kaum noch verwendet wird. Ein weiterer Grund liegt darin, daß die Jagd auf großes, gefährliches Wild in Afrika oder Indien heute ein Privileg ist, das nur wenige Sportjäger genießen. Die Doppelbüchse wurde speziell für diese Art der Jagd entwickelt, und mit den zwei geladenen Läufen war es möglich, ohne jede Verzögerung einen zweiten Schuß auf ein ausbrechendes Tier abzugeben. Daher fiel die Wahl ganz selbstverständlich auf die Doppelbüchse, die früher als die halbautomatischen Waffen entwickelt wurde und außerdem in Gefahrensituationen wesentlich zuverlässiger war.
Die Doppelbüchse erfreut sich noch immer unter den Berufsjägern in Afrika als Schutzwaffe in Gefahrensituationen einiger Beliebtheit. Doch nicht überall konnte sich diese Büchse durchsetzen. Sie wurde fast nur von englischen Herstellern gebaut und war auch nur in den von Großbritannien kolonisierten afrikanischen Ländern weit verbreitet. In anderen Teilen

Merkel Modell 5E, Doppellauf
Die in Deutschland von Merkel gebaute hahnlose Doppelbüchse für das Kaliber 9,3 × 74 ist mit einem Schloß von Anson & Deeley ausgestattet. Der rechte Lauf wird mit dem vorderen Abzug abgeschossen, der linke mit dem hinteren.

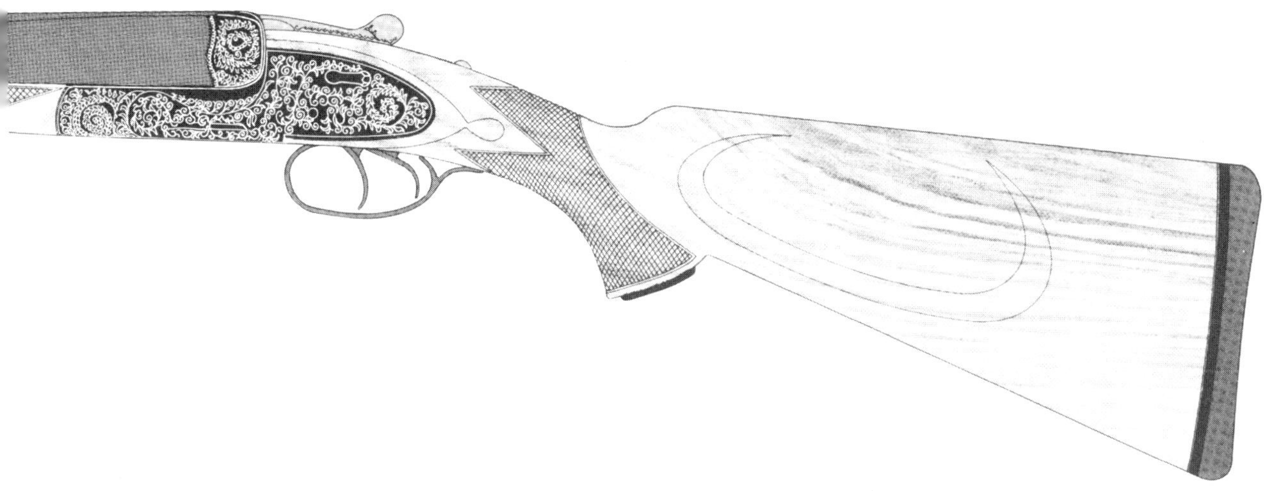

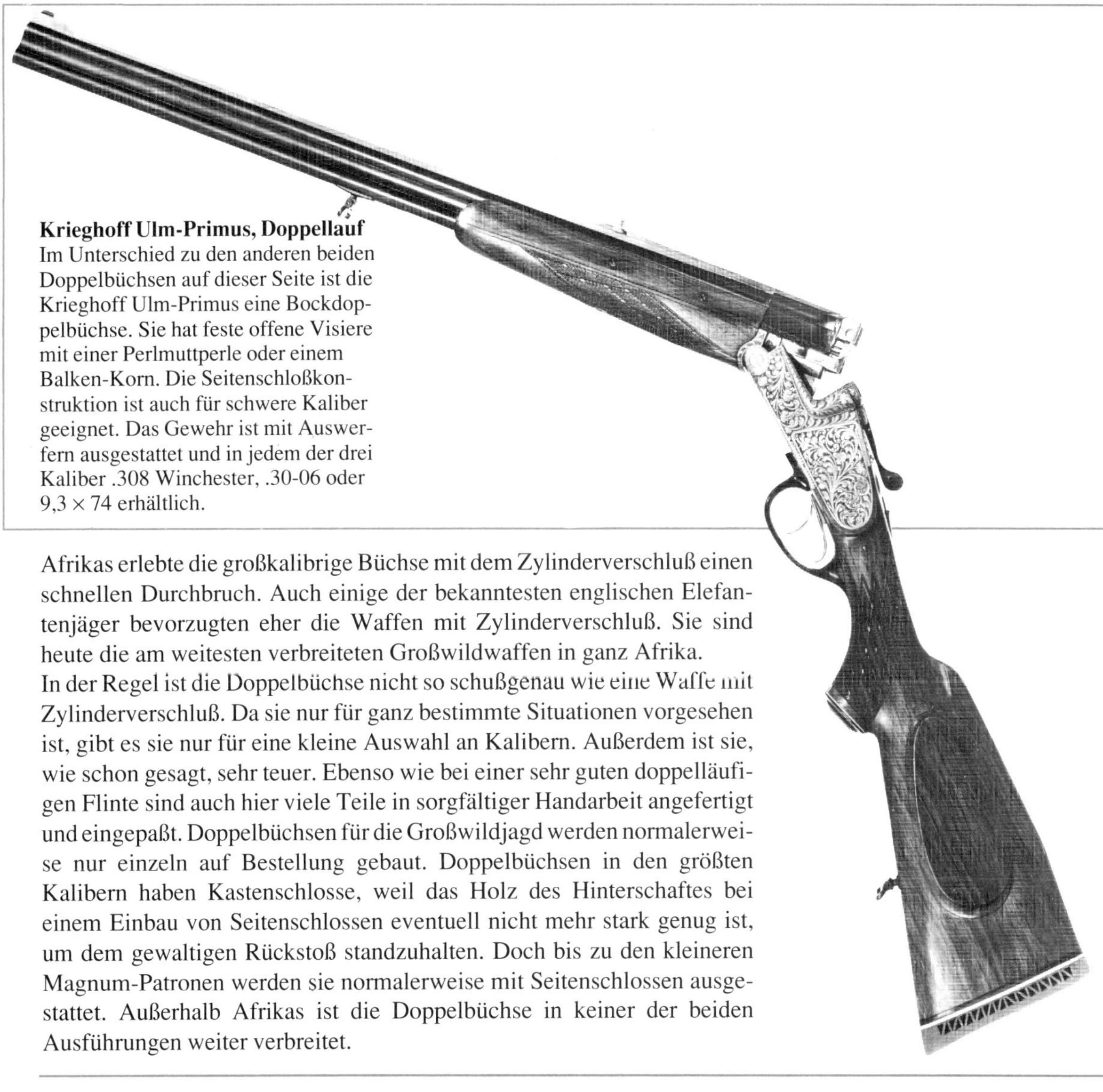

Krieghoff Ulm-Primus, Doppellauf
Im Unterschied zu den anderen beiden Doppelbüchsen auf dieser Seite ist die Krieghoff Ulm-Primus eine Bockdoppelbüchse. Sie hat feste offene Visiere mit einer Perlmuttperle oder einem Balken-Korn. Die Seitenschloßkonstruktion ist auch für schwere Kaliber geeignet. Das Gewehr ist mit Auswerfern ausgestattet und in jedem der drei Kaliber .308 Winchester, .30-06 oder 9,3 × 74 erhältlich.

Afrikas erlebte die großkalibrige Büchse mit dem Zylinderverschluß einen schnellen Durchbruch. Auch einige der bekanntesten englischen Elefantenjäger bevorzugten eher die Waffen mit Zylinderverschluß. Sie sind heute die am weitesten verbreiteten Großwildwaffen in ganz Afrika.
In der Regel ist die Doppelbüchse nicht so schußgenau wie eine Waffe mit Zylinderverschluß. Da sie nur für ganz bestimmte Situationen vorgesehen ist, gibt es sie nur für eine kleine Auswahl an Kalibern. Außerdem ist sie, wie schon gesagt, sehr teuer. Ebenso wie bei einer sehr guten doppelläufigen Flinte sind auch hier viele Teile in sorgfältiger Handarbeit angefertigt und eingepaßt. Doppelbüchsen für die Großwildjagd werden normalerweise nur einzeln auf Bestellung gebaut. Doppelbüchsen in den größten Kalibern haben Kastenschlosse, weil das Holz des Hinterschaftes bei einem Einbau von Seitenschlossen eventuell nicht mehr stark genug ist, um dem gewaltigen Rückstoß standzuhalten. Doch bis zu den kleineren Magnum-Patronen werden sie normalerweise mit Seitenschlossen ausgestattet. Außerhalb Afrikas ist die Doppelbüchse in keiner der beiden Ausführungen weiter verbreitet.

Schußgenauigkeit der Büchsen

Wie schon erwähnt, wird die Schußgenauigkeit durch eine kurze Zündverzugszeit begünstigt. Je kürzer der Zeitabstand zwischen der Betätigung des Abzugs und der Zündung der Patrone ist, desto geringer ist die Wahrscheinlichkeit, den Schuß zu verwackeln. Sehr wichtig ist außerdem ein schneller, ruhiger, relativ leichter Druck auf die Abzugzunge. Eine große Rolle spielt auch die Bettung von System und Lauf im Schaft, da die Erhitzung des Laufes, ungleicher Schaftdruck, Schwingungen oder Verziehungen die Trefferlage stark verändern. Ein weiterer wichtiger Punkt ist die exakte Ausrichtung des Laufes und die Abstimmung seines Innenprofils, das heißt die Anzahl, Tiefe und Gleichmäßigkeit der Züge sowie die richtige Länge des Dralls. Das für ein bestimmtes Kaliber passende Innenprofil kann für ein anderes völlig ungeeignet sein. Bei vielen Patronen spielt auch die Länge des Laufes eine wichtige Rolle.

Der empfindlichste Teil des Laufes ist die Mündung. Eine verdorbene, angeschlagene oder ausgeputzte Mündung hat eine schlechtere Schußgenauigkeit zur Folge, weil Unregelmäßigkeiten an der Mündung den Abgangswinkel des Geschosses ändern und durch den veränderten Gasprall am Geschoßboden den Trefferpunkt verschieben. Ein guter Büchsenlauf muß dort, wo das Geschoß ihn verläßt, vollkommen plan sein.

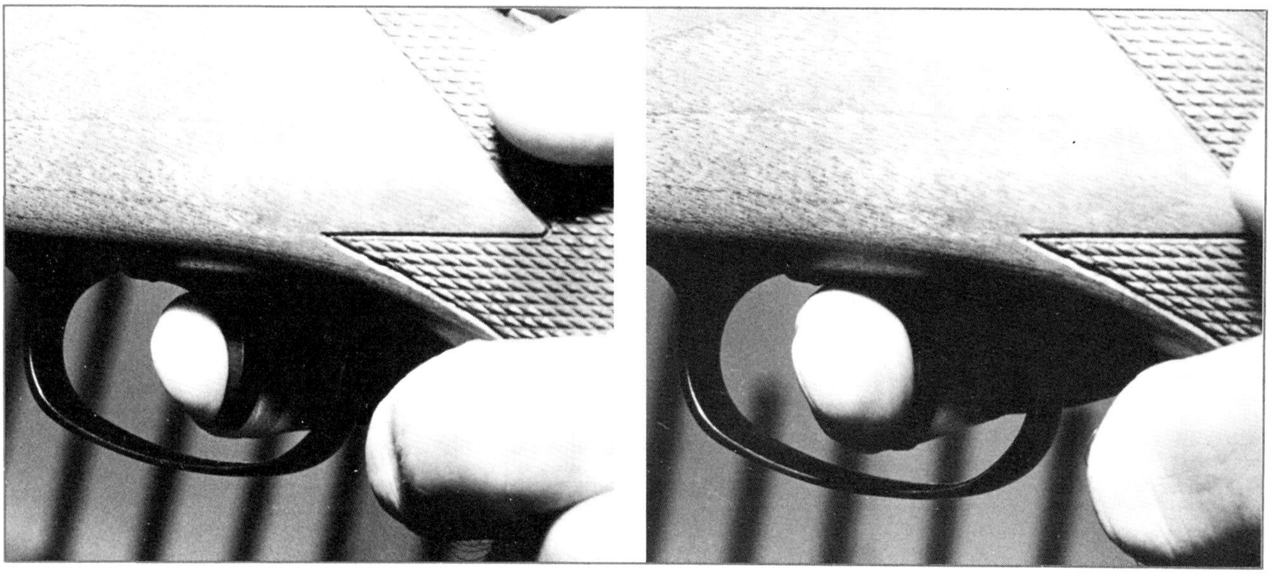

Abzugbetätigung
Üben Sie, den Abzug mit der Kuppe des Zeigefingers *(links)* gleichmäßig und gerade nach hinten zu ziehen. Viele Schützen bedienen den Abzug mit der Gelenkbiegung des ersten Fingergliedes *(rechts)*. Dadurch wird jedoch der für die Zielgenauigkeit so wichtige leichte Druck nach hinten eher erschwert.

Selbst wenn eine Jagdbüchse gut konstruiert und sorgfältig gebaut ist — mit einem leichtgängigen, zuverlässigen Verschluß, einer kurzen Zündverzugszeit, einem guten Patronenlager, guter Einpassung und Bettung, einem guten Lauf und eindeutigen Zielvorrichtungen (fast immer ein Zielfernrohr) — hängt die Schußgenauigkeit noch von einigen weiteren Faktoren ab. Einer dieser Faktoren ist der Schütze selbst, und auch das Training ist von wesentlicher Bedeutung. Der tatsächliche Haltepunkt im Moment der Schußauslösung kann sich durch die Atmung des Schützen (und sogar durch seinen Herzschlag) leicht verschieben. Selbst eine winzige Verlagerung der Mündung kann auf eine Entfernung von 150m einen deutlichen Fehlschuß zur Folge haben, denn sie führt zu einer Veränderung des Schußwinkels, was sich mit zunehmender Entfernung entsprechend stärker auswirkt. Daher achten versierte Schützen nicht nur auf ihre ruhige At-

mung, sondern auch auf ihren festen Stand, eine gleichbleibende Waffenhaltung und eine saubere Abzugtechnik.
Der Abzug muß gleichmäßig und geradlinig nach hinten gezogen werden. Es darf nicht der geringste Druck nach links oder rechts erfolgen, da sich dadurch die Waffe zu ihrer Längsachse verschieben kann. Das Gros der erfahrenen Schützen betätigt den Abzug mit der Kuppe des Zeigefingers. Viele (vielleicht die meisten) Anfänger und nicht so erfahrene Schützen betätigen den Abzug hingegen mit der ersten Gelenkbiegung des Zeigefingers. Bei genügend Übung kann zwar auch mit dieser Technik genau geschossen werden, in den meisten Fällen erweist sie sich jedoch als nachteilig. Ebenso wird sehr häufig der Fehler begangen, im Augenblick der Abzugbetätigung zurückzuzucken. Es handelt sich um eine reflexartige, vorweggenommene Reaktion auf den Schußknall und den Rückstoß. In der Praxis kann diese Reaktion durch Übung mit einem sehr leichten Kaliber wie der .22 LR (oder sogar einem Luftgewehr) und Trockenübungen überwunden werden; hierbei werden Zielen, Halten und Auslösen ohne scharfe Munition im Patronenlager trainiert. In jedem Fall muß der Abzug ruhig und gleichmäßig betätigt werden. Treffsicherheit will erlernt sein. Über die Techniken und Trainingsmethoden des Schießens wurden bereits zahlreiche Bücher geschrieben.
Der Abzug selbst ist ein weiterer kritischer Punkt. Fast alle Militär-Gewehre und einige Sportgewehre sind mit Druckpunktabzügen ausgestattet. Bei einem sogenannten Druckpunktabzug beginnt der erste Teil seines Weges mit relativ wenig Widerstand. Er nimmt dann bis kurz vor der Schußauslösung deutlich spürbar zu. Ursprünglich war der Druckpunktabzug als Sicherheitsvorkehrung gedacht, um ein versehentliches Auslösen in der Aufregung des Gefechtes zu verhindern. Bei einem sogenannten Flintenabzug ist der Auslöseweg kürzer, und der Widerstand steigt gleichmäßig bis zur Freigabe des Schusses an. Für den durchschnittlichen Jäger eignet sich ein verstellbarer, qualitativ hochwertiger Flintenabzug mit einstellbarem Abzuggewicht sicherlich am besten. Bei einigen Abzügen lassen sich sogar die Wärmedehnung der Federn und der Rückstoß berücksichtigen — Feinheiten, die nur für besonders gute Schützen interessant sind. Einige Schützen ziehen übrigens einen sehr leichten, einstellbaren Druckpunkt-

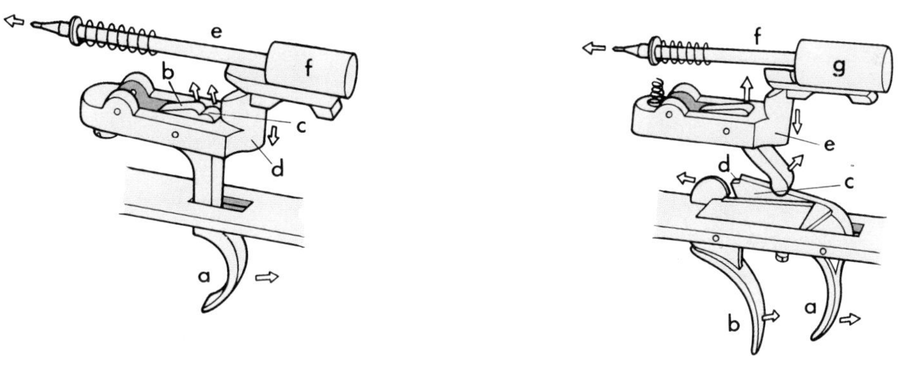

Druckpunktabzug
Bei diesem Druckpunktabzug werden die zwei Auslösestadien durch die beiden, oben am Abzughebel *(a)* befindlichen Nocken bewirkt. Der vordere *(b)* bewegt den Abzug bei leichtem Druck in seine erste Stellung, während der hintere Nocken *(c)* bei stärkerem Druck den gespannten Abzugstollen nach unten löst, wodurch der Schlagbolzen *(e)* innerhalb der Kammer *(f)* gelöst wird und die Zündung erfolgt.

Deutscher Stecher (Doppelzüngelstecher)
Durch Zug am hinteren Abzug *(a)* wird der vordere Abzug *(b)* eingestochen. Die Stecherfeder *(c)* wird dann an einer Raste *(d)* gehalten. Schon bei leichtem Druck löst sich jetzt die Schlagfeder, die ihrerseits den Abzugstollen *(e)* hinunterzieht und den Schlagbolzen *(f)* innerhalb der Kammer *(g)* löst.

abzug vor, der sie auf den Augenblick der endgültigen Schußauslösung besser vorbereitet. Dem durchschnittlichen Schützen gelingt es jedoch mit diesem Abzug noch weniger, das Zurückzucken zu überwinden.
Viele jagdlich genutzte Waffen verfügen über Rückstecher oder deutsche Stecher (Doppelzüngelstecher). Bei ihnen läßt sich der Abzug auf ein extrem leichtes Abzuggewicht einstellen. Ein Doppelzüngelstecher besteht eigentlich aus zwei Abzügen. Durch Druck auf den Abzug wird der zweite — der Auslöser — gespannt oder gelöst. Der Abzug eines Rückstechers kann entweder ohne Einstechen ausgelöst werden oder er ist so gebaut, daß er erst durch Druck nach vorn eingestochen und dann als Stecher ausgelöst wird. In jedem Fall kann der Abzug auf einen extrem leichten Widerstand und eine kurze Auslösung eingestellt werden.
Rückstecher werden bei einigen Arten von Schießwettbewerben verwendet. Auch in Jagdbüchsen sind sie manchmal eingebaut. Wenn der Schütze die Möglichkeit hat, sich ganz auf die Betätigung des Abzugs zu konzentrieren, das heißt, wenn er genügend Zeit hat, einen genauen Schuß auf weite Entfernung anzubringen, liegt der Vorteil dieses Abzugs auf der Hand. Bei der Jagd auf Gemsen, Steinböcke, verschiedene asiatische, europäische und nordamerikanische Schafe und auf Steppenarten der afrikanischen Antilope wird vielfach über offene Felder, Steppen, Täler oder Schluchten geschossen. Hier läßt sich mit einem Rückstecher höchste Treffergenauigkeit erzielen. In den Vereinigten Staaten werden Rückstecher manchmal bei der Jagd auf Murmeltiere und Präriehunde verwendet, die normalerweise auf Entfernungen von mehr als 300m geschossen werden, oder auf Steppentiere wie die Gabelantilope. Der Rückstecher bietet jedoch keine Gewähr für den Jagderfolg. Seine Wirksamkeit ist zumindest in Waldgebieten, in denen auf kurze Entfernung gejagt wird, zweifelhaft — zum Beispiel bei der Bärenjagd oder der Bejagung einiger Hirscharten. Am häufigsten werden Rückstecher beim Drilling (einer Kombinationswaffe mit Büchsen- und Schrotflintenläufen) eingebaut. Das mag überraschen, da der Drilling selten in Situationen verwendet wird, die äußerste Schußpräzision über weite Entfernungen verlangen. Normalerweise ist dieser Typ des Abzugs so konstruiert, daß er wie ein normaler Flintenabzug funktioniert, wenn er nicht vorher eingestochen wird.
Deutsche Stecher (Doppelzüngelstecher) haben aufgrund ihrer funktionellen Exaktheit einen sehr guten Ruf bei Match-Gewehren gewonnen, zum Beispiel bei Waffen von Anschütz und Schultz & Larsen. Sie sind auch oft in Sportgewehren von Mauser (Deutschland) und Mannlicher (Österreich) zu finden. In Nordamerika wurden die Firmen Timney und Canjar für ihre hochwertigen Doppelzüngelstecher berühmt.
Eine der besten Büchsen mit deutschem Stecher, die je konstruiert wurden, stammt von Anschütz; seltsamerweise wurde sie durch eine andere Waffe mit Rückstecher, ebenfalls von Anschütz, fast völlig verdrängt. Deren Abzugwiderstand war so leicht, daß nur sehr wenige Schützen in der Lage waren, derartige Vorteile wirklich für die Schußleistung zu nutzen. Es gibt auch einen Stecker-Abzug von Canjar, die auf einen Widerstand von nur 60 Gramm eingestellt werden kann. Das Abzuggewicht ist so gering, daß die Abzugzunge selbst nur aus einem gebogenen Aluminiumdraht besteht, denn eine normale Abzugzunge könnte durch ihr eigenes Gewicht versehentlich einen Schuß auslösen.
Für den Jäger sind solche Abzüge völlig unbrauchbar. Er bevorzugt in den meisten Fällen einen Abzug mit spürbarem Widerstand, der bei einem Druck von ungefähr 1,4kg auslöst.

Der Schaft

Es heißt allgemein, daß es bei einem Büchsenschaft weniger auf die Bettung ankommt als beim Schaft einer Flinte. Das trifft teilweise auch zu, da mit der Büchse ruhig gezielt wird, während mit der Flinte aus dem Schwung heraus gezielt wird und sie sich wie eine Verlängerung von Arm und Auge an den Körper des Jägers anpassen muß. Dennoch ist diese Behauptung irreführend. Der Rücken des Kolbens oder Hinterschaftes vieler Büchsen war lange Zeit sehr schmal. Wenn der Schütze kein sehr fülliges Gesicht hatte, bot dieser Schaft seiner Wange nur eine unzureichende Stütze. Das Auge des Jägers befand sich daher in einer ungünstigen Position zur korrekten Ziellinie, und der Rückstoß war sehr unangenehm zu spüren. Bei den meisten heutigen Büchsen ist der Schaftrücken besser geformt, worauf man beim Kauf auf jeden Fall achten sollte. Einige Hinterschäfte haben an der rechten oder linken Seite des Schaftrückens (je nachdem, ob der Benutzer Rechts- oder Linksschütze ist) einen Wulst, die sogenannte Schaftbacke. Sie ist nicht unbedingt nötig, gilt aber als elegant

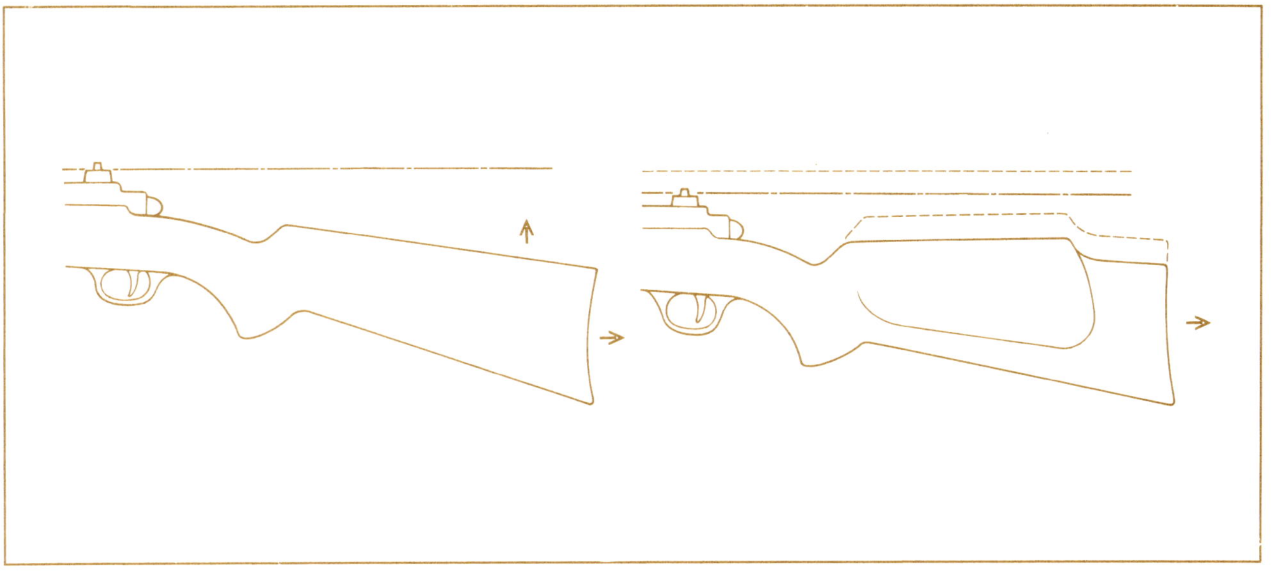

Der Rückstoß
Je größer Gewicht und Geschwindigkeit des Geschosses, desto stärker ist der Rückstoß. Ein größeres Büchsengewicht verringert den Rückstoß, doch schwere Büchsen sind nicht beliebt. Der Rückstoßeffekt kann durch die Form des Büchsenschaftes verringert werden. Bei dem tiefliegenden Schaft links entsteht ein Schub nach hinten und nach oben. Daher wird der Schütze an seiner Backe einen relativ starken Stoß spüren. Der Monte Carlo-Schaft auf der rechten Seite ist so geformt, daß der Rückstoß in einer geraden Linie nach hinten geleitet wird. Er hat eine abfallende Schaftbacke, die die Rückstoßbewegung an der Wange des Schützen zusätzlich verringert und das Visieren erleichtert.

und kann, wenn sie gut geformt ist, eine Hilfe darstellen. Ob dies der Fall ist, läßt sich nur durch Anlegen der Büchse an Schulter und Wange herausfinden.

Ein schmaler Schaftrücken ist zwar sehr nachteilig, doch noch schlimmer ist eine zu große Senkung des Hinterschaftes, wie er bis vor kurzem an den Schäften vieler Büchsen zu sehen war (an einigen sogar immer noch). Offensichtlich können sich die Designer und Konstrukteure von Sport- und Jagdwaffen nur schwer dazu durchringen, die traditionellen Formen zu verändern. Zu Beginn dieses Jahrhunderts wurde das Zielfernrohr eingeführt. Seine Anwendung machte einen etwas höheren Schaft notwendig, als er bei den Büchsen des 19. Jahrhunderts üblich war. Aber selbst ohne Zielfernrohr erschwert ein zu stark abfallender Hinterschaft das Zielen. Außerdem ist bei einem Schaft, der zu tief und darum auch zu schmal ist, der Rückstoß besonders stark spürbar. Einige Schafthersteller haben versucht, das Problem des Zielfernrohrs durch den Bau eines leicht gebuckelten Hinterschaftes zu lösen, dessen Schaftrücken zum Teil angehoben ist. In einigen Ländern ist dieser Schaft unter der Bezeichnung »Monte Car-

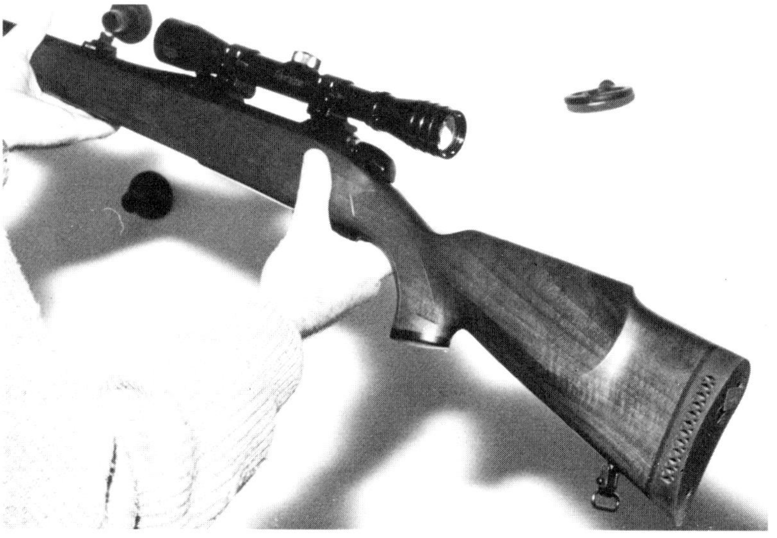

(links) Diese Repetierbüchse ist mit einem Monte Carlo-Rücken, einer abfallenden Schaftbacke, einem Pistolengriff und einer dicken Schaftkappe ausgestattet.

Krico Modell 640 S Sniper, Zylinderverschluß
Kaliber .222 Remington, .223 Remington, .243 Winchester und .308 Winchester. Diese Wettkampf-Büchse wird von einigen Jägern auch zur Raubzeug- und Kleintierjagd auf weite Entfernungen verwendet. Sie wird mit einer Visiereinstellung auf 300m geliefert. Die Büchse hat eine ausklappbaren Schaftrücken und eine verstellbare Schaftkappe.

lo«-Schaft bekannt. Er wird auch bei einigen Flinten für das Tontaubenschießen verwendet, da ein relativ hoher Hinterschaft beim Beschießen einer Tontaube eine Hilfe darstellt. Doch nicht immer ist ein Monte Carlo-Schaft zu empfehlen, um das Auge des Schützen auf die richtige Höhe für das Zielfernrohr zu bringen. Vielen Jägern gefällt außerdem das Aussehen dieses Schaftes nicht. Es gibt aber auch Hinterschäfte mit einem geraden Schaftrücken (ohne Buckel), der hoch genug ist, so daß sich der Kopf des Schützen beim Zielen mit einem Zielfernrohr oder mit Metallvisieren (offenen Visieren oder Diopter- bzw. Lochvisieren) in der richtigen Position befindet. Ein in dieser Art gut geformter Schaft ist nicht zu hoch, liegt bequem an der Schulter an, verringert den Rückstoß und sieht elegant aus. Die Entscheidung für den Monte Carlo-Schaft ist also eine Frage des persönlichen Geschmacks. Bei der Auswahl einer Büchse muß hauptsächlich darauf geachtet werden, ob sie gut in der Hand liegt, sich gut anfühlt und gut anlegen läßt. Wenn man die Büchse an die Schulter anlegt und zielt, kann man sehr schnell feststellen, ob der Schaft so geformt ist, daß er sich zum schnellen, genauen Zielen und bequemem Schießen eignet.

Ob eine Büchse mit einem Halbschaft ausgestattet ist, der sich nicht über die gesamte Lauflänge erstreckt, oder mit einem vollen Schaft, der bis zur Mündung reicht (manchmal Mannlicher-Modell genannt), ist ebenfalls weitgehend eine Frage des persönlichen Geschmacks. Der Schaft soll so weit nach vorn reichen, daß der Schütze Holz und nicht Metall in der Hand hält. Solange Gewicht und Ausgewogenheit der Waffe stimmen und sie angenehm in der Hand liegt, ist es von geringerer Bedeutung, ob der Schaft bis ganz nach vorn reicht oder nicht.

Wichtiger als die Wahl der Verschlußart ist die des geeigneten Kalibers für die verschiedenen Wildarten und Jagdformen. Im großen und ganzen zeichnen sich die Jagdwaffen mit Zylinderverschluß und die einschüssigen Büchsen oder Gewehre durch eine etwas größere Genauigkeit im Vergleich zu anderen Systemen aus. Die Unterhebel- Repetierer, Vorderschaft-Repetierer und die guten halbautomatischen Selbstlader sind im wesentlichen für alle Formen der Jagd hinreichend genau. Eine Ausnahme bildet das Schießen über extrem große Entfernungen auf kleines Wild, zum Beispiel Murmeltiere — eine besondere Art der Jagd, die vor allem in den

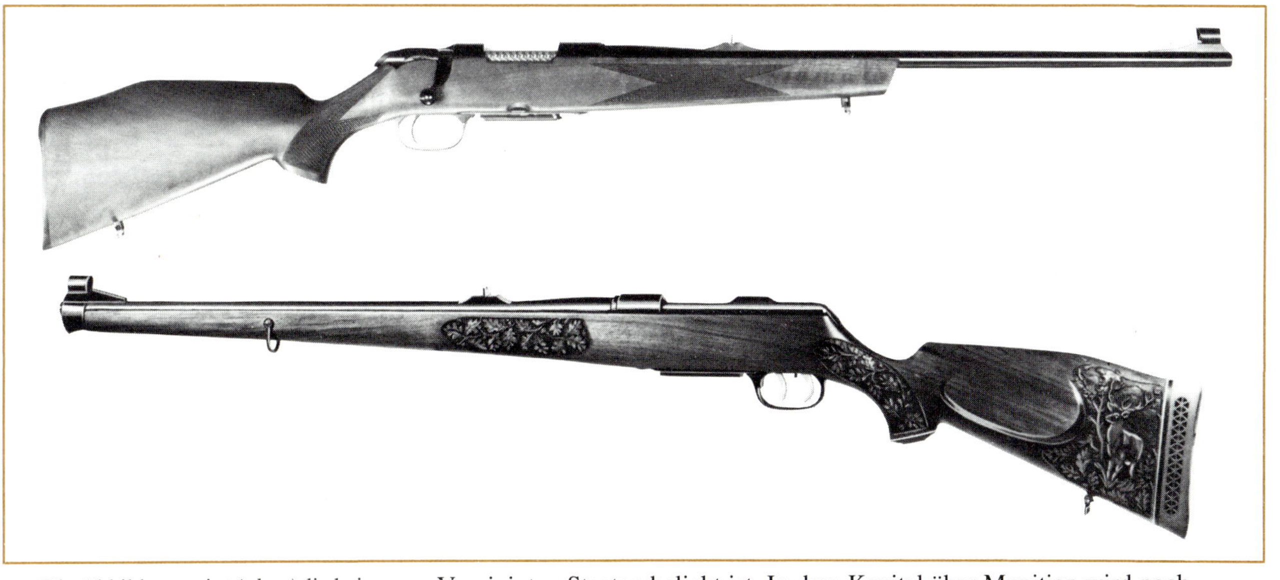

Die Abbildung zeigt *(oben)* die bei Büchsen heute übliche Schaftform mit Pistolengriff und einem Monte Carlo-Rücken. Die Büchse darunter ist ein vollgeschäfteter Stutzen von Krico mit dicker Schaftkappe. Die erhöhte Schaftbacke wird durch die Verschneidungen auf dem Schaft besonders betont.

Vereinigten Staaten beliebt ist. In dem Kapitel über Munition wird noch ausführlicher auf die jeweiligen Kaliber eingegangen. Hier soll nur ein relativ neuer Trend bezüglich der Wahl des Kalibers erwähnt werden.

Im Idealfall verwendet der Jäger für die Jagd auf verschiedene Wildarten eine einzige Büchse, denn je mehr ein Schütze mit einer Büchse trainiert, desto besser ist er mit ihr vertraut. In der Vergangenheit war das jedoch nur selten möglich. Heute scheint der Trend dahin zu gehen, daß hochwertige Büchsen mit auswechselbaren Läufen für verschiedene Kaliber gebaut werden. Ein konkretes Beispiel dafür ist die von der deutschen Firma Blaser entwickelte Repetier-Büchse mit ihrem modifizierten Zylinderverschluß und der Möglichkeit des Kaliberwechsels. Sie ist mit auswechselbaren Läufen in Kalibern von 6mm bis zu .375 Magnum, die normalerweise für afrikanisches Großwild verwendet wird, erhältlich. Die Blaser-Büchse ist mit einer hervorragenden Sicherung ausgestattet, mit der man die Schlagbolzenfeder spannt und entspannt, anstatt den Schlagbolzen oder den Abzug einfach nur zu blockieren, wie es bei anderen Systemen mit Zylinderverschluß üblich ist. Außerdem verfügt sie über einen Abzug, der als voll verstellbarer Flintenabzug oder, wenn er nach vorne eingestochen wird, als sehr leichtgängiger Rückstecher verwendet werden kann. In den Vereinigten Staaten gibt es eine sehr gute einschüssige Büchse von Thompson/Center mit einem deutschen Stecher oder alternativ einem verstellbaren Flintenabzug, für die ebenfalls auswechselbare Läufe in mehreren gängigen Kalibern angeboten werden.

Unabhängig vom gewählten Verschlußtyp sind Reinigung und Wartung außerordentlich wichtig für die Genauigkeit und eine zuverlässige Funktion. (Eine Ausnahme von dieser Regel bilden vielleicht die Waffen im Kaliber.22 LR; die heutigen Randfeuer-Patronen verursachen eine so geringe Verschmutzung oder Korrosion, daß die Reinigung dieser Waffen nur in unregelmäßigen Abständen und eher oberflächlich erfolgen kann). Nach dem Gebrauch sollte die Waffe sorgfältig gereinigt und leicht geölt werden. Wird sie für längere Zeit aufbewahrt, ohne benutzt zu werden, sollte sie eventuell als Schutz gegen Rost etwas stärker geölt werden.

Um alle Pulverreste, Metallpartikel und Schmutzteilchen aus Lauf und Verschluß zu entfernen, kann ein im Handel erhältliches Reinigungsöl oder

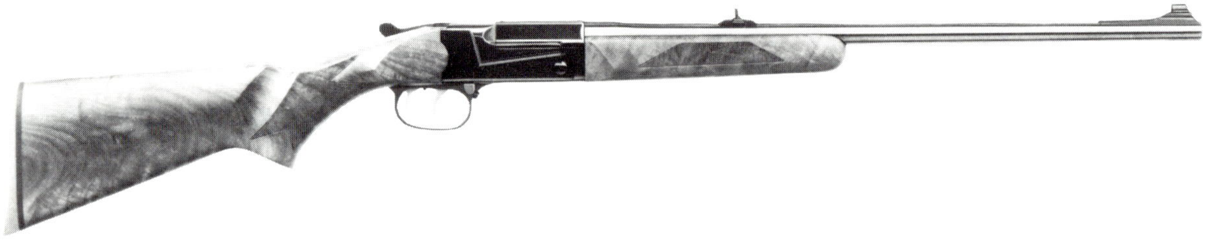

Thompson/Center TCR '83 Aristocrat
Einschüssige Büchse mit auswechselbaren Läufen in den Kalibern .223, .22-250, .243, 7mm Remington Magnum und .30-06. Sie hat einen Kipplaufverschluß mit Oberhebel und einen einstellbaren deutschen Stecher.

Lösungsmittel benutzt werden. Außerdem werden zum Putzen weiche Lappen, Tupfer, und, wenn nötig, eine Messingdrahtbürste verwendet. Nachdem das Lösungsmittel eine Zeitlang eingewirkt hat, entfernt man durch gründliches trockenes Auswischen die gelockerten Schmutzpartikel. Manchmal muß dieser Vorgang mehrere Male wiederholt werden. In den letzten Jahren wurden verschiedene ausgezeichnete synthetische Waffenreinigungsmittel und Öle (darunter auch Produkte, die auf Silikon basieren) eingeführt. Die Läufe von Waffen mit Zylinderverschluß, von Doppelbüchsen und von einigen Einzelladern können normalerweise vom Patronenlager her gereinigt werden, was auch zu empfehlen ist. Bei einem Vorderschaft-Repetierer oder einem halbautomatischen Selbstlader muß der Putzstock meist durch die Mündung eingeführt werden. Hierbei ist darauf zu achten, daß der Stock gerade eingeführt wird, um Beschädigungen oder Kratzer an der Mündung zu vermeiden. Die »Krone« der Mündung (die gerundete oder schräg geschliffene Kante der Mündung) bietet etwas Schutz, aber sorglose Handhabung des Stocks kann trotzdem eine allmähliche Ausschleifung verursachen.

Leider sind viele Gewehrschränke so gebaut, daß die Gewehre etc. mit dem Hinterschaft nach unten und der Mündung nach oben einstellt werden. Wenn eine Waffe (sei es eine Büchse oder eine Flinte) jedoch über einen längeren Zeitraum hinweg verwahrt werden soll, ist es besser, sie so zu stellen, daß der Hinterschaft nach oben und die Mündung nach unten zeigen. Sonst fließen überschüssiges Öl und etwa noch vorhandene kleine Schmutzteilchen oder Fremdkörper mit der Zeit in den Verschluß, sammeln sich dort an und verkleben möglicherweise. Früher oder später wird dadurch eine komplette Zerlegung und gründliche Reinigung aller mechanischen Teile erforderlich, um Unzuverlässigkeiten oder sogar Fehlfunktionen zu vermeiden. Nur durch fachgerechte Wartung bleibt eine Feuerwaffe über viele Tausende von Schüssen hinweg zuverlässig und genau.

Das Reinigen des Laufes einer Repetierbüchse mit Zylinderverschluß

1. Nehmen Sie die Kammer heraus. Bei ungeladener Büchse wird der Kammerhebel hoch- und zurückgezogen. Dann wird entweder der Schloßhalter heruntergedrückt oder der Abzug gezogen. Jetzt läßt sich die Kammer aus der Verschlußhülse ziehen.

2. Drücken Sie den Magazinhalter und entnehmen Sie das Magazin.

1

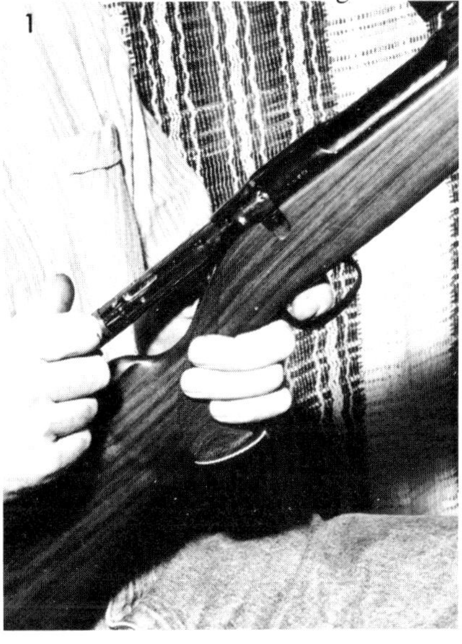

2

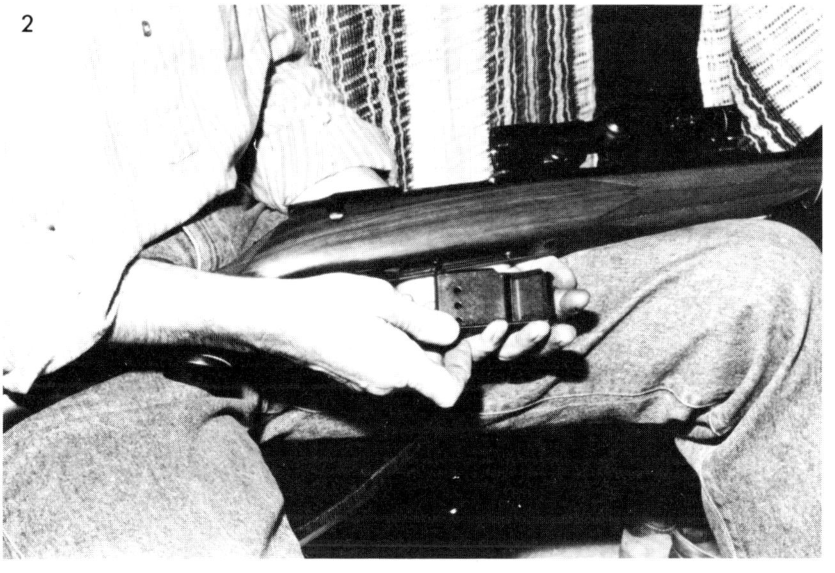

3. Führen Sie den in Lösungsmittel getauchten Wischer mit dem Putzstock durch die Verschlußhülse in den Lauf. Lassen Sie das Lösungsmittel etwas einwirken und verwenden Sie dann den Stock mit einem Wollwischer, um den Lauf auszuwischen. Wenn der Lauf sauber und trocken ist, tragen Sie eine sehr dünne Schicht Gewehröl auf.

3

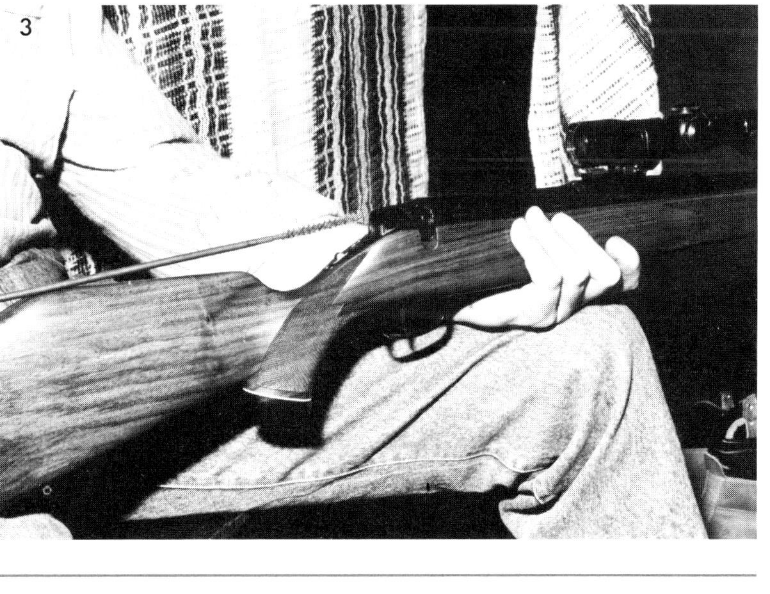

Ballistik der Jagdwaffen

Im Zusammenhang mit Jagdwaffen untersucht die Ballistik das Verhalten des Geschosses in verschiedenen Situationen und während der verschiedenen Stadien seines Fluges.

Die Jäger wissen oft nichts von den unglaublichen Kräften, die beim Abfeuern einer Patrone freigesetzt werden. Es ist kaum zu glauben, was so ein kleines Ding wie das Geschoß einer Jagdpatrone auf eine Entfernung bis zu 4000m anrichten kann. Die mögliche Zerstörungskraft ist gewaltig, und es kommt nicht selten vor, daß eine Projektil ein Tier wie etwa einen Elefanten sofort tötet. Das Verhalten des fliegenden Geschosses wird von sehr eindeutigen Gesetzen bestimmt. Mit dem Verweis auf diese Gesetze lassen sich vielfach die übertriebenen Qualitätsmerkmale in Frage stellen, die die Munitionshersteller für ihre Patronen beanspruchen. Sicherlich erzielen verschiedene aus derselben Büchse abgefeuerte Patronentypen unterschiedliche Wirkungen, doch auch Geschosse haben keine übernatürlichen Kräfte. Alles, was vom Augenblick des Abschusses einer Patrone bis zum Auftreffen des Geschosses im Ziel passiert, kann auf Tausendstel Millimeter und auf Tausendstel Sekunden genau berechnet und durch die Gesetze der kinetischen Energie erklärt werden.

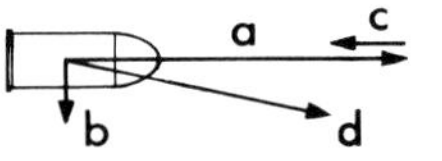

Die drei wichtigsten physikalischen Kräfte, die den Flug eines Geschosses beeinflussen, sind *(a)* die vorwärtstreibende Kraft, die durch die sich schnell ausbreitenden Gase aus dem Abbrand des Pulvers in der Patronenhülse entsteht, *(b)* die abwärtsgerichtete Erdanziehung, und *(c)* die bremsende Kraft des Luftwiderstandes. Diese drei Kräfte vereinen sich und bilden als Summe eine Kraft *(d)*. Sie bestimmt die Flugbahn des Geschosses und läßt es allmählich absinken.

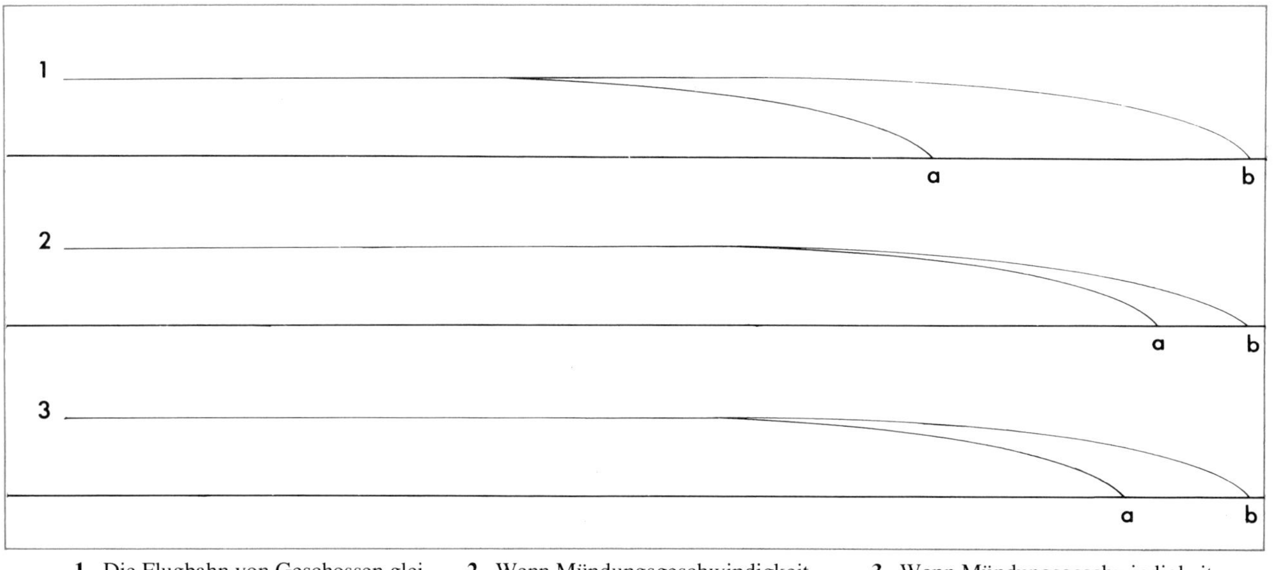

1. Die Flugbahn von Geschossen gleichen Gewichts und gleicher Form ist unterschiedlich, wenn die Geschwindigkeit, mit der sie die Mündung verlassen, variiert. So hat die Kugel mit der kürzeren Flugbahn *(a)* die geringere und die mit der längeren Flugbahn *(b)* die höhere Mündungsgeschwindigkeit. Die Mündungsgeschwindigkeit wird unter anderem durch die Art und Menge des Pulvers bestimmt.

2. Wenn Mündungsgeschwindigkeit und Geschoßform gleich sind, aber die Geschosse verschiedenes Gewicht haben, hat das schwerere Geschoß eine kürzere Flugbahn *(a)* und das leichtere Geschoß eine längere *(b)*.

3. Wenn Mündungsgeschwindigkeit und Geschoßgewicht gleich sind, aber die Geschoßform verschieden ist, bremst der Luftwiderstand ein Geschoß mit einer gedrungenen Spitze stärker, so daß es eine kürzere Entfernung zurücklegt *(a)*, während ein spitzes Geschoß einen geringeren Luftwiderstand bietet und deshalb weiter fliegt *(b)*.

Beginnen wir mit zwei unanfechtbaren Gesetzmäßigkeiten, die jeder Hersteller von Waffen und Patronen beachten muß. Das erste **Gesetz** besagt, daß ein Projektil nicht die Höhe des Winkels übersteigen kann, in dem es

Ein Geschoß, das die Mündung auf einer horizontalen Bahn verläßt (Abgangswinkel 0 Grad), sinkt während seines Fluges leicht ab. Es steigt nie über die horizontale Linie. Wie schon erwähnt, zieht die Anziehungskraft der Erde das Geschoß herunter, während der Luftwiderstand es abbremst.

Ein Geschoß, das in einem Abgangswinkel von 0 Grad abgeschossen wird, schlägt auf dem Boden (vorausgesetzt, er ist völlig flach) zu genau derselben Zeit auf wie ein Geschoß, das senkrecht aus der Mündung fällt.

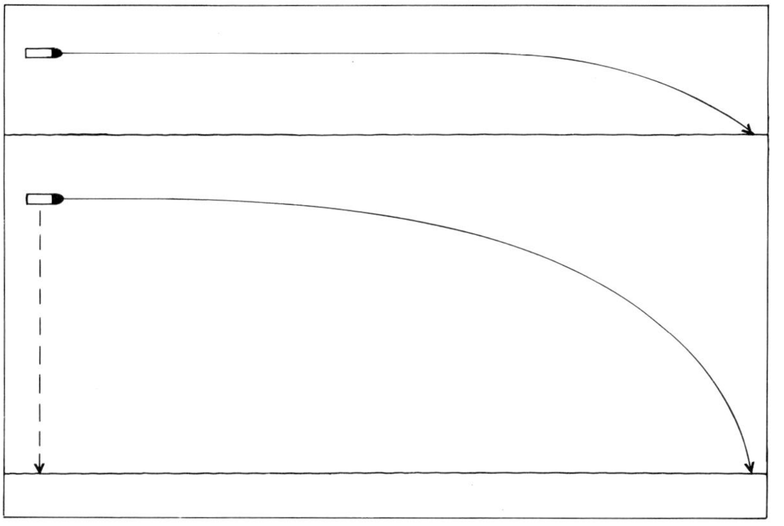

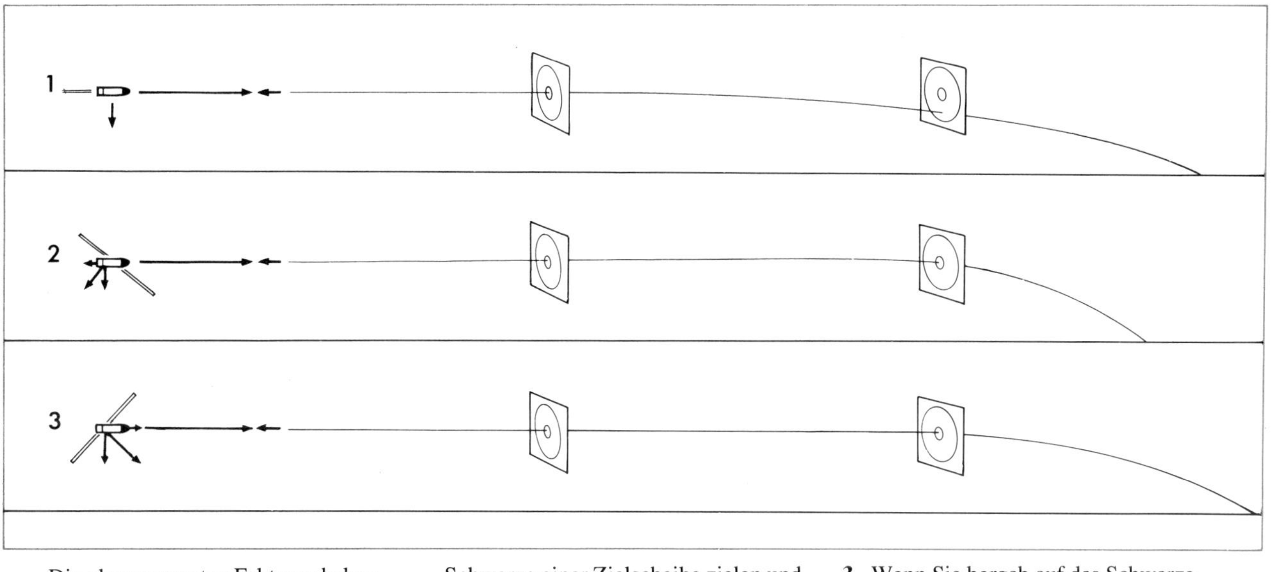

Die obengenannten Faktoren haben auch für die Praxis Bedeutung: Wenn man über eine weite Entfernung bergauf oder bergab schießt, muß man etwas tiefer zielen, als wenn man über eine weite Entfernung horizontal schießt. In den oben gezeigten Diagrammen, die dies veranschaulichen, markiert die durchbrochene Linie die Sichtlinie, die durchgezogene schwarze Linie die Flugbahn, und die dicke braune Linie bezeichnet den Horizont. Er ist in allen drei Fällen in einem anderen Winkel eingezeichnet, da wir die Flugbahnen vergleichen wollen. In allen drei Fällen wurde dasselbe Geschoßgewicht, Kaliber, und dieselbe Mündungsgeschwindigkeit verwendet.

1. Wenn Sie in einem völlig flachen Gelände mit einer Büchse auf das Schwarze einer Zielscheibe zielen und schießen, wobei das Visier auf 100m eingestellt ist, trifft das Geschoß in 100m Abstand ins Schwarze, doch in 200m Abstand schlägt es unterhalb der schwarzen Fläche ein, da es von der Erdanziehungskraft nach unten gezogen wird (diese Kraft wirkt in einem Winkel von 90 Grad zur Horizontalen).

2. Wenn Sie bergauf auf das Schwarze zielen und schießen, wirkt die Erdanziehungskraft nicht in einem Winkel von 90 Grad zur Flugbahn des Geschosses. Daher zieht nur ein Teil dieser Kraft nach unten, während der andere seinen Flug abbremst. Das Geschoß wird das Ziel in 200m Abstand etwas höher als im ersten Fall treffen, jedoch immer noch unterhalb des schwarzen Feldes.

3. Wenn Sie bergab auf das Schwarze zielen und schießen, kommt erneut die Erdanziehungskraft nicht voll zur Wirkung, da die Flugbahn des Geschosses nicht horizontal ist. Stattdessen teilt sich die Erdanziehung in zwei Komponenten: Eine zieht das Geschoß zur Horizontalen und eine zweite drückt es bergab in Richtung auf das Ziel: Das Geschoß trifft an der 200m-Markierung das Ziel an einem Punkt, der zwischen dem Schwarzen und dem Einschlagpunkt liegt, den es im 2. Fall erreicht hat.

In bergigem Gelände muß der Jäger bei einem Schuß bergab ein wenig über das Schwarze zielen und bei einem Schuß bergauf ein wenig höher, doch in keinem der Fälle so tief wie bei einem horizontalen Schuß.

abgefeuert wurde; die Stärke der Pulverladung spielt dabei keine Rolle. Wenn ein Schuß über dem Zielpunkt einschlägt, so nicht deshalb, weil die Kugel in ihrem Flug gestiegen ist, sondern weil sich der Abgangswinkel an der Mündung zum Beispiel durch die Schwingungen, die beim Durchgang des Geschosses durch den Lauf vom Übergangskegel bis zur Mündung entstehen, vergrößert hat. Wenn der Lauf direkt auf das Ziel zeigt, trifft das Geschoß genau ins Ziel oder, aufgrund der Gravitationskraft, ein wenig darunter. Sie steigt nie, es sei denn, der Lauf schwingt, wie bereits erwähnt, beim Austreten des Geschosses gerade nach oben. (Man muß berücksichtigen, daß es hier um Bruchteile von Millimetern und Sekunden geht).

Das zweite Gesetz besagt, daß ein Geschoß, das über eine Entfernung von zum Beispiel 200m geschossen wird, die gleiche Zeit bis zum Aufschlag im Ziel benötigt, wie es für den vertikalen Fall von der Mündung bis zum Boden benötigen würde. (Aufgrund komplizierter Faktoren wie dem Luftwiderstand kommt es zu einer geringfügigen Differenz, es sei denn, der Versuch wird im Vakuum ausgeführt; doch diese Differenz kann für die

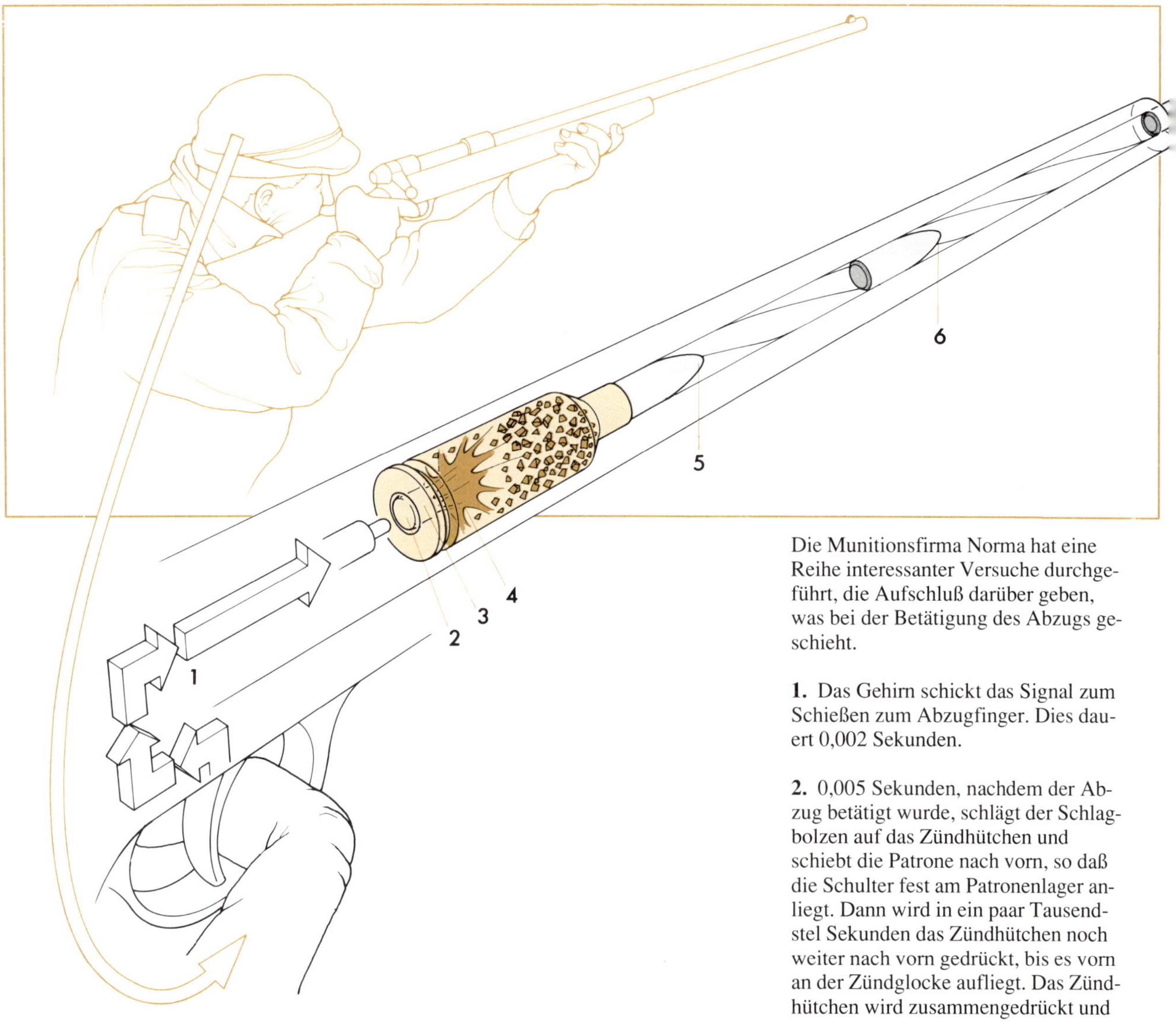

Die Munitionsfirma Norma hat eine Reihe interessanter Versuche durchgeführt, die Aufschluß darüber geben, was bei der Betätigung des Abzugs geschieht.

1. Das Gehirn schickt das Signal zum Schießen zum Abzugfinger. Dies dauert 0,002 Sekunden.

2. 0,005 Sekunden, nachdem der Abzug betätigt wurde, schlägt der Schlagbolzen auf das Zündhütchen und schiebt die Patrone nach vorn, so daß die Schulter fest am Patronenlager anliegt. Dann wird in ein paar Tausendstel Sekunden das Zündhütchen noch weiter nach vorn gedrückt, bis es vorn an der Zündglocke aufliegt. Das Zündhütchen wird zusammengedrückt und verformt, es wird gegen den Amboß gepreßt und entzündet sich durch den heftigen Stoß. Dies dauert weitere 0,0104 Sekunden.

3. Die brennende Zündmasse wird in das Pulver der Patrone geschleudert. Der Druck drängt die Kapsel des Zündhütchens zurück gegen den Zylinderkopf, so daß der hintere Teil des Zündhütchens nicht mehr mit dem Boden der Patronenhülse abschließt.

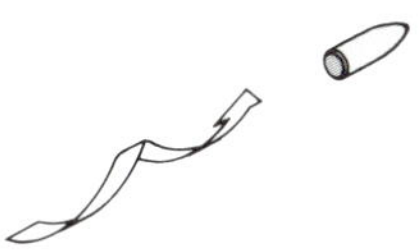

4. Das Pulver entzündet sich und entwickelt unter hohem Druck Gas, das auf Geschoßboden sowie Wand und Boden der Patronenhülse einwirkt.

5. Nach nur 0,0003 oder 0,0004 Sekunden setzt sich das Geschoß nach vorne in Bewegung. Gleichzeitig bewegt sich die Hülse rückwärts, erweitert sich, bis sie das Patronenlager ausfüllt, und dichtet es so gegen ein Entweichen des Gases ab.

6. Der Druck erreicht nach weiteren 0,0005 Sekunden seinen Höchstwert. Das Geschoß hat sich schon 11cm im Lauf nach vorne bewegt, und seine Geschwindigkeit liegt bereits bei 140m/sec.

7. Der Durchgang des Geschosses bis zur Laufmündung dauert weitere 0,0012 Sekunden. Wenn es den Lauf verläßt, hat er eine Geschwindigkeit von 823m/sec. Es dreht sich mit etwa 3000 Umdrehungen pro Sekunde um seine Längsachse.

8. Wenn das Ziel 100m weit entfernt ist, crrcicht das Geschoß es in weiteren 0,15 Sekunden.

Somit vergehen zwischen dem Entschluß, den Schuß abzugeben und dem Aufschlag des Geschosses im Ziel 0,3625 Sekunden. Genau 0,06 Sekunden später ist der Rückstoß zu spüren.

8

Praxis vernachlässigt werden.) Die Ballistiker und Waffenkonstrukteure versuchen, die vom Geschoß zurückgelegte Entfernung zu vergrößern. Zum Beispiel soll das gezogene Innenprofil des Laufes und die Form des Geschosses den Flug stabilisieren, den Luftwiderstand vermindern und dadurch die Geschwindigkeit erhöhen. Der Schütze muß den Fall des Geschosses (die Gravitation) ausgleichen, indem er den Abgangswinkel vergrößert. Genau das wird durch das Einstellen der Visiere erreicht.

Was passiert nun, wenn eine Patrone abgefeuert wird? Sobald der Schütze den Abzug zieht, wird der Abzugsmechanismus in Bewegung gesetzt, und der Schlagbolzen schlägt auf das Zündhütchen im Boden der Patrone. Der Zündsatz explodiert und zündet das Pulver in der Patrone. Wenn das Pulver brennt, bildet sich bei hoher Temperatur Gas, dessen Druck das Geschoß nach vorn durch den Lauf schiebt. Natürlich wächst bei höherem Gasdruck die Geschwindigkeit des Geschosses (angenommen, die anderen Faktoren wie Gewicht und Form des Geschosses, Form und Länge des Laufes, etc. bleiben unverändert). Das Geschoß bewegt sich in den Zügen des Laufes nach vorn und wird dadurch in eine Rotation um seine Längsachse versetzt. Aufgrund dieser Rotation gelangt es mit der Spitze vorn und mit hoher Geschwindigkeit ins Ziel.

Die Flugbahn des Geschosses hängt weitgehend von der Geschoßgeschwindigkeit ab. Diese wird ihrerseits hauptsächlich durch den Gasdruck und durch Gewicht sowie Form des Geschosses bestimmt. (Ein stromlinienförmiges Geschoß verlangsamt sich nicht so schnell wie eines mit einer runden oder abgeplatteten Spitze, weil es weniger durch den Luftwiderstand gebremst wird.) Je größer die Geschwindigkeit des Geschosses beim Verlassen der Mündung ist, desto flacher ist seine Flugbahn. Die Höhe des im Patronenlager gebildeten Gasdrucks hängt nicht nur von der Stärke der Pulverladung, sondern auch vom Brennverhalten des Pulvers ab.

Eine sehr flache Flugbahn ergibt sich dann, wenn der Gasdruck extrem hoch und das Geschoß schwer und genau stromlinienförmig geformt ist. Eine geometrisch vollkommen geradlinige Flugbahn läßt sich jedoch in keinem Fall erreichen — gleich welche Art von Pulverladung und Geschoß man verwendet. Die Gravitation und der Luftwiderstand lassen jedes Geschoß während seines Fluges absinken. Bei üblichen Schußentfernungen schlägt daher das Geschoß unterhalb des anvisierten Punktes ein. Das wird durch eine passende Einstellung des Visiers ausgeglichen.

Büchsenpatronen

Bei der heute zur Verfügung stehenden Ausrüstung ist ein Fehlschuß fast nie eine Folge schlechter Munition oder einer Fehlfunktion des Gewehrs. Die meisten heutigen Jäger haben noch nie erlebt, daß das Gewehr nicht schoß, und die wenigsten haben jemals eine schadhafte Patrone verwendet. Fehlschüsse sind heute fast immer auf ein Versagen des Schützen zurückzuführen. Doch es hängt auch von zahlreichen technischen Details ab, ob ein Schuß das Wild trifft oder nicht.

Die Auswahl an Jagdwaffen und Munition ist heute sehr groß. Wenn man vor den vollen Regalen der heimischen Waffengeschäfte steht, drängt sich die Frage auf, ob eine so große Auswahl wirklich notwendig ist. Die Antwort ist zweifellos »nein«. Für die Jagd, wie sie von der Mehrheit der Jäger ausgeführt wird, reicht ein Bruchteil des Angebotes. Die Vielfalt an Gewehrtypen und -modellen, an Kalibern und Munition ist nicht auf einen wirklichen Bedarf der Jäger zurückzuführen, sondern spiegelt eher den harten Wettbewerb der Hersteller um ihren Anteil an einem sehr lukrativen Markt wider. Um ihren Marktanteil zu halten oder zu vergrößern, sind die Hersteller gezwungen, in regelmäßigen Abständen immer wieder etwas Neues anzubieten.

Wenn man sich das Angebot an Büchsenmunition betrachtet, ist man angesichts der großen Anzahl an Herstellern und Kalibern völlig ratlos. Im Gegensatz dazu gibt es nur sehr wenige unterschiedliche Grundarten an Munition. Eigentlich hat sich seit der Einführung des rauchlosen Pulvers gegen Ende des letzten Jahrhunderts kaum noch etwas in der Herstellung von Büchsenpatronen geändert.

Der Aufbau der Patrone selbst ist seit langem unverändert geblieben. Weiterentwickelt wurde nur die Form des Geschosses, die Zusammensetzung des Pulvers und der Zündmittel. Die Spitze des Geschosses variiert von Hersteller zu Hersteller. Sie kann zum Beispiel eine Ausbuchtung haben, in die ein kleines Stück Plastik eingelassen ist, oder, wie bei der Winchester Silver Tip, mit einer dünnen, weichen Kappe aus einer Metalllegierung versehen sein.

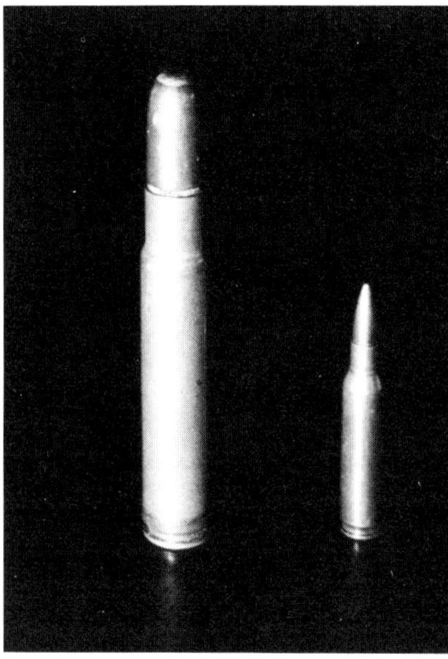

Die 9,3 × 62 gehört zu den größten und die .22 Hornet zu den kleinsten heute gebräuchlichen Jagdpatronen.

Manche Geschoßtypen sind so konstruiert, daß sie sich schnell ausweiten, wenn sie auf einen Widerstand treffen. Die vordere Partie eines solchen Geschosses flacht ab und weitet sich pilzförmig auf oder sie schält sich nach hinten wie eine Bananenschale ab. Ein sich leicht deformierendes Geschoß wird normalerweise eingesetzt, um relativ kleines Wild sicher und ohne langes Leiden zu töten.

Geschosse für größeres Wild sind so konstruiert, daß sie sich nicht so schnell deformieren und dafür tiefer eindringen. Zur Jagd auf starkknochiges afrikanisches Großwild, zum Beispiel Elefanten, werden große, schwere, ganz mit Metall ummantelte Geschosse verwendet. Diese Geschosse deformieren sich überhaupt nicht und zerlegen sich auch nicht. Ein qualitativ gutes, hartes Geschoß in einer entsprechenden Patrone behält seine Form und durchschlägt den massiven Schädel des Elefanten, während ein Deformationsgeschoß zersplittern würde, bevor es tief genug eingedrungen ist. Es würde das Tier verletzen, ohne es sofort zu töten.

Andererseits hat ein qualitativ minderwertiges Großwildgeschoß oder ein Geschoß, das in einer Hochgeschwindigkeitspatrone auf kurze Entfernung abgefeuert wird, möglicherweise nicht die gewünschte Wirkung (etwa bei der Hirschjagd), da es sich nicht schnell genug deformiert. Ein solches Geschoß tritt auf der einen Seite des Brustkorbs eines Hirsches ein und verläßt ihn auf der anderen Seite wieder, wobei es ein Ausschußloch hinterläßt, das kaum größer als der Einschuß ist. Der Hirsch verendet in diesem Fall nur langsam, und man kann unter Umständen nur schwer seiner Fährte folgen, um ihm den *coup de grâce* zu geben, den erlösenden Fangschuß.

Die meisten Patronen für mittleres bis großes Wild haben Geschosse mit weichen Spitzen (das heißt, das Material, aus dem die Spitzen bestehen, ist weicher als das des Geschoßkerns und des Mantels). Dadurch wird eine kontrollierte Ausweitung beim Aufschlag bewirkt. Jagdgeschosse mit einem relativ großen Hohlraum oder einer offenen Hohlspitze weiten meist etwas schneller auf. Es gibt auch spitze Geschosse mit einem sehr kleinen Hohlraum in der Spitze. Leider werden sie manchmal mit den wirklichen Hohlspitzgeschossen verwechselt. Sie weiten sich überhaupt nicht auf und sind nur für Schießwettkämpfe und nicht für die Jagd auf Wild bestimmt. Das winzige Loch in der Spitze ist auf die Herstellungsmethode zurückzuführen. Es hat keinen Einfluß auf das Deformierungsverhalten.

Manche Geschosse bestehen aus mehreren Schichten weicherer und härterer Metallegierungen, um eine Zerlegung während der Deformation zu verhindern. Zu diesem Typ gehören die berühmten Ausführungen TIG (Torpedo-Ideal-Geschoß) und TUG (Torpedo-Universal-Geschoß) der deutschen Firma Brenneke und die amerikanischen Nosler Partition-Geschosse.

In der Regel werden in den angebotenen Jagdpatronen Geschosse mit weicher Spitze verwendet. In ihrer Konstruktion variieren sie von einem Hersteller zum anderen, sind jedoch alle hinreichend genau und haben gute Eindring- und Deformationseigenschaften bei dem Wild, für das sie vorgesehen sind. Bei Verwendung einer beliebigen bekannten Marke entspricht das Ergebnis höchstwahrscheinlich den Erwartungen. Die kleinen Konstruktionsunterschiede haben keine wesentliche Bedeutung. Ein Geschoß mit einer ummantelten Spitze bietet jedoch einen kleinen Vorteil gegenüber einem Geschoß mit einer einfachen Bleispitze: Die Ummantelung schützt die Spitze oder Nase vor Verformung, wenn eine Patrone wiederholt in das Magazin geladen und wieder herausgenommen wird, ohne verschossen zu werden.

Zwei Typen von Patronen sind allgemein erhältlich: Patronen mit Randzündung und mit Zentralzündung. Für mittleres und großes Wild wird in allen modernen Kalibern die Patrone mit Zentralzündung, auch als Zentralfeuerpatrone bezeichnet, verwendet. Eine Zentralfeuerpatrone wird gezündet, wenn der Schlagbolzen das Zündhütchen in der Mitte des Patronenbodens anschlägt. Bei der Randfeuerpatrone dagegen schlägt der Schlagbolzen den Rand des Patronenbodens an. Die am weitesten verbreitete Patrone für kleines Wild (zum Beispiel Hasen und Kaninchen,) auf kurze Entfernung ist die Randfeuerpatrone .22, insbesondere die kleine Patrone mit der Bezeichnung .22 Long Rifle (.22 LR).

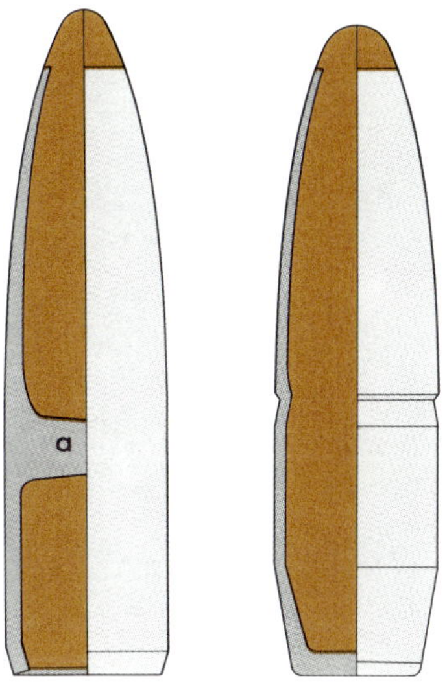

Links, das Nosler Partition. Es hat einen doppelten Blei- und Antimonkern. Der hintere Kern, der vom vorderen durch eine Wand *(a)* getrennt ist, behält nach dem Aufprall seine Form, während der vordere Kern sich pilzförmig erweitert. Dieses Geschoß ist in allen gängigen Kalibern erhältlich.

Rechts, das Norma Alaska Soft-Point-Geschoß mit weicher Spitze. Es ist für die Kaliber .30-06, .308 Winchester, 8 × 57 IS, 9,3 × 57, und 9,3 × 62 erhältlich.

Das Kaliber

Die Frage nach dem besten Büchsenkaliber ist Gegenstand unendlicher Diskussionen unter den Jägern. Die Diskussion eines so wichtigen Problems wird umso engagierter geführt, als es keine eindeutige Lösung gibt. Häufig hält ein Jäger ein bestimmtes Kaliber für unübertrefflich, während ein anderer es als weitgehend unbrauchbar betrachtet — wobei beide über die Jagd auf das gleiche Wild in vergleichbarem Gelände sprechen. Oft bestimmen persönliche Vorlieben, deren Gründe nicht immer einsehbar sind, diese Entscheidungen. Vielleicht hatte der eine Jäger mit diesem Kaliber auf seiner allerersten Jagd Erfolg und hat es seitdem treu weiter verwendet, während der andere mit demselben Kaliber ein Wild verfehlte, das ihm eine Preistrophäe hätte bringen können.

Es ist schwer, wenn nicht gar unmöglich, anhand von Fakten das ideale Kaliber oder die ideale Patrone festzustellen. Die Tabelle auf den folgenden Seiten führt alle im jagdlichen Bereich gängigen Zentralfeuerpatronen in unterschiedlichen Kalibern und Laborierungen auf. Die Unterschiede sind so breit gefächert, daß niemand behaupten kann, eine bestimmte Patrone sei die beste. Am kleinsten in der Tabelle ist die Patrone 5,6 × 35mm, am größten ist die 9,3 × 62mm. Der Unterschied zwischen diesen beiden beträgt im Geschoßdurchmesser 3,7mm und in der Patronenlänge 27mm. Irgendwo dazwischen liegt das Ideal.

Aus welchem Grund erfreuen sich also ein Kaliber oder eine Patrone entschieden größerer Beliebtheit als andere, und warum gibt es ständig neue Patronen für gerade dieses oder jenes Kaliber? Die Antwort ist einfach. Die Entwicklung militärischer Handfeuerwaffen ist auch für die Erforschung und Entwicklung der für die Jagd verwendeten Patronen bestimmend. Früher oder später setzen sich die Patronen aus dem militärischen Bereich auch unter den Jägern durch, was letztlich für die ganze Welt zutrifft. Die Patrone der jeweils offiziell eingeführten Armeewaffe gehört mit Sicherheit auch zu den Patronen, die bei den Jägern am beliebtesten sind. Entscheidend hierfür ist nicht nur die in diese Patrone investierte Forschungs- und Entwicklungsarbeit, sondern auch die Tatsache, daß sie aufgrund der Massenproduktion für die Armee in den Waffengeschäften zu einem erschwinglichen Preis erhältlich ist.

Reine Jagdkaliber haben nur die kleinkalibrigen Patronen mit einem Durchmesser unter 6mm und die schweren sogenannten Magnum-Patronen. Die bekannte Winchester .270 stellt so etwas wie einen Pionier im Bereich der ausschließlich für die Jagd entwickelten kleinkalibrigen Patronen dar. Sie ist eine sehr gute Patrone für Wild bis zur Größe von Elchen. An Großkaliberpatronen und schweren Pulverladungen waren die Benutzer von jagdlichen Büchsen und von Flinten seit jeher stark interessiert. Sehr oft überschätzen sie allerdings deren Wirkung. Das Interesse an Magnum-Patronen scheint zu wachsen, und die Hersteller lassen sich keine Gelegenheit entgehen, um neue Typen von Magnum-Munition auf einen aufnahmebereiten Markt zu bringen. (»Magnum« bedeutet nicht unbedingt auch großkalibrig, und die Bezeichnung kann auch auf eine Kleinkaliberpatrone angewandt werden. Sie besagt vielmehr, daß die Patrone im Verhältnis zu Gewicht und Durchmesser des Geschosses eine stärkere Pulverladung enthält.)

Es muß deutlich darauf hingewiesen werden, daß einige spezielle Jagdformen große Kaliber und starke Pulverladungen erfordern. Zum Beispiel sind sie bei der heute selten gewordenen Großwildjagd notwendig. Ich selbst verwende schwere Magnum-Kaliber mit einer entsprechend starken Pulverladung, um eine hohe Mündungsgeschwindigkeit zu erzielen, die einen Schuß mit einer relativ gestreckten Flugbahn ergibt. Das trifft jedoch nur für Jagdsituationen zu, in denen eine besondere Feuerwaffe erforderlich ist, wie zum Beispiel bei der Jagd auf Bergziegen in den hohen Gebirgslagen des südlichen Alaska. In diesem Fall würde ich die 7mm Remington Magnum bevorzugen, da sich in offenem, bergigem Gelände (und auch in wüstenähnlichen Gebieten) die Entfernung schwer bestimmen läßt. Aufgrund der flachen Flugbahn der 7mm Remington Magnum ist es nicht unbedingt erforderlich, die Entfernung genau zu schätzen und zu überlegen, wie hoch man zielen muß, um die Erdanziehungskraft auszugleichen. Ein Jäger, der nicht in solchem Gelände jagt, benötigt in der Regel nicht so starke Patronen. Seine Ansprüche werden durch die breite Auswahl in den gängigen Kalibern voll abgedeckt.

Jäger, die »schwere Artillerie« bevorzugen, begründen dies häufig mit der größeren Mündungsgeschwindigkeit und der sich daraus ergebenden größeren kinetischen Energie des Geschosses aus einer Magnum-Patrone beim Aufprall. Das ist unbestritten, doch es muß daran erinnert werden, daß stärkere Patronen auch eine größere Beschädigung des erlegten Wildes und eine erhöhte Abnutzung des Büchsenlaufes zur Folge haben. Tatsächlich ist es sehr gut möglich, daß das Geschoß aus einer 7mm Remington Magnum den Körper eines Rehs oder sogar eines Weißwedelhirsches durchdringt, ohne daß sich das Projektil vor dem Ausschuß genügend aufweiten kann und daher — gerade weil es so eine große Energie hat — das Wild nicht sofort tötet.

Wenn der Jäger bei der Wahl der Büchse seine persönlichen Gefühle und Vorlieben aus dem Spiel läßt und die Jagdwaffe als ein Werkzeug betrachtet, mit dem sich das Wild möglichst schnell und schmerzlos erlegen läßt, sind im Grunde einige wenige Kaliber und ein einziger Büchsentyp für alle Wildarten ausreichend. Unter dieser Voraussetzung können wir auch versuchen, eine Antwort auf die Frage »Welches Kaliber ist das beste?« zu finden. Meine Antwort lautet folgendermaßen.

Bei der Entscheidung für ein bestimmtes Kaliber muß berücksichtigt werden, daß bei einem guten Schuß das Kaliber nicht sehr wichtig ist. Wenn das Wild jedoch von einem schlechten Schuß getroffen wird, ist für den Rest der Jagd, bei der das Wild aufgespürt und ihm der Fangschuß gegeben wird, das Kaliber des Schusses sehr wichtig. Wurde das Wild mit einem zu kleinen Kaliber angeschossen, ist die Nachsuche sehr schwer, selbst wenn der Jäger einen Hund mitführt. Die durch ein kleines Kaliber erzeugte Wunde blutet nicht genug, um für den Jäger oder den Hund eine deutliche Fährte zu hinterlassen. Nehmen wir als Beispiel die Jagd auf den amerikanischen Elch. Eine gute Patrone für die Elchjagd ist die 6,5 × 55. Bei einem schlechten Schuß, der das Wild nur verwundet, ist es allerdings zu klein. Aus diesem Grund sollte die Wahl des Kalibers bei der Jagd auf größeres Wild eher auf das größere als das kleinere mögliche Kaliber fallen. Sie müssen aus diesem Grund jedoch keine schwere Magnumbüchse anschaffen. Selbst ein sehr erfahrener Jäger wird ab und zu einen Schuß verfehlen. Ich meine daher, daß der durchschnittliche Sportjäger eher ein etwas größeres Kaliber wählen sollte. Das macht sich bezahlt, wenn nach einem Schuß, der das Wild nicht niedergestreckt hat, eine Verfolgung der Fährte notwendig wird. Die große, stark blutende Wunde läßt eine Fährte entstehen, die leichter zu verfolgen ist.

Ballistische Tabellen für Zentralfeuermunition

Kaliber Kugelgewicht		Geschwindigkeit Meter pro Sekunde			Visier bei Yard	Visierlinie 1½" über der Laufachse. + bedeutet Trefferpunkt in Zoll über, - in Zoll unter dem Haltepunkt.				
	V_0	100 m	200 m	300 m		50 Yards	100 Yards	150 Yards	200 Yards	300 Yards
.22 Hornet	740	564	421	328	100	+0,2	O	-2,6	-8,4	-33,1
2,9g					200	+2,3	+4,2	+3,7	O	-20,5
.220 Swift	1253	1095	940	796	100	-0,5	O	-0,2	-1,2	-5,9
3,2g					200	-0,2	+0,6	+0,7	O	-4,1
.222 Rem.	975	794	640	502	100	-0,3	O	-0,9	-3,2	-12,9
3,2g					200	+0,5	+1,6	+1,5	O	-8,2
.222 Rem.	950	802	669	550	100	-0,2	O	-1,0	-3,5	-14,0
3,4g					200	+0,6	+1,7	+1,6	O	-8,7
.22-250	1130	959	811	675	100	-0,4	O	-0,5	-1,9	-8,6
3,4g					200	+0,1	+1,0	+1,0	O	-5,7
5.6 × 52R	850	700	575	475	100	-0,1	O	-1,5	-4,8	-18,6
4,6g					200	+1,1	+2,4	+2,1	O	-11,4
.243 Win.	936	846	761	690	100	-0,2	O	-0,9	-2,9	-10,6
6,5g					200	+0,5	+1,4	+1,3	O	-6,3
6,5 × 55	830	710	601	505	100	-0,1	O	-1,5	-4,8	-18,1
5,0g					200	+1,1	+2,4	+2,1	O	-10,9
6,5 × 55	915	727	564	429	100	-0,2,	O	-1,3	-4,5	-18,5
5,2g					200	+1,0	+2,2	+2,0	O	-11,8
6,5 × 55	870	807	748	690	100	-0,2	O	-1,0	-3,4	-12,4
9,1g					200	+0,7	+1,7	+1,5	O	-7,3
6,5 × 55	806	729	656	558	100	-0,1	O	-1,4	-4,5	-16,3
10,1g					200	+1,1	+2,3	+2,0	O	-9,5
.270 Win.	957	864	775	692	100	-0,3	O	-0,8	-2,7	-10,7
8,4g					200	+0,4	+1,4	+1,3	O	-6,6
.270 Win.	853	792	732	675	100	-0,2	O	-1,1	-3,6	-13,1
9,7g					200	+0,7	+1,8	+1,6	O	-7,7
7 × 57	840	768	699	634	100	-0,1	O	-1,2	-3,9	-14,3
9,7g					200	+0,9	+2,0	+1,7	O	-8,4
7 × 57R	820	753	689	629	100	-0,1	O	-1,3	-4,1	-14,9
9,7g					200	+0,9	+2,1	+1,8	O	-8,7
7mm Rem. Mag.	990	894	806	724	100	-0,3	O	-0,7	-2,4	-9,5
9,7g					200	+0,3	+1,2	+1,1	O	-5,8
7mm Rem. Mag.	920	831	748	670	100	-0,2	O	-0,9	-3,1	-11,8
11,0g					200	+0,6	+1,6	+1,4	O	-7,1
7 × 64	880	792	710	644	100	-0,2	O	-1,0	-3,3	-12,5
9,7g					200	+0,6	+1,7	+1,5	O	-7,5
7 × 64	840	756	678	604	100	-0,1	O	-1,3	-4,1	-14,9
11,0g					200	+0,9	+2,0	+1,8	O	-8,8
.280 Rem.	875	799	726	658	100	-0,2	O	-1,1	-3,5	-12,9
9,7g					200	+0,7	+1,8	+1,6	O	-7,7
.280 Rem.	825	742	664	581	100	-0,1	O	-1,3	-4,3	-15,6
11,0g					200	+1,0	+2,1	+1,9	O	-9,2
7,5 × 55 Swiss	808	744	685	627	100	-0,1	O	-1,4	-4,3	-15,3
11,6g					200	+1,0	+2,1	+1,8	O	-8,9
7.62 Russian	785	722	664	607	100	±0	O	-1,5	-4,6	-16,5
11,6g					200	+1,2	+2,3	+2,0	O	-9,5

1 Yard = 0,9144 Meter

Büchsen

Kaliber Kugelgewicht	V0	Geschwindigkeit Meter pro Sekunde 100 m	200 m	300 m	Visier bei Yard	Visierlinie 1½" über der Laufachse. + bedeutet Trefferpunkt in Zoll über, - in Zoll unter dem Haltepunkt. 50 Yards	100 Yards	150 Yards	200 Yards	300 Yards
.300 Win. Mag. 11,6g	920	841	766	696	100 200	-0,2 +0,5	O +1,5	-0,9 +1,4	-3,0 O	-11,3 -6,8
.30-06 8,4g	977	868	764	665	100 200	-0,3 +0,4	O +1,4	-0,8 +1,3	-2,7 O	-10,8 -6,7
.30-06 9,5g	845	773	704	639	100 200	-0,1 +0,8	O +1,9	-1,2 +1,7	-3,8 O	-14,0 -8,3
.30-06 9,7g	905	809	717	631	100 200	-0,2 +0,6	O +1,7	-1,0 +1,5	-3,4 O	-12,9 -7,8
.30-06 11,6g	823	762	702	642	100 200	-0,1 +0,9	O +2,0	-1,3 +1,8	-4,1 O	-14,8 -8,7
.30-06 13,0g	805	721	642	569	100 200	-0,1 +1,1	O +2,3	-1,5 +2,0	-4,6 O	-16,8 -9,9
.30-30 9,7g	710	600	512	434	100 200	+0,2 +2,1	O +3,8	-2,6 +3,3	-7,6 O	-28,3 -16,8
.30-30 11,0g	650	545	460	393	100 200	+0,4 +2,6	O +4,5	-0,3 +3,7	-8,9 O	-32,1 -18,7
.308 Win. 8,4g	884	780	681	591	100 200	-0,2, +0,8	O +1,9	-1,1 +1,7	-3,7 O	-14,2 -8,6
.308 Win. 9,5g	857	784	715	650	100 200	-0,2 +0,8	O +1,8	-1,1 +1,6	-3,6 O	-13,5 -8,0
.308 Win. 9,7g	872	777	687	604	100 200	-0,2 +0.8	O +1,9	-1,2 +1,7	-3,8 O	-14,2 -8,5
.308 Win. 10,9g	777	717	659	604	100 200	±0 +1,2	O +2,4	-1,5 +2,0	-4,8 O	-16,7 -9,6
.308 Win. 11,6g	796	729	665	604	100 200	-0,1 +1,1	O +2,3	-1,4 +1,9	-4,5 O	-16,2 -9,4
.308 Win. 13,0g	750	669	594	524	100 200	-0,1 +1,4	O +2,8	-1,8 +2,4	-5,6 O	-20,0 -11,6
.308 Norma Mag. 11,6g	920	853	788	762	100 200	-0,3 +0,4	O +1,3	-0,8 +1,2	-2,6 O	-10,1 -6,1
7,65 Argentine 9,7g	811	720	635	555	100 200	-0,1 +1,1	O +2,3	-1,5 +2,0	-4,7 O	-16,9 -9,9
.303 British 9,7g	829	734	646	570	100 200	-0,1 +1,0	O +2,2	-1,4 +1,9	-4,4 O	-16,3 -9,7
.303 British 11,6g	774	707	645	585	100 200	±0 +1,2	O +2,4	-1,6 +2,1	-4,9 O	-17,3 -10,0
8 × 57 IS 7,0g	907	639	450	318	100 200	-0,1 +1,5	O +3,1	-1,8 +4,0	-6,1 O	-27,1 -17,9
8 × 57 IS 10,7g	870	760	658	565	100 200	-0,2 +0,9	O +2,0	-1,2 +1,8	-4,0 O	-15,1 -9,1
8 × 57 IS 12,7g	770	660	561	476	100 200	±0 +1,5	O +2,9	-1,8 +2,5	-5,8 O	-21,4 -12,7
9,3 × 57 15,0g	710	611	521	442	100 200	+0,2 +1,9	O +3,5	-2,3 +3,0	-7,0 O	-25,3 -14,8
9,3 × 57 18,5g	630	547	475	413	100 200	+0,4 +2,7	O +4,6	-3,1 +3,8	-9,1 O	-32,0 -18,3

1 Yard = 0,9144 Meter

Visiere und das Einstellen von Visieren

Fast alle modernen Büchsen sind für die Jagd mit Zielfernrohren ausgerüstet. Selbst für eine kombinierte Waffe mit einem Flintenlauf und einem Kugellauf ist ein Zielfernrohr nicht ungewöhnlich. Schon seit Jahren werden Zielfernrohre gegenüber den mechanischen Visieren (den sogenannten offenen Visieren oder den Dioptervisieren) bevorzugt, und man findet heute kaum noch eine Büchse ohne Zielfernrohr. Zweifellos ist das Zielfernrohr für die meisten Jäger und in fast allen Jagdsituationen eine außerordentliche Hilfe. Dennoch darf nicht vergessen werden, daß sich auch mit einem einfachen mechanischen Visier gut zielen läßt. In manchen Fällen ist es dem Zielfernrohr sogar überlegen. Daß einige Hersteller Jagdwaffen ohne mechanisches Visier anbieten (abgesehen von einigen Sonderfällen, in denen Waffen nicht damit ausgestattet sein sollten), läßt sich daher keinesfalls vertreten. Solche Waffen können ohne Zielfernrohr nicht verwendet werden und sind in Jagdsituationen, in denen ein mechanisches Visier erforderlich ist, kaum brauchbar.

Offene Visiere
Die Kimme der Sako L61R-Repetier-Büchse kann durch Lösen der beiden Schrauben am Kimmenblatt und Verschieben des Blattes seitlich verstellt werden. Die Höhenverstellung läßt sich durch Lösen der Schraube auf der Rampe und Verschieben des Kimmenblattes nach vorn oder hinten vornehmen.
Das Korn der Sako ist ein Balkenkorn auf einer Rampe. Häufig wird ein tunnelförmiger Kornschutz verwendet, um das Visier gegen Lichtreflexe zu schützen.

Mechanische Visiere

Für Schießwettkämpfe gibt es verschiedene Ausführungen mechanischer Visiere. Für die Jagd werden jedoch nur zwei Grundtypen verwendet: erstens die sogenannten offenen Visiere, bei denen das Ziel über eine V-förmige oder rechteckige Einkerbung in der Kimme und eine Perle oder einen Balken am Korn anvisiert wird; zweitens die Diopter- oder Lochvisiere, bei denen das Ziel durch einen Ring in der Kimme und eine Perle oder einen Balken am Korn anvisiert wird. Das Lochvisier hat den Vorteil, daß der Schütze sich besser auf das Ziel konzentrieren kann.
Einige Schützen kommen mit einem Lochvisier nicht zurecht. Ihrer Meinung nach wird durch dieses Visier das Ziel mehr verdunkelt als durch das offene Visier, und es erfordert mehr Zeit, das Ziel mit dem Visier aufzufassen. Wenn die Schützen im Umgang mit dem Lochvisier jedoch Übung erlangt haben, ziehen sie es meist dem offenen Visier vor. Bei richtiger

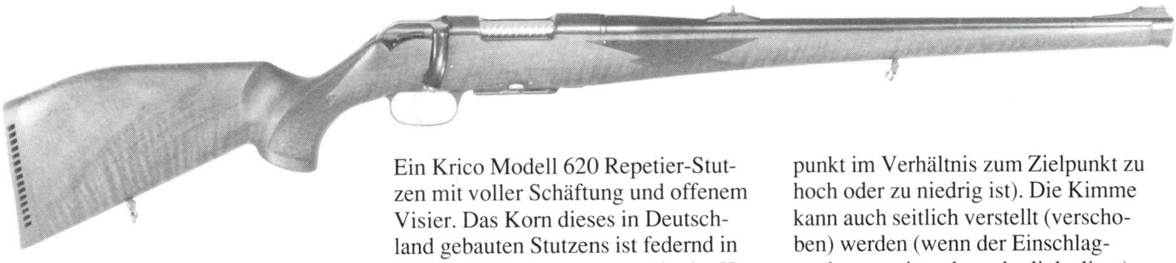

Ein Krico Modell 620 Repetier-Stutzen mit voller Schäftung und offenem Visier. Das Korn dieses in Deutschland gebauten Stutzens ist federnd in seine Rampe eingesetzt und in der Höhe verstellbar (wenn der Einschlagpunkt im Verhältnis zum Zielpunkt zu hoch oder zu niedrig ist). Die Kimme kann auch seitlich verstellt (verschoben) werden (wenn der Einschlagpunkt zu weit rechts oder links liegt).

Einstellung und Nutzung liegt es näher am Auge — der Schütze sieht eher durch als auf den Ring — und verdunkelt somit auch nicht das Ziel. Mit etwas Übung zielt man schneller und genauer durch ein Lochvisier als über eine offene Visierung.

Offene Visiere

1. Einer viereckig eingeschnittenen Kimme hinten entspricht meist ein Balkenkorn vorne. Das ist der beliebteste Typ eines offenen Visiers bei modernen Büchsen.

2. Einem u-förmigen Kimmeneinschnitt entspricht meist ein Korn mit aufsitzender Perle.

3. Ein v-förmiger Kimmeneinschnitt wird normalerweise mit einem angespitzten, konischen, oder dreieckigen Korn kombiniert.

4. Wenn man beim Zielen im Kimmenausschnitt zu wenig vom Korn sieht, liegt der Einschlagpunkt im Verhältnis zum Zielpunkt zu tief.

5. Wenn man zu viel vom Korn sieht, geht der Schuß zu weit nach oben.

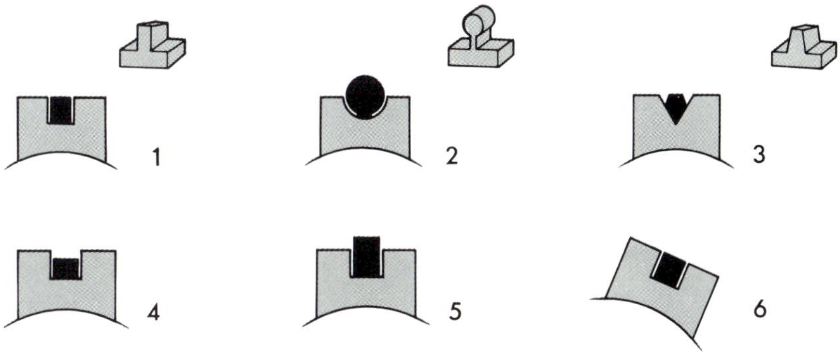

6. Durch Verkanten nach rechts oder links wird bewirkt, daß der Schuß neben dem Zielpunkt liegt. Manche Jäger verkanten ihre Büchsen, ohne es zu merken. Um dies festzustellen, bitten Sie einen Begleiter, sich vor Sie zu stellen, während Sie mit einer ungeladenen Büchse zielen. Er kann leicht erkennen, ob Sie verkanten.

Diopter- oder Lochvisiere

Einige ältere Dioptervisiere waren nur in der Höhe verstellbar. Bei moderneren Ausführungen wie dem Lyman-Visier *(links)* können Höhe und Seite in Viertel-Gradminuten verstellt werden. Das Dioptervisier ist derzeit nicht sehr beliebt, ist aber dennoch ein hervorragendes Visier. Es ist robust und erlaubt ein schnelles Erfassen des Zieles. Der Schütze konzentriert sich ganz auf Korn und Ziel. Das Diopterloch wird nur schemenhaft wahrgenommen.

Zielfernrohre

Zwischen den einzelnen Zielfernrohren gibt es zahlreiche Unterschiede. Ein Unterschied besteht zum Beispiel in der Art der Montage des Zielfernrohrs auf der Büchse. Einige sind fest montiert, so daß sie sich nur schwer abnehmen lassen. Andere sind abnehmbar (durch eine Einhak- oder Klauen-Montage), wieder andere können weggeschwenkt oder auf eine Seite gedreht werden. Der Vorteil der letzten drei Arten der Montage besteht darin, daß sie schnell abgenommen werden können, wenn die Verwendung des mechanischen Visiers erforderlich ist. Es gibt auch fest montierte Zielfernrohre, die etwas höher als üblich aufgesetzt sind und dem Jäger die Möglichkeit bieten, durch das Zielfernrohr oder über das darunter befindliche mechanische Visier zu zielen. Einige Schützen sind jedoch der Auffassung, daß hierbei das Zielen durch das Fernrohr leicht behindert wird. Ein Nachteil der dreh- oder abnehmbaren Zielfernrohre besteht darin, daß sie oft nicht mehr den korrekten »Nullpunkt« (den Zielpunkt, auf den das Zielfernrohr eingestellt wurde) erreichen, wenn sie abgenommen und wieder aufgesetzt werden — es sei denn, sie sind von hoher Qualität und die Montage ist perfekt.

Zielfernrohrmontage
Diese Büchse ist mit mehreren Prismenstücken versehen, auf denen die Zielfernrohrringe *(unten)* montiert werden. Bei anderen Verfahren zur Befestigung der Ringe für das Zielfernrohr werden einteilige Schienen oder Gewindebohrungen oben in der Verschlußhülse verwendet.

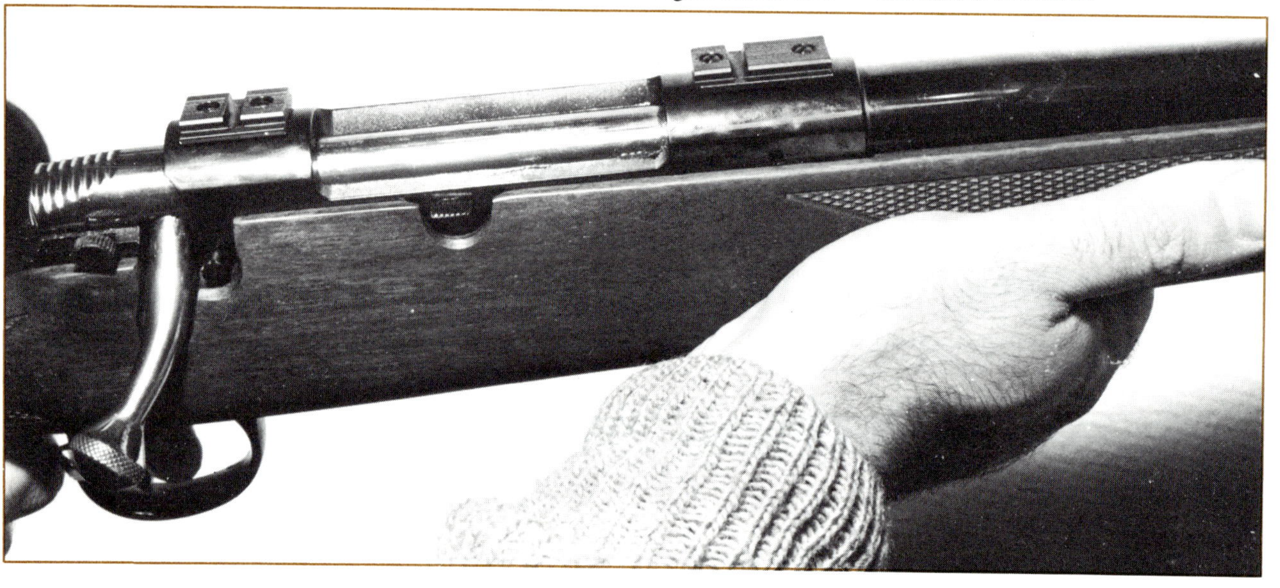

Die Zielfernrohre sind mit den unterschiedlichsten Arten von Absehen ausgestattet (die gängigsten Ausführungen sind hier dargestellt). Außerdem bestehen unter den Zielfernrohren große Unterschiede in Hinsicht auf die fest eingestellte oder verstellbare Vergrößerung. Auf die Vergrößerung wird an anderer Stelle noch näher eingegangen. Die große Anzahl an gängigen Absehen hat zu einiger Verwirrung geführt. Im Grunde handelt es sich stets um Linien oder Punkte, die im Zielfernrohr zu sehen sind und mit deren Hilfe das Ziel anvisiert wird.

Bei Zielfernrohren für die Jagd gibt es drei Grundformen des Absehens: den Punkt, den Zielstachel und zwei sich kreuzende Linien. Diese Formen gibt es in scheinbar unzähligen Variationen und Kombinationen. Der Zielstachel und der Punkt werden meistens in Kombination mit einer horizontalen Linie oder einer horizontalen und einer vertikalen Linie verwendet. Es gibt große und kleine Punkte, dicke und dünne Zielstachel, spitz zulaufende Zielstachel, dicke und dünne sich kreuzende Linien, spitz zulaufende, sich kreuzende Linien und sich nur über einen Teil erstreckende oder durchbrochene Linien. Einige dieser Absehen (wie die dickeren Punkte und dickeren Zielstachel) eignen sich für schnelles Zielen auf durchschnittliche Entfernung und bei schlechtem Licht. Die feineren Ausführungen sind für genaueres Zielen auf weitere Entfernungen gedacht (weil sie nur einen kleineren Teil des Ziels bedecken). Dicke sich kreuzende Linien oder ein dicker Zielstachel sind für die Jagd von Hochwild in der Morgen- oder Abenddämmerung vorgesehen. Sie eignen sich jedoch nicht für das Schießen auf weite Entfernungen bei gutem Licht. Aus diesem Grund wurde ein Kompromiß gefunden, nämlich sich kreuzende Linien, die über den größten Teil ihrer Länge dick, aber im Zentrum, dem Zielpunkt, relativ dünn sind. Diese Form des Absehens ist heute vielleicht am beliebtesten und für die normale Jagd wahrscheinlich am besten geeignet. Das traditionelle Zielfernrohr hat ein rundes Sichtfeld. Manche moderne Zielfernrohre verfügen über eine seitlich erweiterte Frontlinse, die das Sichtfeld zu den Seiten vergrößert, das heißt rechts und links vom Zentrum kann ein größeres Feld eingesehen werden. Einige Jäger sehen hierin eine

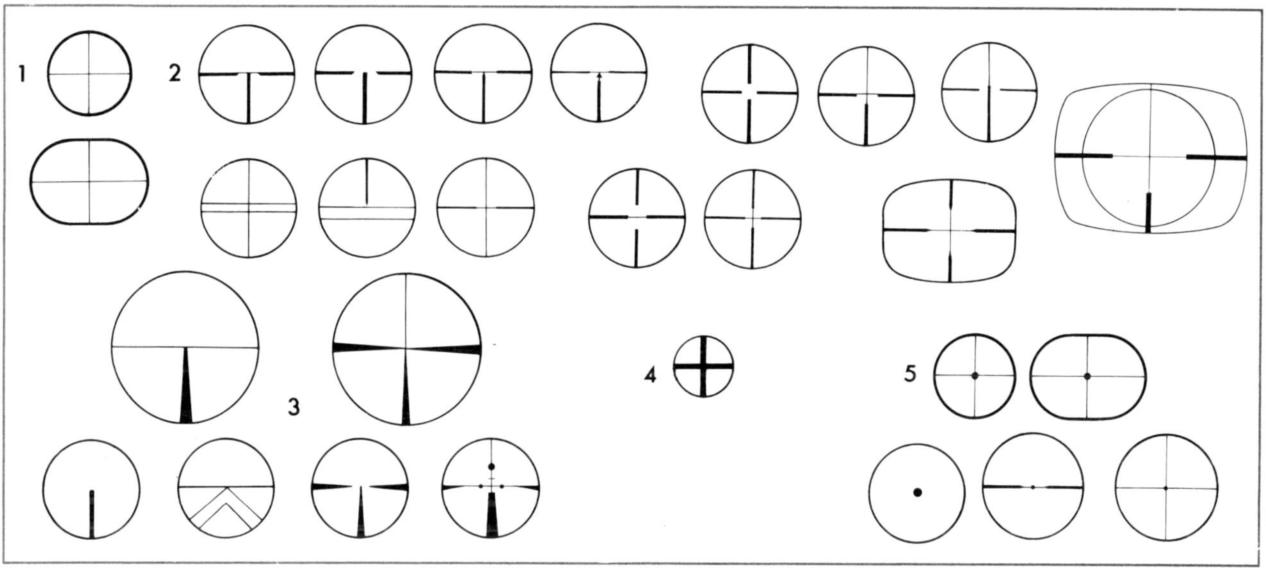

Formen des Absehens
Das Absehen ist eine Vorrichtung im Inneren des Zielfernrohrs, die den Zielpunkt markiert. Es gibt viele verschiedene Arten von Absehen, die für ganz unterschiedliche jagdliche Zwecke geeignet sind. Wir stellen in der Abbildung oben eine Auswahl vor.

1. Einfaches Absehen, wie ein Fadenkreuz.

2. Absehen doppelter Dicke. Der dikkere äußere Teil des Fadens hilft dem Schützen, das Ziel schnell aufzufassen, während der feinere Teil am Kreuzpunkt der Fäden genaueres Zielen ermöglicht. Dieses Absehen ist für alle möglichen Arten der Jagd sehr gut geeignet.

3. Zielstachel und dünnes Fadenkreuz. Der zentrale Zielstachel läuft meist spitz zu und ist an der Spitze, dem Zielpunkt, abgerundet. Der Kreuzfaden ist eine horizontale Linie, die dem Schützen hilft, ein Verkanten der Büchse zu vermeiden. Der unten breitere Zielstachel ist bei schlechtem Licht relativ gut zu sehen.

4. Dicke Kreuzfäden eignen sich nicht für Schüsse über weite Entfernungen, weil sie das Ziel zu sehr verdecken. Sie sind jedoch auf kurze Entfernungen und bei schwachem Licht sehr gut geeignet.

5. Einige Schützen ziehen bei Schüssen über weite Entfernungen ein Absehen mit Kreuzfäden und Punkt gegenüber dem Absehen mit Zielstachel und Kreuzfäden vor. Ihrer Meinung nach verdeckt der Zielstachel das Ziel zu sehr.

Tasco-Zielfernrohre
Links ist ein 2,5 × 32-Zielfernrohr mit Staubdeckeln zu sehen, und rechts ein 4 × 32-Zielfernrohr.

Zielfernrohre mit Entfernungsmessern
(links) Ein ausgewachsener Hirsch mißt von der Oberseite des Rückens bis zum Bauch ungefähr 45cm. Wenn das Tier den Raum zwischen den zwei horizontalen Fäden ausfüllt, befindet es sich in einer Entfernung von zum Beispiel 100m.

(Mitte) Dasselbe Verfahren läßt sich bei einem Absehen mit Punkt und Fadenkreuz anwenden. Hier müssen Sie beachten, daß der Punkt den Körper des Tieres bei einer bestimmten Entfernung verdeckt.

Hilfe beim Ansprechen und Anvisieren des Ziels; die Erweiterung des Sichtfeldes hat jedoch nichts mit dem Absehen selbst zu tun.
Mit Hilfe der Absehen einiger moderner Zielfernrohre ist es auch möglich, die Entfernung zu messen. Meist dient hierzu eine doppelte horizontale Linie oder ein freier Bereich zwischen den Teilen einer durchbrochenen Linie. Paßt ein Tier, dessen Größe dem Jäger bekannt ist, zwischen zwei horizontale Linien oder in den Zwischenraum zwischen zwei Teillinien, dann kann der Jäger daraus erkennen, in welcher Entfernung es sich ungefähr befindet. Bei einigen Zielfernrohren läßt sich mit Hilfe einer Justiervorrichtung der Zwischenraum zwischen den Linien vergrößern oder verringern, bis das Tier in den Freiraum paßt. Auf einer digitalen Anzeige unter dem Absehen, die der Jäger durch das Okular sieht, kann er die Entfernung ablesen. Bei einigen Zielfernrohren ist der Entfernungsmesser sogar mit einer Kompensiervorrichtung für die gemessene Entfernung kombiniert. Der Schütze liest die Entfernung ab, dann verstellt er die Justierung und hebt oder senkt dadurch das Absehen innerhalb des optischen Systems, so daß er nicht hoch oder tief zielen muß, sondern unab-

hängig von der Entfernung genau auf das Ziel halten kann (natürlich nur innerhalb der Reichweite seiner Büchse und Patrone). Solche Vorrichtungen können bei sehr weiten Schüssen in offenem Gelände nützlich sein, da hier das Wild wahrscheinlich lange genug ruhig oder fast ruhig bleibt und sich die Gelegenheit bietet, die erforderliche Einstellung vorzunehmen. Natürlich verzögert der Gebrauch zusätzlicher Vorrichtungen das Zielen und Schießen teilweise erheblich. Auch wenn das Zielfernrohr über diese Verstellmöglichkeiten verfügt, kann der Jäger sie nur selten und in besonderen Situationen einsetzen. Bei mechanischen Visieren ist hingegen sehr schnelles Zielen und Schießen möglich, das heißt, ihr Einsatz bietet sich auf kurze Entfernung und bei Wild an, das sich relativ schnell bewegt. Es gelingt in einer solchen Situation nur schwer, das Wild im Zielfernrohr einzufangen. Der unerfahrene Schütze kann außerdem bei der Verwendung eines Zielfernrohres nur schwer einschätzen, wie weit er bei sich schnell bewegendem Wild vorhalten muß.

Mechanische Visiere sind relativ unempfindlich. Wenn sie einen Stoß erhalten, kann der Jäger sehr schnell feststellen, ob sie sich dabei verstellt

(oben) Bei einigen modernen Zielfernrohren mit verstellbarer Vergrößerung ist ein Mechanismus zum Abschätzen der Entfernung eingebaut. Wenn sich ein Tier im Visier befindet, dreht der Jäger den Vergrößerungsring so lange, bis der Körper den Raum zwischen den dicken Zielstacheln innerhalb der feinen Kreuzfäden ausfüllt. Die auf dem Vergrößerungsring angegebene Zahl gibt die Entfernung an.

(oben rechts) Bei anderen Zielfernrohren befindet sich das Tier in einer Entfernung von 100m, wenn die Länge des Hirsches von der Brust bis zum Schwanz den Raum zwischen den horizontalen Fäden ausfüllt. Ist nur ein Drittel des Raumes ausgefüllt, ist das Tier 280m weit entfernt.

haben. Das ist bei Zielfernrohren nicht immer leicht erkennbar. Ein Fehlschuß, der das Wild an einer falschen Stelle trifft, so daß der Jäger seiner Fährte folgen muß, um ihm den Fangschuß zu geben, ist möglicherweise das erste Anzeichen einer fehlerhaften Justierung. Ein fest und korrekt montiertes Zielfernrohr wird allerdings auch durch Stoß nicht leicht aus seiner Ausrichtung gebracht.

Weiterhin muß beachtet werden, daß das Zielfernrohr das Gewicht der Büchse erhöht und eine zusätzliche Ausgabe darstellt. Außerdem kann bei Schnee oder starkem Regen die Verwendung eines Zielfernrohrs Probleme bereiten.

Zusammenfassend läßt sich sagen, daß mechanische Visiere die unkompliziertesten Büchsenvisiere sind. Auch Jäger, die normalerweise ein Zielfernrohr benutzen, sollten sich während der Jagd die Möglichkeit offenhalten, auf ein mechanisches Visier umzuwechseln. Ein Zielfernrohr bietet allerdings auch nicht zu übersehende Vorteile. Weil sein optisches System Licht »anzieht«, ist ein Zielfernrohr bei schlechten Lichtverhältnissen durch nichts zu überbieten. Für ältere, weitsichtige Jäger ist es eine gute

Hilfe. Beim Schießen auf kleine Ziele in weiter Entfernung sollte man auf keinen Fall darauf verzichten. Weil das menschliche Auge sich viel besser auf das zweidimensionale Absehen und das Ziel einstellen kann, als auf Kimme, Korn und Ziel, erleichtert es unabhängig von der Entfernung das genaue Zielen. Schließlich ermöglicht das Zielfernrohr vielen Menschen mit Sehschwächen überhaupt erst das Jagen.
Die Zahlen zur Angabe der optischen Eigenschaften eines Zielfernrohrs sind durch ein Multiplikationszeichen getrennt. Die Zahl vor dem × gibt den Grad der Vergrößerung an, die Zahl dahinter den Durchmesser der Frontlinse des Objektivs in Millimetern. Die Frage nach der optimalen Vergrößerung ist genauso umstritten wie die Frage nach dem besten Kaliber. Im allgemeinen kann man sagen, daß eine sehr starke Vergrößerung in den meisten Jagdsituationen genauso unnötig ist wie die Magnum-Munition. Eine starke Vergrößerung verstärkt auch die Auswirkung der unwillkürlichen Bewegungen (Atem, Herzklopfen, etc.), so daß nur ein verschwommenes Bild zu sehen ist.
Eine 6-fache Vergrößerung ist bei vielen Jagdarten der höchstmögliche

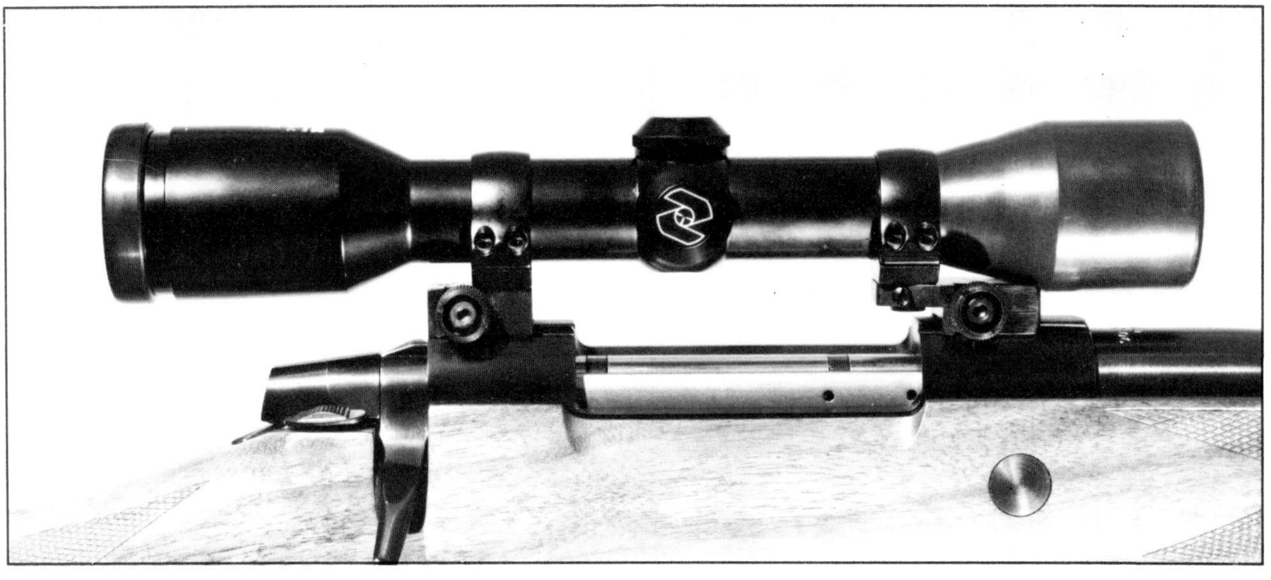

Wert. Die meisten Jäger bevorzugen eine 1,5 bis 4-fache Vergrößerung. Bis zu 12-fache Vergrößerungen bieten bei den meisten Jagdarten keine wirklichen Vorteile mehr und sind unnötig teuer. Die Hersteller haben in jüngster Zeit zwar angefangen, kompaktere Modelle zu bauen, doch Zielfernrohre mit starker Vergrößerung sind häufig noch immer unförmig und schwer.
Die Auswahl an Zielfernrohren ist unüberschaubar — ein kurzer Blick in ein gut ausgestattetes Waffengeschäft bestätigt das. Was die Vergrößerung eines Zielfernrohres betrifft, sollte man sich nach den persönlichen Bedürfnissen richten. Zweifellos ist eine vierfache Vergrößerung für den allgemeinen Gebrauch am besten geeignet. Viele Jäger bevorzugen sogar eine 2,5-fache Vergrößerung. Besonders in den Vereinigten Staaten sind Zielfernrohre mit verstellbarer Vergrößerung beliebt — etwa zwischen 3-fach und 9-fach oder zwischen 2-fach und 7-fach. Die Vergrößerung wird durch das Drehen eines Ringes nach demselben Prinzip wie beim Zoom-Teleskop oder Zoom-Objektiv eingestellt. An einem solchen Zielfernrohr kann der Jäger für die Waldjagd eine schwächere Vergrößerung einstellen und

Zeiss-C 4 × 32T
Dieses Zielfernrohr mit 4-facher Vergrößerung ist für meisten Situationen ausreichend. Allgemein wird diese Vergrößerung als die maximale brauchbare Vergrößerung für Zielfernrohre betrachtet.

für die Jagd in offenem Gelände, für einige Arten der Gebirgsjagd, und für die Jagd auf kleines, stehendes Wild auf weite Entfernung eine stärkere Vergrößerung wählen. Die höheren Einstellungen sind auch sinnvoll, wenn der Jäger die Größe von Hörnern und Geweihen auf relativ weite Entfernung einschätzen möchte. Für den Schuß stellt ein erfahrener Jäger die Vergrößerung meist auf einen niedrigeren Wert zurück, damit das Bild nicht unruhig erscheint oder verschwimmt.
Ein weiterer Visiertyp ist das elektronische »Lichtpunkt«-Visier, das einen meist roten oder orangefarbenen Lichtpunkt auf das im Visier erscheinende Wild projiziert. Wenn der Punkt sich mit dem gewünschten Zielpunkt auf dem Tier deckt, wird der Schuß abgegeben. Frühe Formen dieses Visiers verfügten nicht über eine Vergrößerungsvorrichtung, im Gegensatz zu den heutigen Ausführungen. Ein Nachteil der Modelle mit Vergrößerungsvorrichtung besteht darin, daß die Größe des Lichtpunktes unabhängig von der Entfernung immer gleich bleibt. Viele ältere, weitsichtige Jäger empfinden dennoch diese Visiere bei der Jagd auf sich bewegendes Wild auf kurze Entfernung als hilfreich. Mit dieser Art des optischen Visiers ist ebenfalls sehr schnelles Zielen möglich. Es kann jedoch meist ein gutes Zielfernrohr nicht ersetzen. Einige Zielfernrohre arbeiten heute auch mit einem optischen »Lichtpunkt«. Diese Vorrichtung ist batteriebetrieben und kann an- und ausgeschaltet werden. Ist sie ausgeschaltet, sieht der Schütze ein herkömmliches Absehen. Ein solches Kombinationsvisier ist vielfältig verwendbar, aber viel teurer als ein normales Zielfernrohr von vergleichbarer Qualität.

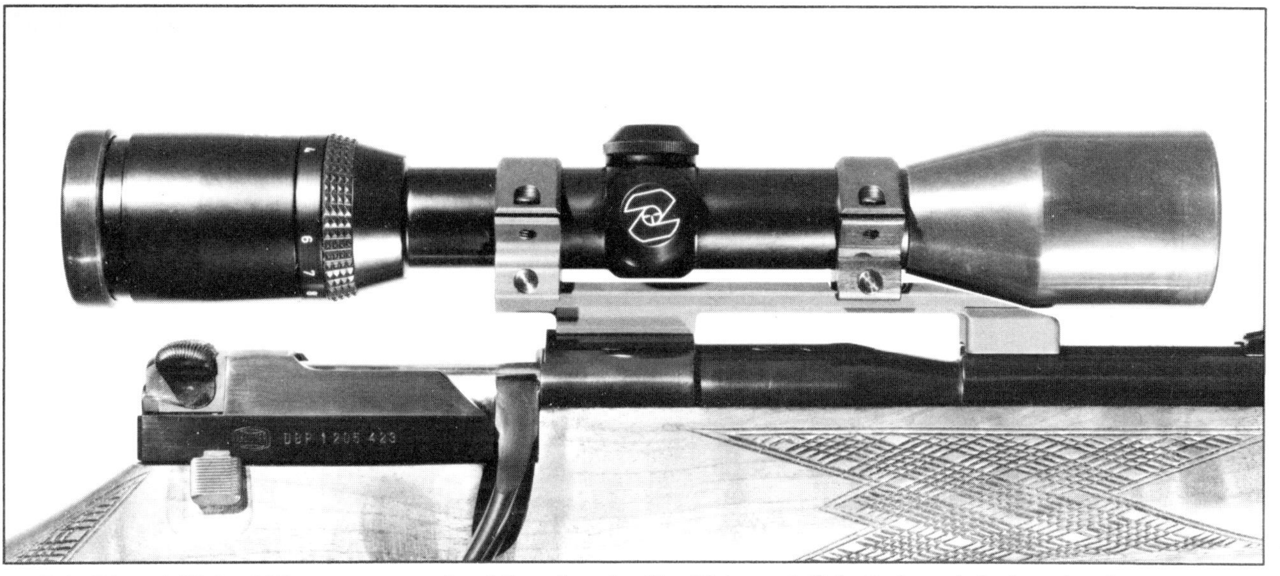

Zeiss Diavari-C3-9 × 36T
Dieses Zielfernrohr von Zeiss mit verstellbarer Vergrößerung verfügt als kleinste über eine 3-fache und als größte über eine 9-fache Vergrößerung.

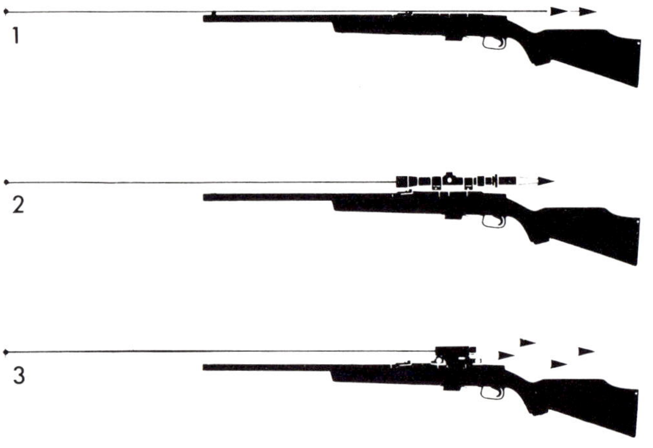

Elektronische »Lichtpunkt«-Visiere

1. Wenn Sie ein herkömmliches offenes Visier verwenden, müssen Ihr Auge, die Kimme, das Korn und das Ziel auf einer Linie liegen, damit der Schuß präzise erfolgt.

2. Wenn Sie ein Zielfernrohr verwenden, muß Ihr Auge in der Achse des Zielfernrohres liegen und zu ihm einen gewissen Abstand einhalten.

3. Das Lichtpunktvisier wurde entwickelt, um das Anvisieren des Ziels zu erleichtern. Hier muß das Auge nicht genau durch die optische Mittelachse des Okulars visieren und auch nicht einen bestimmten Abstand dazu halten.

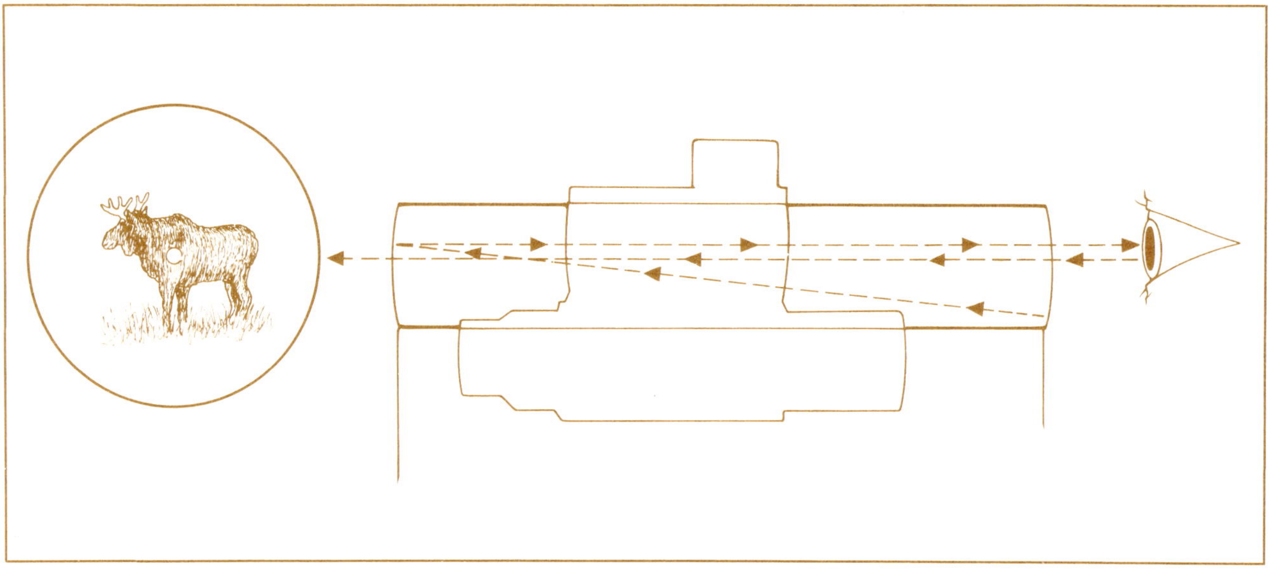

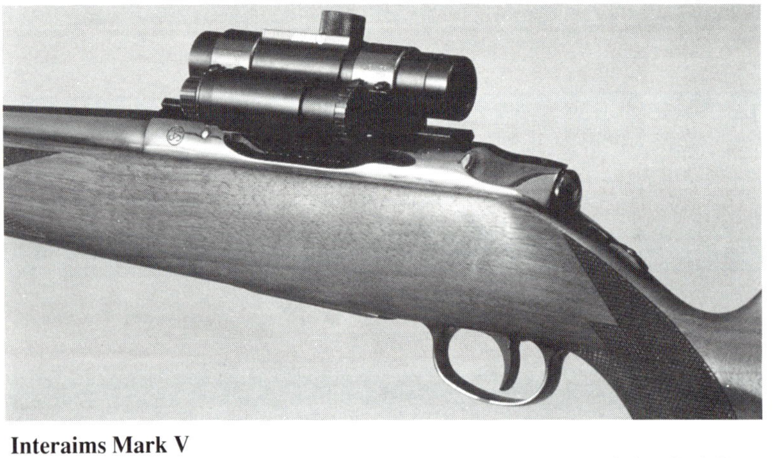

Interaims Mark V
Dieses batteriebetriebene nichtvergrößernde Lichtpunktvisier hat einen Punkt, der auf 100 Meter etwa 6cm bedeckt. Hier ist es auf eine Carl Gustaf 3000 De Luxe .308 Winchester montiert.

Sie müssen sich nur auf den Lichtpunkt konzentrieren. Wenn er auf der richtigen Stelle des Wildes liegt, können Sie schießen. Mit anderen Worten, der Lichtpunkt muß nicht in der Mittelachse des Okulars liegen. Mit diesem Visier läßt sich schnell zielen, und es funktioniert sowohl im Schatten als auch im hellen Sonnenlicht. Die Intensität des Lichtpunktes wird vor der Jagd auf das Auge des Jägers eingestellt. Wenn das Umgebungslicht nachläßt, nimmt die Intensität des Lichtpunktes automatisch zu.
Dennoch ziehen erfahrene Jäger in den meisten Jagdsituationen das Absehen des konventionellen Zielfernrohrs vor.

(rechts)
Aimpoint Electronic 2000
Dieses batteriebetriebene Lichtpunkt-Visier war früher unter dem Namen Mark IV bekannt. Sein roter Lichtpunkt bedeckt auf 100m Entfernung einen Kreis von 8cm Durchmesser. Es vergrößert nicht. Die kürzere Version ist für eine Faustfeuerwaffe gedacht.

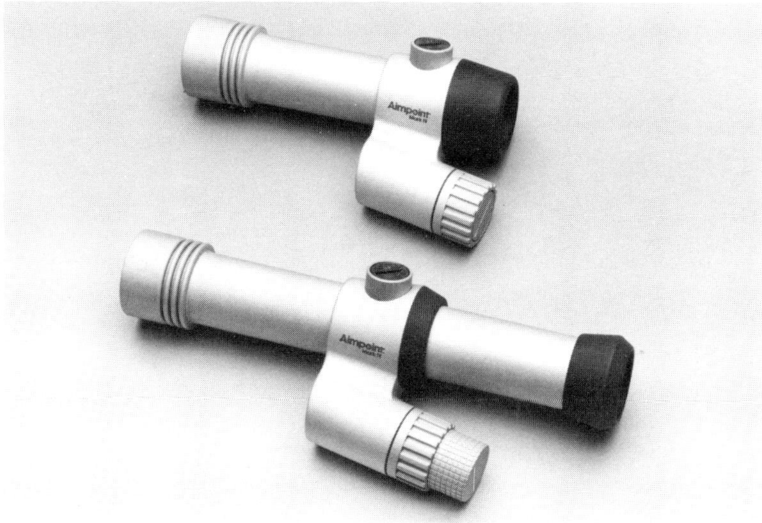

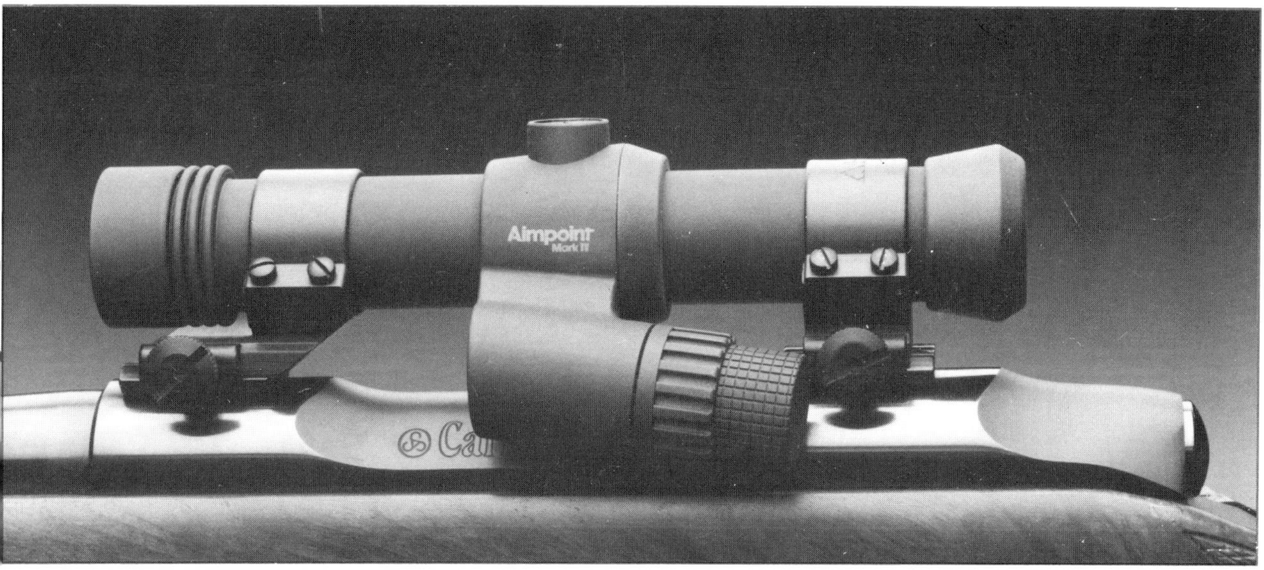

(oben) Das Aimpoint 2000 ist hier auf eine Carl Gustaf-Repetierbüchse montiert. Es ist schmaler und eleganter als traditionelle Zielfernrohre.

(rechts) Das Aimpoint Mark III kann mit einem 3-fach vergrößernden Konvertierer ausgerüstet werden, der im Gelände schnell auf- oder abgeschraubt werden kann.

Das Einstellen des Visiers

Das Visier wird so eingestellt, daß sich bei einer bestimmten Entfernung der Treffpunkt mit dem anvisierten Punkt deckt. Dieser Vorgang ist bei dem mechanischen Visier und auch bei dem Zielfernrohr von entscheidender Wichtigkeit.

Das Einstellen erfolgt am besten auf einem 200m-Schießplatz. Bei den meisten Jagdformen wird die Büchse auf eine kürzere Entfernung eingeschossen. Wenn der Schütze jedoch zunächst über eine weite Entfernung Probeschüsse abgibt, kann er besser die Wirkung der Erdanziehungskraft auf das Geschoß einschätzen, als wenn der Schuß aus einer Büchse abgegeben wird, die zum Beispiel auf die Hälfte der Entfernung eingestellt wurde. Selbstverständlich muß das Einstellen und Probeschießen in einem deutlich abgegrenzten, sicheren Bereich erfolgen, wo niemand gefährdet werden kann. Verwenden Sie beim Einschießen stets eine weiche, gepolsterte Unterlage. Gut geeignet sind eine Schießbank und ein weicher, vollgepackter Rucksack oder Sandsack. Im Handel sind auch spezielle

Bei der Einstellung offener Visiere wird die Kimme in Richtung des gewünschten Einschlagpunktes bewegt und das Korn entgegen dieser Richtung.

Schießen Sie aus einer Entfernung von 25m eine Serie von etwa drei Schüssen auf das Schwarze einer Zielscheibe. Prüfen Sie das Ergebnis und verstellen Sie das Visier entsprechend. Nehmen wir an, Sie haben ein offenes Visier und ihre Schüsse schlagen unterhalb des Schwarzen ein. Bei einem Visier, das zur Höhenverstellung auf einer gestuften Treppe aufliegt, schieben Sie diese um eine Kerbe nach hinten. Daraufhin schießt das Gewehr höher. Nach mehreren Versuchen treffen Ihre Schüsse schließlich ins Schwarze. Wenn Ihre Schüsse links vom Schwarzen einschlagen, können Sie eine offene Kimme meist durch eine leichte Verschiebung nach rechts passend einstellen.

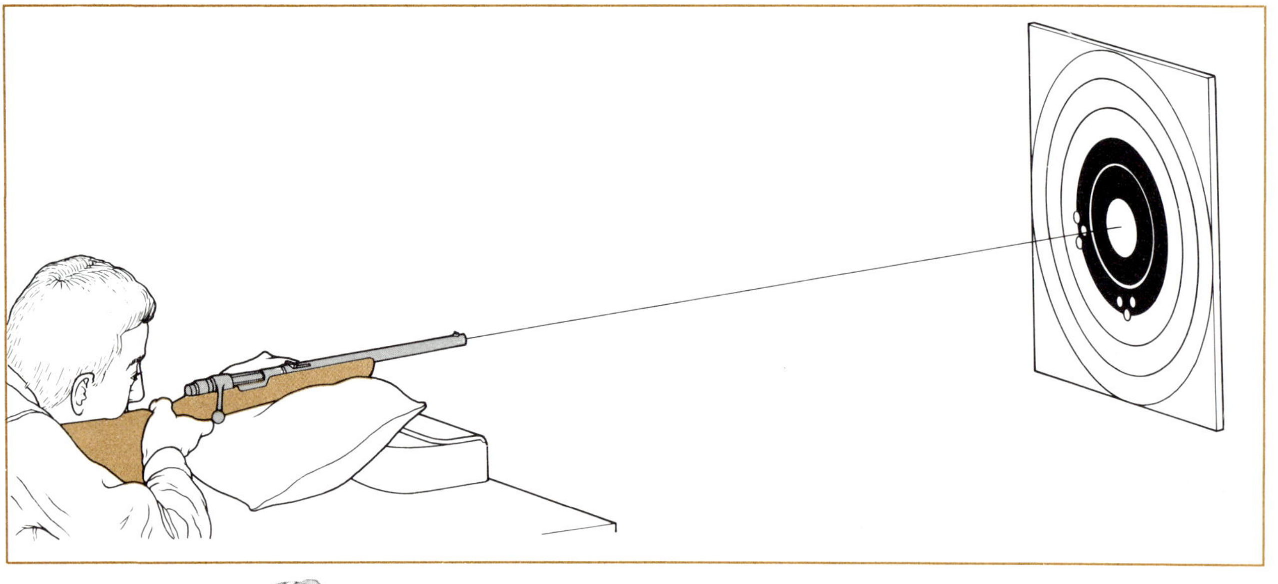

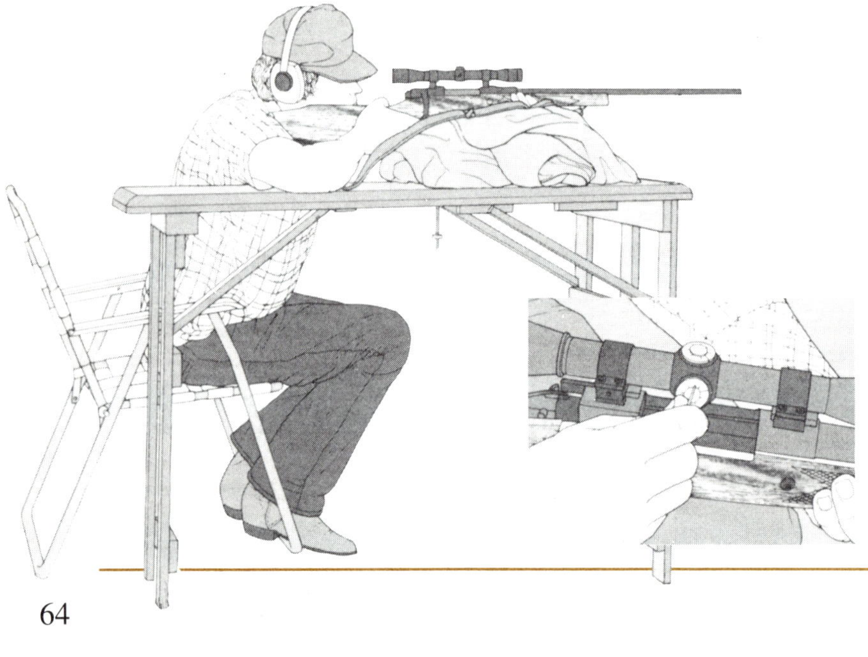

Wenn Sie mit dem Ergebnis auf 25m zufrieden sind, stellen Sie in 100m Abstand oder jeder anderen bei der Jagd gewünschten Entfernung eine neue Zielscheibe auf und wiederholen Sie den beschriebenen Vorgang.

Diopter- oder Lochvisiere

Das Visier wird nach demselben Verfahren wie oben eingestellt. Die Einstellung geschieht durch Verstellung der Seiten- oder Höhenschrauben.

Zielfernrohre
Hier wird dasselbe Verfahren angewandt. Angenommen, die Schüsse liegen durchschnittlich 6mm zu hoch und 25mm zu weit links. Zur Berechnung kann man sagen, daß eine Winkelminute 30mm auf 100m entspricht. Eine Viertelminute auf 25m bedeutet dann 30mm auf 100m. Das heißt, auf 100m schießen Sie eine Winkelminute zu hoch und 2 Minuten zu weit nach links. Verstellen Sie mit einer Münze die Höhenschraube um vier ¼-Minuten oder um eine Minute im Uhrzeigersinn. Drehen Sie die Seitenstellschraube um sechzehn ¼-Minuten oder um vier volle Minuten nach rechts. Nun ist Ihr Zielfernrohr eingestellt. Wiederholen Sie diesen Vorgang in der gewünschten Jagdentfernung.

Unterlagen erhältlich. Der Jäger sollte möglichst aus einer sitzenden Haltung schießen (siehe Abbildung). Hierbei wird der Vorderschaft der Büchse oder die vordere Hand auf einer gepolsterten Schießstütze oder Unterlage aufgelegt, zum Beispiel auf dem erwähnten Rucksack, dem Sandsack, oder der im Handel erhältlichen Unterlage. Es soll nicht die Schießfertigkeit des Schützen getestet, sondern eine unbeabsichtigte Bewegung ausgeschlossen werden, damit die Büchse beim Schuß völlig ruhig liegt. Später können Sie natürlich ihre Fertigkeiten als Schütze in liegender, knieender, sitzender oder stehender Haltung erproben. Jede Art von Zielscheibe ist hierzu geeignet. Eine mit Ringen bedruckte Zielscheibe mit Zentimeter- oder Zolleinteilung erleichtert das Abmessen der Entfernungen zwischen den Einschußlöchern und Vergleiche zwischen den Schüssen.
Die meisten Büchsen, speziell die Großwildbüchsen, werden schon in der Fabrik eingeschossen, normalerweise auf eine Entfernung von 100 Metern. Dennoch sollte der Schütze seine Büchse selbst einschießen, einerseits um nachzuprüfen, ob die Einstellung des Visiers korrekt ist und andererseits deshalb, weil jeder Mensch das Visier beim Zielen anders ansetzt. Es kann

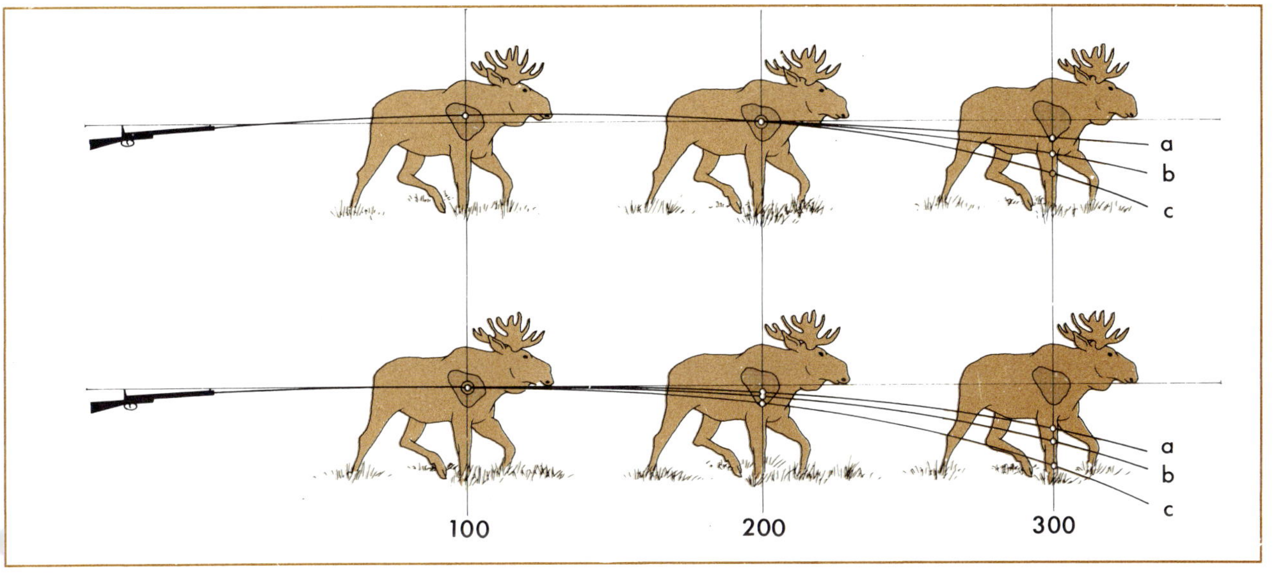

Anhand der oben abgebildeten Zeichnungen wird deutlich, warum das Gewehr auf eine bestimmte Jagdentfernung eingestellt werden muß. Die drei Schußverläufe zeigen die Flugbahnen für Patronen der Kaliber 6,5 × 55 *(a)*, .30-06 *(b)*, und 9,3 × 62 *(c)*. Die obere Serie stammt aus einem Gewehr, das auf 200m und die untere aus einem Gewehr, das auf 100m eingestellt wurde. In der oberen Zeichnung wird der Elch bei der 200 Meter-Marke korrekt getroffen, und selbst an der 100 Meter-Marke entspricht der unwesentlich höhere Einschlagpunkt einem guten Schuß. In der unteren Serie wird er an der 100 Meter-Marke tödlich getroffen, doch an der 200 Meter-Marke wird er zu niedrig getroffen und nur verletzt.

auch sein, daß ein Jäger seine Büchse für ein bestimmtes Wild auf eine andere Entfernung umstellen möchte. So werden zum Beispiel verschiedene Arten afrikanischer Steppentiere meist auf weite Entfernung geschossen. In den Vereinigten Staaten stellen viele Jäger für die Jagd auf Gabelantilopen ihre Büchsen auf 150 oder 200m ein. Gute Jagdergebnisse hängen allerdings nicht nur von einer sorgfältigen Einstellung des Visiers ab, sondern ebenso von der Wahl der Munition. Auch der Geschoßtyp und sogar die Marke spielen eine Rolle.
Es gibt bei der Einstellung der Visiere mehrere Möglichkeiten. Manche Jäger stellen ihre Büchse so ein, daß sie zum Beispiel auf 100m 8cm hoch schießt. Damit können sie bis auf eine Entfernung von 250m auf ein Wild von der Größe eines Rehs schießen, vorausgesetzt, sie berücksichtigen die Senkung der Flugbahn über diese Entfernung. Der Jäger sollte die Büchse auf die Entfernung einstellen, auf die er bei der Jagd voraussichtlich schießt. Wenn das Geschoß eine gute Flugbahn hat, schlägt sie bei einer etwas kürzeren Entfernung nur geringfügig zu hoch und bei einer weiteren Entfernung nur geringfügig zu tief ein. Nach dem Einstellen des Visiers

kann der Schütze das Verhältnis zwischen Treffpunkt und anvisiertem Punkt prüfen, indem er in kürzeren und längeren Abständen Zielscheiben aufstellt und auf jede mehrere Schüsse abgibt. Auf diese Weise macht er sich mit der Flugbahn vertraut und kann die ermittelten Werte für den Einsatz der Büchse im Gelände notieren.
Beim Einstellen einer kombinierten Waffe mit einem Flintenlauf und einem Kugellauf wird nach demselben Verfahren vorgegangen. Es muß jedoch darauf hingewiesen werden, daß eine kombinierte Waffe nicht dieselbe Genauigkeit aufweist wie eine Büchse. Es sollte darauf geachtet werden, daß sich bei einer kombinierten Waffe in allen Läufen Patronen befinden, wenn der Kugellauf eingeschossen wird.
Nicht selten kann man einen Jäger beim Einschießen beobachten, der erst nach einem Dutzend oder mehr Schüssen die Zielscheibe trifft. Diese frustrierende und sehr teure Zeit- und Munitionsverschwendung kann leicht vermieden werden. Erstens sollte man mit dem Schießen auf 25m anstatt auf 100m beginnen. Selbst wenn die Visiere (egal ob mechanische oder Zielfernrohre) erheblich verstellt werden müssen, treffen die Geschosse normalerweise auf diese kurze Entfernung irgendwo die Zielscheibe, weil bei dieser geringen Entfernung die Schenkel des spitzen Winkels zwischen der Seelenachse des Laufes und der Visierlinie nicht weit auseinanderlaufen können. Die Seelenachse des Laufes und die Visierlinie verlaufen nicht parallel, auch wenn dies so erscheint. Tatsächlich ist der Büchsenlauf ein wenig aufwärts gerichtet, um das Abfallen der Kugel durch die Gravitation während des Fluges auszugleichen. Beim Einstellen des Visiers wird somit der Winkel zwischen Seelenachse und Visierlinie eingestellt. Dadurch, daß der Büchsenlauf ein wenig nach oben zeigt, verläuft die Flugbahn des Geschosses in einem leichten Bogen. Hierbei kreuzt sie die Visierlinie nach einer kurzen Strecke von unten, erreicht den höchsten Punkt der Flugbahn und sinkt dann langsam ab, wobei sie die Visierlinie in einer viel größeren Entfernung erneut kreuzt. Bei der Visiereinstellung geht es darum, den zweiten Kreuzungspunkt von Flugbahn und Visierlinie direkt auf das Ziel zu legen. Da sich der Abstand zwischen den Schenkeln eines Winkels in dem Maße erweitert, in dem sich die Schenkel verlängern, vergrößert sich ein Fehler, der auf 25m nur gering ist, auf 100m ganz erheblich. Ein Geschoß, das auf 25m die Zielscheibe trifft, aber weit neben dem Mittelpunkt oder dem schwarzen Feld einschlägt, verfehlt die Zielscheibe auf 100m möglicherweise völlig. Beginnen Sie daher mit 25m. Verstellen Sie nach zwei oder drei Schüssen die Kimme oder das Zielfernrohr so, daß Sie direkt »ins Schwarze« treffen. Dann treffen die Geschosse auf 100m Entfernung ebenfalls ins Schwarze oder schlagen zumindest irgendwo auf dem Papier ein. Jetzt kann die endgültige Einstellung schnell und problemlos vorgenommen werden.
Zweitens sollte man, um Zeit und Munition zu sparen, die Visierung schon vor dem ersten Schuß möglichst gut einstellen. Das Visier einer Waffe mit Zylinderverschluß läßt sich sehr gut durch den Lauf grob einstellen. Nehmen Sie den Verschluß aus der Systemhülse heraus, legen Sie die Büchse auf die Schießbank und blicken Sie direkt durch den Lauf auf die 25m entfernte Zielscheibe. Verschieben Sie die Büchse, bis Sie durch den Lauf das Schwarze anvisieren. Wenn Sie jetzt, bei fest aufgelegter Büchse durch das Visier oder Zielfernrohr sehen, stellen Sie wahrscheinlich fest, daß die Zieleinrichtung nicht auf dasselbe Ziel eingestellt ist wie der Lauf. Verstellen Sie das Visier nun so, daß der Zielpunkt des Visiers mit dem Punkt, den Sie durch den Lauf sehen, zusammentrifft. Setzen Sie dann den

Einstellen durch den Lauf
1. Entfernen Sie den Verschluß. Legen Sie die Büchse fest auf eine stabile Papp- oder Holzkiste. Büchsenmacher und viele versierte Schützen legen die Büchse auf eine spezielle Schieß-Stütze mit Ledersack *(unten).*
2. Visieren Sie durch den Lauf ein 25m entferntes Ziel an und verschieben Sie die Kiste, bis das Schwarze sich visuell im Zentrum des Laufs befindet. Markieren Sie die Umrisse der Kiste mit Kreide auf dem Tisch. Verstellen Sie dann die Einstellung des Zielfernrohrs für die Seite und die Höhe, bis das Absehen das Schwarze gleichmäßig viertelt. Dabei die Waffe nicht verschieben.

1

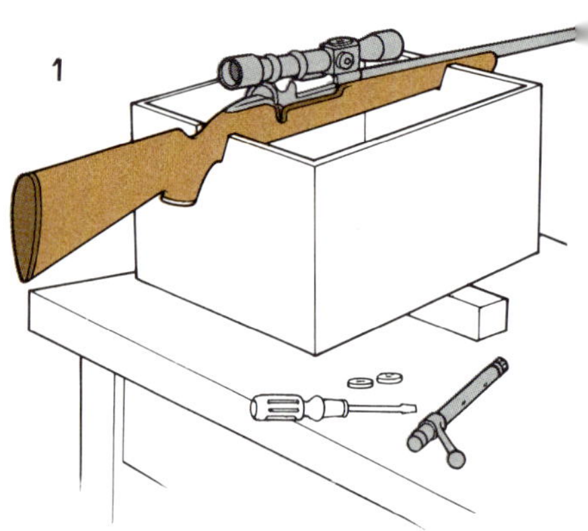

2

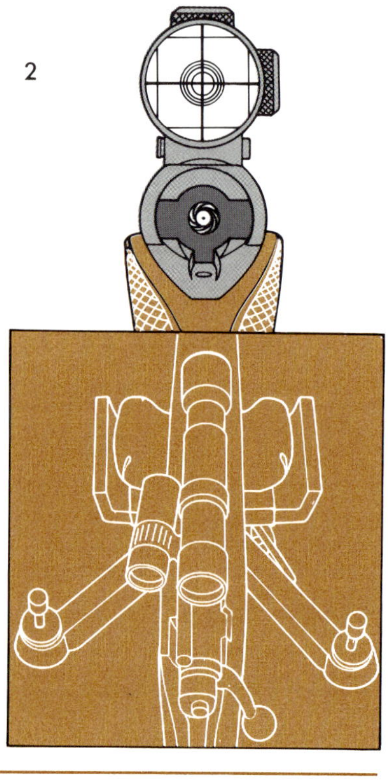

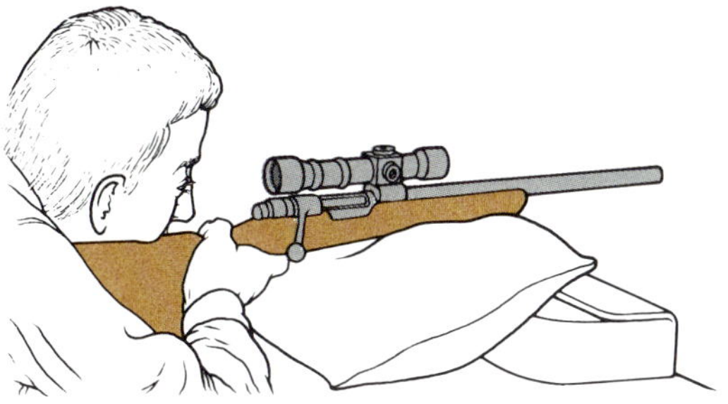

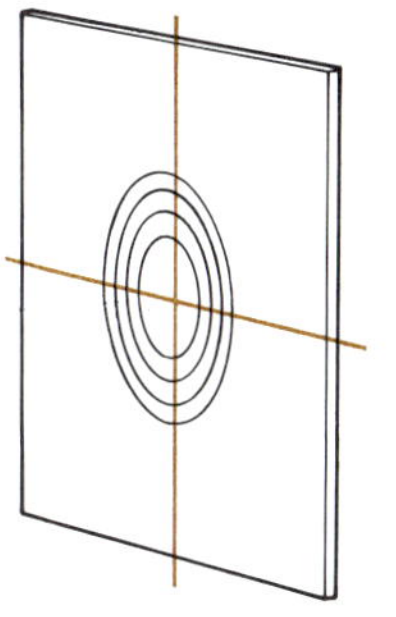

3. Nun entfernen Sie die Kiste, setzen den Verschluß wieder ein und geben ein paar Schüsse auf das Ziel ab, wobei das Absehen auf das Schwarze ausgerichtet ist. Nehmen wir an, der durchschnittliche Einschlagpunkt der Schüsse ist nach links unten verschoben.

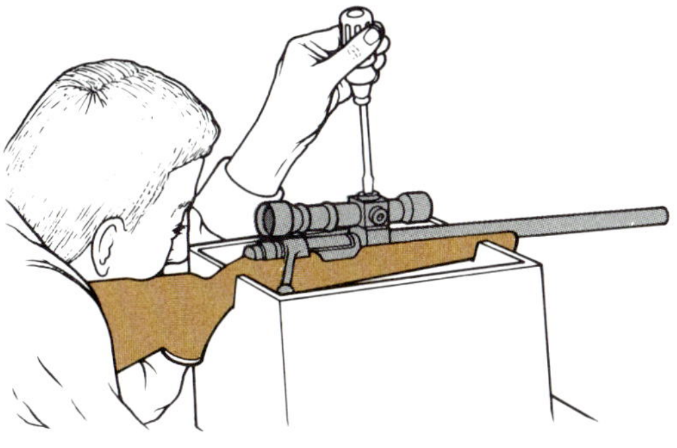

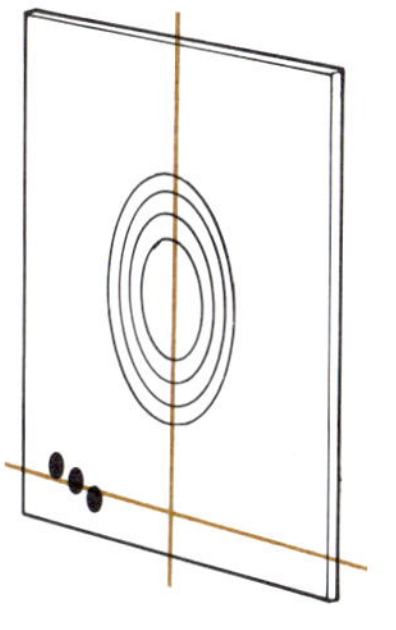

4. Stellen Sie die Kiste wieder auf ihren Platz, legen Sie die Büchse auf und sehen Sie durch das Zielfernrohr auf das Ziel. Verstellen Sie den (horizontalen) Höhenfaden nach unten, bis er mit dem Einschlagpunkt übereinstimmt.

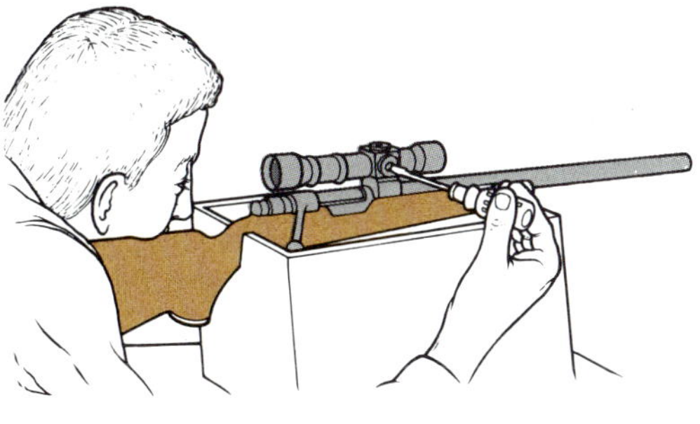

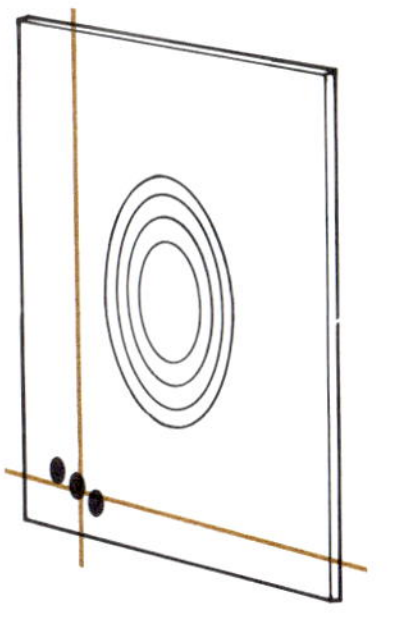

5. Nun verstellen Sie den (vertikalen) Seitenfaden, bis er den Höhenfaden genau im Einschlagpunkt kreuzt. Das Zielfernrohr ist nun auf 25m eingestellt.
In gleicher Weise wird in einem letzten Schritt die gewünschte Jagdentfernung eingestellt.

Verschluß wieder ein und machen Sie einen Probeschuß. Die Visiere auf halbautomatischen Waffen, auf Unterhebel- oder Vorderschaft-Repetierern können nicht auf diese Weise eingestellt werden. Wenn ein Zielfernrohr auf der Büchse montiert ist, läßt sich mit einem Kollimator (einer Hilfe zur Einstellung von Zielfernrohren) eine zur Ausrichtung des Laufes entsprechende Einstellung vornehmen. Der Kollimator ist sehr nützlich, und bei dem vergleichsweise niedrigen Kaufpreis lohnt sich seine Anschaffung. Kollimatoren werden von verschiedenen Zielfernrohrherstellern angeboten. Der Apparat besteht aus einem zylinderförmigen oder rechteckigen Gehäuse mit einer Okularlinse. Innerhalb des Gehäuses befindet sich ein Fadenkreuz mit einem Raster aus vertikalen und horizontalen Linien, deren Abstand in 100m Entfernung etwa einem Zentimeter entspricht. Das Gehäuse wird über der Laufmündung mit Hilfe eines kurzen verstellbaren Bolzens oder Richtdorns, der in die Mündung hineingleitet, aufgesetzt und dann in dieser Position festgeschraubt. Das Raster stellt eigentlich eine Zielscheibe dar, und der Kreuzungspunkt seiner mittleren horizontalen und vertikalen Linien entspricht ihrem Zentrum.

Der Gebrauch eines Kollimators
Ein Unterhebel-Repetierer, Vorderschaft-Repetierer oder eine halbautomatische Büchse lassen sich nicht durch den Lauf einstellen, da man den Verschluß nicht herausnehmen kann. Deshalb verwendet man in diesen Fällen zum ersten Einstellen einen Kollimator. Zuerst legen Sie das Gewehr fest auf eine geeignete Stütze, zum Beispiel auf die Kiste, die auf der vorherigen Seite gezeigt wurde. Dann werden folgende zwei Schritte vorgenommen.

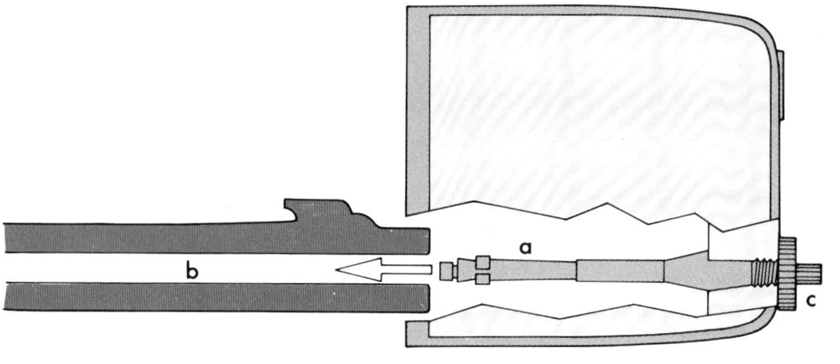

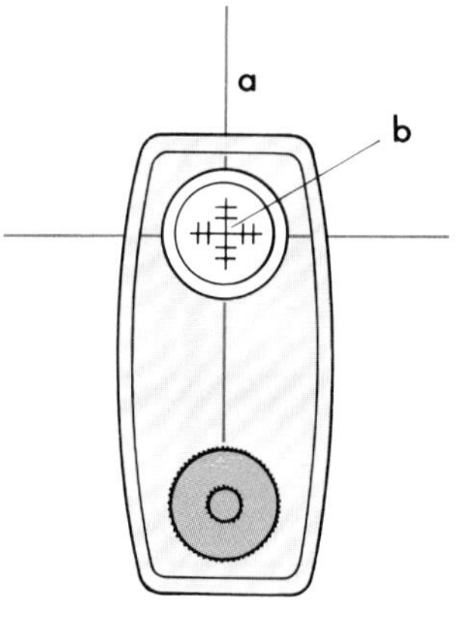

Der Schütze sieht durch das Zielfernrohr in den Kollimator und verstellt es so, als würde er durch den Lauf einstellen, so daß sich das Absehen des Zielfernrohrs genau mit dem Mittelpunkt des Rasters in Deckung befindet. Nach dieser vorläufigen Einstellung des Zielfernrohrs hat der Treffpunkt des Geschosses allerdings noch nicht die erforderliche Genauigkeit. Entfernen Sie den Kollimator und nehmen Sie die endgültige Einstellung mit Hilfe von Probeschüssen vor. Die erste Einstellung bei 25m kann jetzt wegfallen und stattdessen gleich mit einer Entfernung von 100m (oder was immer die gewünschte Entfernung ist) begonnen werden.
Nach dem Einstellen des Zielfernrohrs kann der Kollimator erneut eingesetzt werden, um genau festzustellen, wohin die Büchse nun schießt und welche Seiten- und Höhenverstellungen vorgenommen wurden. Das Nummernraster eines Kollimators zeigt dem Jäger zum Beispiel, daß er mit seiner Büchse, dem verwendeten Patronentyp und seiner Art, die Büchse anzulegen, bei einer Entfernung von 100m genau dann das Ziel anvisiert, wenn das Zielfernrohr 2cm hoch und 1cm nach links eingestellt ist. Diese Angaben können für spätere Einstellungen festgehalten werden.

1. Führen Sie den Kaliberdorn *(a)* vorsichtig in die Mündung *(b)* ein. Drehen Sie die Rändelschraube *(c)*, bis der Kollimator fest sitzt und aufrecht stehen bleibt.

2. Sehen Sie durch das Zielfernrohr der Büchse und verstellen Sie die Seiten- und Höhenschrauben, bis das Absehen des Zielfernrohrs *(a)* mit dem Fadenkreuz *(b)* des Kollimators auf einer Linie liegt.

Das Wiederladen von Büchsenpatronen

Bei sorgfältiger Arbeit sind handgeladene Büchsenpatronen nicht nur ebenso gut wie fabrikmäßig hergestellte Munition, sondern auch erheblich billiger. Wie viele Patronen von Jägern und Sportschützen von Hand geladen werden, ist schwer zu schätzen, doch weltweit sind es sicher Millionen. Sportschützen, die höchste Ansprüche an die Genauigkeit stellen, vertreten oft die Meinung, daß sie beim Handladen die Möglichkeit haben, Patronen für bestimmte Büchsen »maßzuschneidern«. Für den durchschnittlichen Jäger zählt bei diesem Verfahrens hauptsächlich die finanzielle Ersparnis — er kann eine Patronenhülse mehrfach wiederverwenden, in manchen Fällen bis zu zwölfmal. Zu beachten ist jedoch, daß das Abfeuern und Neuladen einer Patrone das Metall der Patronenhülse verändert. Durch die Gewalt des Abfeuerns paßt sich die Patrone, insbesondere ihr Hals und ihre Schulter, den Ausmaßen des Patronenlagers der Büchse exakt an. Sehr wichtig ist die erneute Formung der Patronenhülse — normalerweise nur der Schulter und des Halses, aber manchmal auch der gesamten Hülse. Zu diesem Zweck wird die Hülse in eine entsprechende Kalibrier-Matrize gelegt und mit Hilfe der Ladepresse auf die ursprüngliche Größe gebracht. Wurde eine Hülse schon mehrfach verwendet, können Veränderungen in der MÜndungsgeschwindigkeit des Geschosses, im Druck im Patronenlager und in der Schußgenauigkeit auftreten. Viel wichtiger ist jedoch, daß das Metall der Hülse dünner oder spröde wird, was schließlich zu gefährlichen Ausbuchtungen oder Rissen in der Hülse führt. Wer seine Patronen von Hand lädt, muß lernen, die ersten Verschleißanzeichen an den Hülsen zu erkennen und eine Patrone wegzuwerfen, bevor sie gefährlich wird. Die Qualitätskontrolle von Patronenhülsen läßt sich am besten durch Erfahrung erlernen. Auch wenn man jemandem beim Nachladen zusieht, der schon Erfahrung darin hat, kann man viel lernen.

Bereits mit einer relativ einfachen Ausrüstung lassen sich genügend Patronen für eine Jagdsaison herstellen. Oft kaufen mehrere Jagdgefährten gemeinsam eine solche Ausrüstung. Wenn man viel jagt, häufig auf dem Schießplatz übt oder auch an Schießwettkämpfen teilnimmt, zahlt sich das Wiederladen wirklich aus. Wenn man dagegen in der Saison nur ein paar Dutzend Schüsse abgibt, lohnt sich das Wiederladen kaum.

Nach etwas Übung kann man mit einer normalen Ausrüstung in der Stunde ungefähr fünfundsiebzig Patronen laden. Schon in wenigen Stunden hat man genügend Patronen für die gesamte Jagdsaison hergestellt.

Man könnte meinen, das eigene Wiederladen sei gefährlich. Obwohl viele Jäger ihre Patronen selbst laden, passiert nur selten ein Unfall durch falsch oder nicht sorgfältig geladene Patronen. Das Ladeverfahren ist einfach und umfaßt nur wenige Schritte. Die größte Gefahr besteht darin, falsche Pulversorten oder zuviel Pulver zu verwenden. Um dies zu vermeiden, richten Sie sich nach den Tabellen, die Sie in jeder guten Ladeanleitung finden.

In den Abbildungen auf diesen Seiten wird die Grundausstattung zum Nachladen von Büchsenpatronen gezeigt. Wenn Sie in größerem Umfang Patronen von Hand laden möchten, stehen Ihnen zahlreiche Geräte zur Verfügung. Zum Beispiel sorgen Hülsentrimmer, Mikrometer, und andere Instrumente für erhöhte Präzision und Genauigkeit. Bei einigen Patronen können mit Hilfe von speziellen Formen und Werkzeugen sogar die Abmessungen der Hülse verändert werden, besonders an Schulter (dem sich verjüngenden Teil) und Hals. Dadurch kann eine Hülse für ein ähnliches Kaliber umgeformt werden, wobei sich die Patronenabmessungen, der Geschoßdurchmesser und die verwendete Pulvermenge verändern lassen. Schon mehrfach wurden auf diese Weise berühmte Patronen »erfunden«. Die .220 Swift zum Beispiel, eine gute und beliebte amerikanische Patrone, entstand dadurch, daß der Hals einer 6mm Lee Navy-Hülse auf ein .22er Kaliber umgeformt wurde. Solche Experimente überläßt man jedoch am besten Experten, die über die entsprechenden Kenntnisse und die notwendige Ausrüstung verfügen. Für den normalen Jäger bietet sich dieses Verfahren an, wenn er eine Büchse mit ausgelaufenem oder ungewöhnlichem Kaliber verwendet, deren Munition schwer oder gar nicht erhältlich ist. Zum Beispiel kann aus einer .30-06 Messinghülse leicht eine Hülse für die 8 × 57mm Mauser-Patrone geformt werden, indem man die .30-06 Patrone in ihrer vollen Länge in der Matrize einer 8 × 57 kalibriert und dann den Hals auf die richtige Länge bringt. Für derartige Patronenumformungen gibt es zahlreiche Anleitungen. Einige Hersteller liefern Ausgangshülsen, die sich zu einer Vielzahl von anderen Hülsen umformen

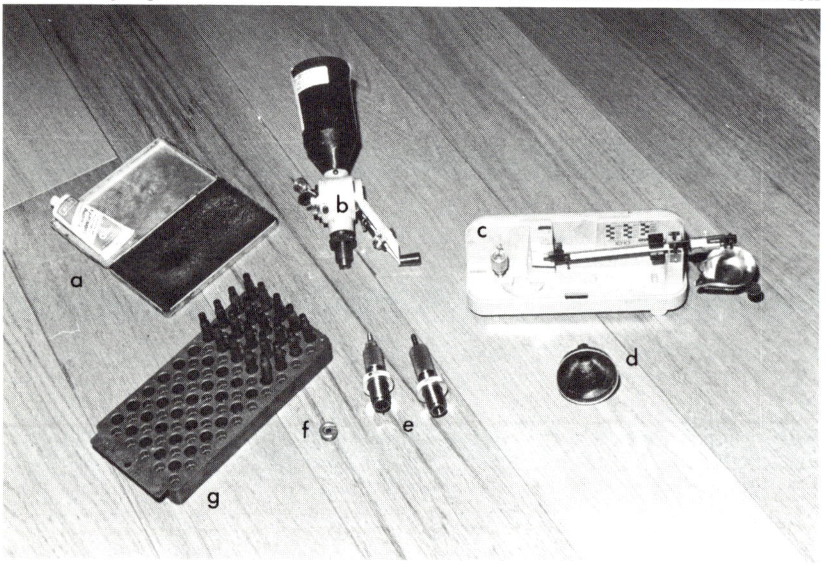

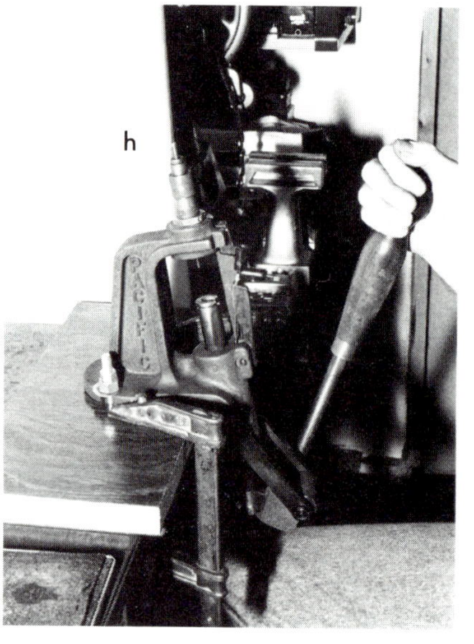

lassen. Zum Beispiel kann die .45 Basic zum Handladen von ungefähr zwanzig verschiedenen Kalibern verwendet werden.

Neben den Geräten benötigt man zur Herstellung einer Patrone vier Komponenten: die leere Hülse, das Zündhütchen, das Pulver und das Geschoß. Gebrauchte Hülsen müssen sehr sorgfältig behandelt und gründlich nach Anzeichen von Beschädigungen untersucht werden. Wenn eine Patrone abgefeuert wird, dehnt sich das Metall auf das volle Volumen der hinteren Verschlußöffnung aus. Eine Patrone, die in einem bestimmten Gewehr abgefeuert wurde, ist daraufhin für dieses Gewehr wie maßgeschneidert. Sie läßt sich in diesem Gewehr ausgezeichnet erneut verwenden, wenn beim Wiederladen nur ihr Hals und nicht die gesamte Hülse neu geformt wird. Die geringfügige Ausdehnung der Hülse auf die Abmessungen des Patronenlagers führt beim Neuladen und Wiedergebrauch einer Patrone in derselben Büchse zu höchster Präzision. Um diese Präzision beizubehalten, genügt es vollkommen, eine Hülse bei jedem vierten Neuladen in der ersten Matrize zu kalibrieren.

Nur der Hals eine Hülse muß bei jedem Neuladen angepaßt werden. Eine

Grundausstattung zum Handladen
(a) Behälter mit Hülsenfett; sie enthält ein Polster und eine Tube mit speziellem Fett.
(b) Pulvermeß- und Füllgerät.
(c) Pulverwaage zum Wiegen des Pulvers, aber auch zum Wiegen der Geschosse und der fertigen Patrone.
(d) Trichter, durch den die Hülse mit der abgewogenen Pulvermenge gefüllt wird. Das Pulvermeßgerät ist überflüssig, wenn jede Pulverladung einzeln gewogen wird. Das Wiegen und Einfüllen der Pulverladung durch den Trichter ist jedoch recht zeitaufwendig.
(e) Ein Satz Matrizen für die zu ladende Patrone.
(f) Hülsenhalter.
(g) Ladebrett mit Bohrungen.
(h) Ladepresse.

1

Hülse, die in einer anderen Büchse verwendet wird, sollte jedoch stets in ganzer Länge kalibriert werden.

Hülsen, die bereits mehrmals verwendet wurden und etwas zu lang geworden sind, können mit Hilfe eines Hülsentrimmers, der in die Presse eingesetzt wird, auf die richtige Länge gebracht werden.

Am besten arbeiten Sie an einem festen Tisch, der für die Geräte und die einzelnen Ladekomponenten hinreichend Platz bietet. Schrauben oder klemmen Sie die Ladepresse fest an die Tischplatte. Wenn Sie Rechtshänder sind, sollte sie sich ein wenig rechts von ihrem Sitzplatz befinden. Legen Sie alle benötigten Teile in Reichweite, so daß Sie zügig und bequem arbeiten können.

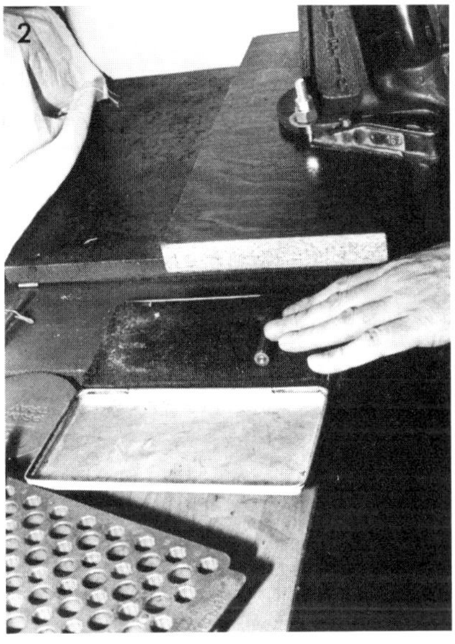

2

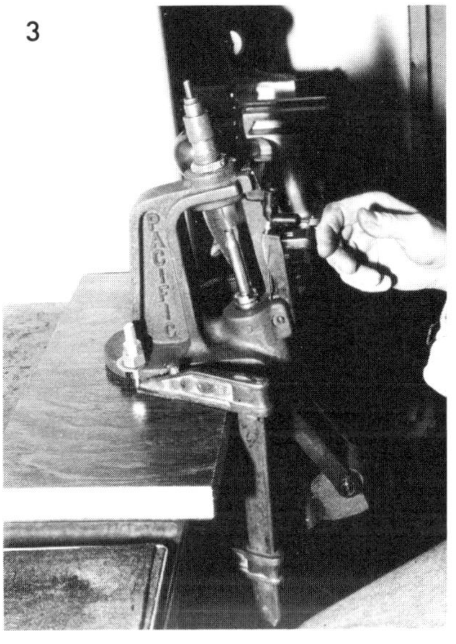

3

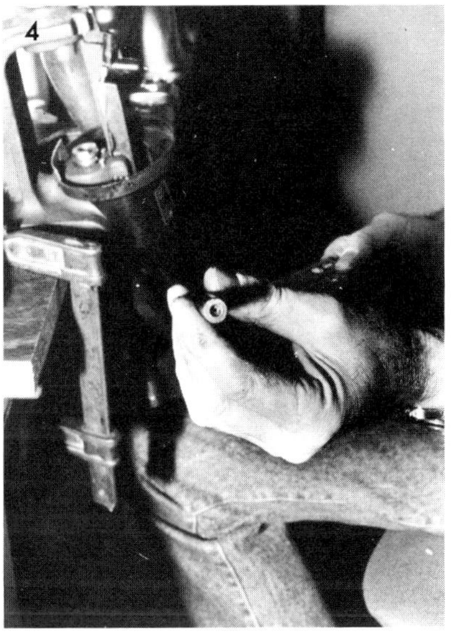

4

Das Wiederladen der Hülse

1. Sortieren, prüfen und reinigen Sie die Hülsen. Jedes Kaliber muß separat aufbewahrt und geladen werden. Untersuchen Sie jede Hülse sorgfältig bei hellem Licht. Alle Hülsen, die auch nur den kleinsten Riß aufweisen, müssen aussortiert werden. Auch sollte jede Hülse, die einen schmalen Ring (normalerweise ungefähr 12mm über dem Boden) oder irgendwo sonst eine Ausbuchtung aufweist, nicht mehr benutzt werden. Die brauchbaren Hülsen werden mit einem Tuch gereinigt und dabei geprüft, ob sie leer sind.

2. Die Hülse wird durch Rollen auf dem Polster mit Hülsenfett leicht gefettet. Das Innere des Hülsenhalses wird mit einer speziellen Bürste gefettet.

3. Schrauben Sie den Hülsenhalter und die erste Kalibrier-Matrize in die Ladepresse. Stellen Sie die Matrize genau zur Patrone ein. Führen Sie die Hülse in den Halter ein. Ziehen Sie den Griff der Presse mit einer gleichmäßigen Bewegung nach unten. Hierdurch wird die Patronenhülse nach oben in die Matrize gepreßt. Wenn Halter und Matrize sich berühren, ist das Kalibrieren abgeschlossen.

4. Wenn die Patrone eine Boxer-Zündung hat, werden die Zündhütchen automatisch während des Kalibrierens ausgestoßen. Bei Verwendung der Berdan-Zündung (mit zwei Zündkanälen) muß das Zündhütchen vor dem Kalibrieren mit einer speziellen Zange entfernt werden. Die Zündglocke wird dann mit einer Bürste gereinigt. Dies muß sorgfältig geschehen, damit das Metall nicht zerkratzt wird, was zu Gasaustritt während des Schießens führen kann. Das Bild zeigt die Hülse ohne Zündhütchen.

(Fortsetzung nächste Seite)

5

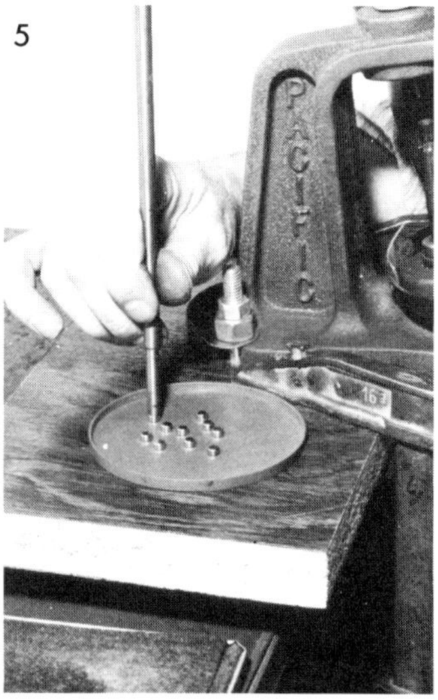

5. Nehmen Sie die neuen Zündhütchen mit einem Zündhütchensetzer auf und stecken Sie ihn in seine Halterung in der Ladepresse.

6

6. Schrauben Sie die Kalibrier-Matrize heraus.

7

7. Setzen Sie die bereits auf Maß gebrachte Hülse wieder in den Hülsenhalter ein. Vom Zündhütchensetzer wird ein Zündhütchen auf den Zündhütchenarm gelegt (hier zwischen Daumen und Zeigefinger gehalten).

8

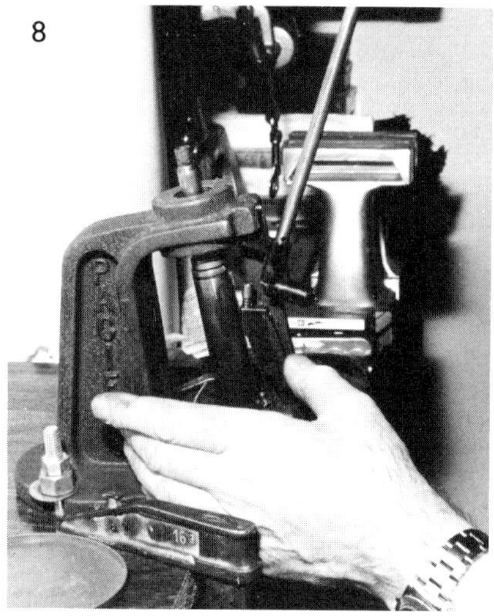

8. Ziehen Sie den Griff nach unten. Das Zündhütchen kommt nun unter die Patronenhülse.

9

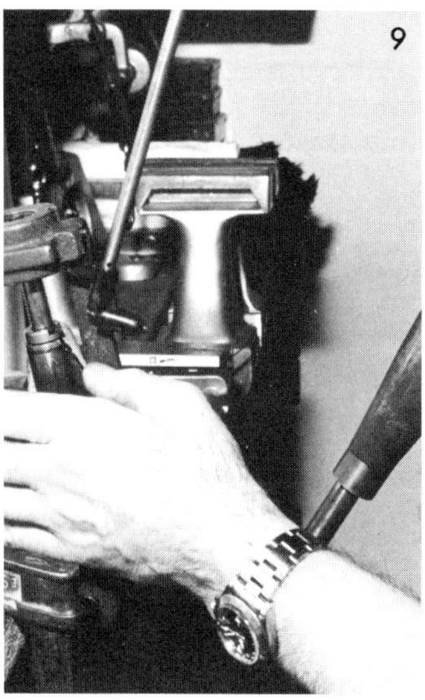

9. Bewegen Sie den Arm wieder nach oben. Hierdurch wird das Zündhütchen in den Boden der Patronenhülse gesetzt.

10

10. Das eingesetzte Zündhütchen. Ein korrekt eingesetztes Zündhütchen steht 0,1mm aus dem Boden hervor. Legen Sie die Hülse mit dem Boden nach unten auf das Ladebrett. Jetzt kann die Hülse mit Pulver gefüllt werden.

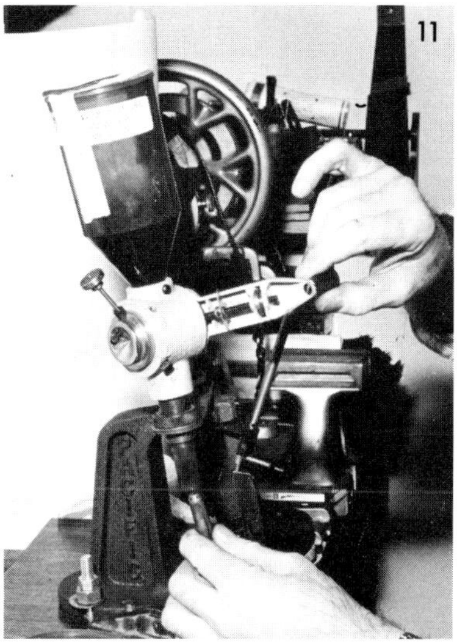

11. Setzen Sie das Pulvermeßgerät auf die Ladepresse. Eine halbe Drehung am Meßgriff füllt die Hülse exakt mit der benötigten Menge Pulver.

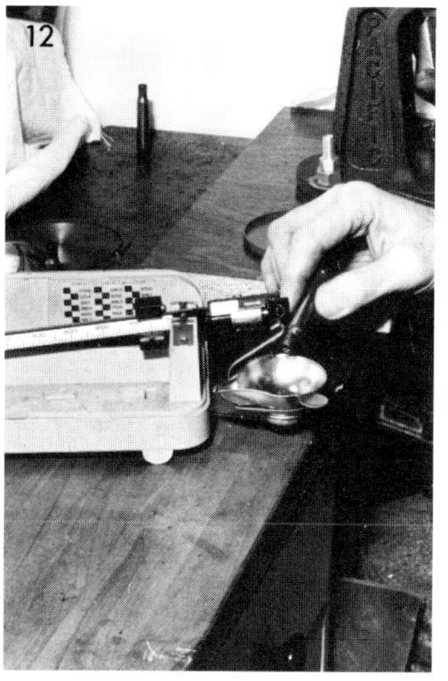

12. Um ganz sicher zu gehen, daß das Pulvermeßgerät genau eingestellt ist, wiegen Sie das Pulver auf der Waage und überprüfen Sie das Gewicht anhand der Ladetabelle. Es ist von entscheidender Bedeutung, daß Sie die richtige Pulversorte verwenden.

13. Füllen Sie die Hülse mit Hilfe des Pulvertrichters. Wenn Sie viele Hülsen vorbereitet haben, füllen Sie sie mit dem Pulvermeßgerät.
Wenn alle Hülsen gefüllt sind, prüfen Sie bei gutem Licht, ob eine Patronenhülse vergessen oder doppelt gefüllt wurde.

14. Vergewissern Sie sich, daß Sie die richtige Geschoßgröße, -form und -gewicht verwenden. Hier zeigen wir links ein Vollmantelgeschoß und rechts ein Geschoß mit weicher Spitze.

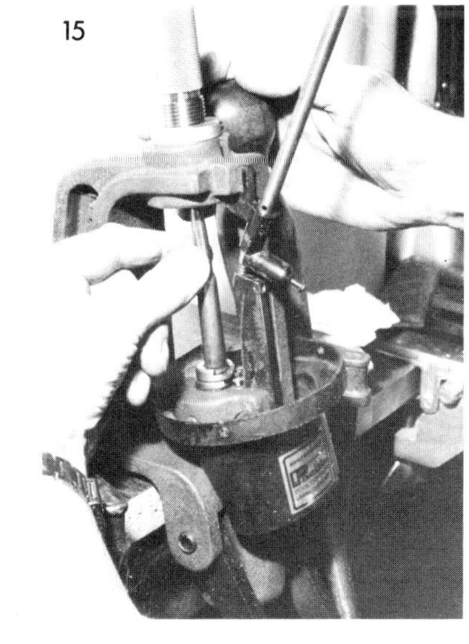

15. Zum Einsetzen des Geschosses wird die Kalibrier-Matrize gegen eine Setz-Matrize ausgetauscht. Der Setz-Stengel wird auf die in den Ladetabellen angegebene Setztiefe eingestellt, um die richtige Einsetztiefe für das Geschoß und die korrekte Länge der fertigen Patrone zu erhalten.
Die mit einem neuen Zündhütchen versehene Hülse, die nun mit Pulver gefüllt ist, wird erneut in den Halter eingesetzt, wobei das Geschoß auf dem offenen Hülsenmund aufsitzt. Der Griff der Presse wird zum festen Einsetzen des Geschosses erneut heruntergedrückt.

16. Die neu geladene Patrone.

Flinten

Flinten werden für die Jagd auf fast alle kleinen Vierbeiner und auf Federwild verwendet. In manchen Ländern werden mit Flinten sogar Tiere bis zur Größe von Rehen geschossen. Als wirksame Reichweite einer Flinte gelten in der Regel höchstens 55m, und Vögel im Flug werden häufig auf 35m oder weniger geschossen. Natürlich kann Schrot auch auf eine größere Entfernung tödlich wirken. Im allgemeinen sind jedoch Schrotschüsse über weite Entfernungen, die aus zu großem Vertrauen in schweres Schrot und starke Pulverladungen abgegeben wurden, die häufigste Ursache für vermeidbare Verletzungen. Über eine angemessene Entfernung ist die korrekt eingesetzte Flinte eine außerordentlich wirkungsvolle Waffe, die den sofortigen Tod bewirkt. Tatsächlich genügt manchmal ein einziges Kügelchen einer Schrotladung, um einen so großen (und so dicht befiederten) Vogel wie eine Graugans herunterzuholen. Doch mit nur einer Schrotkugel ein Wild zu erlegen, wird beim Schießen mit Schrot gar nicht angestrebt. Viel wahrscheinlicher ist es, daß ein nur von einem oder zwei Kügelchen getroffener Vogel weiterfliegt, um später qualvoll zu verenden, ohne daß man die Möglichkeit hat, ihn zu finden.

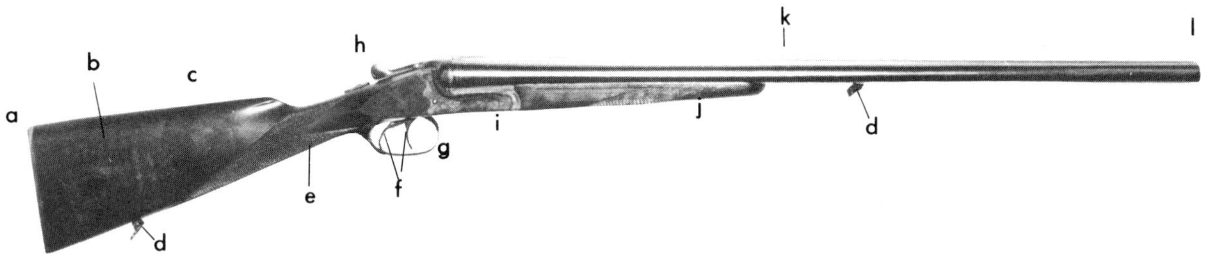

Die Teile einer Flinte
Die Abbildung zeigt eine hahnlose Flinte

(a) Schaftkappe
(b) Hinterschaft
(c) Schaftrücken
(d) Riemenbügel (nur an wenigen amerikanischen Flinten vorhanden, aber in anderen Ländern üblich)
(e) Schafthals
(f) Abzug
(g) Abzugbügel
(h) Oberhebel
(i) Basküle
(j) Vorderschaft
(k) Querläufe
(l) Perlkorn

Das wichtigste Argument für die Verwendung einer Flinte lautet, daß ein einzelnes kleines Projektil selten so genau abgefeuert werden kann, daß man ein sich schnell bewegendes Ziel trifft. Ein breiter Fächer kleiner Kügelchen deckt jedoch einen größeren Bereich ab, den das Ziel passieren muß. Wenn der Flintenschütze beim Schuß auf den fliegenden Vogel korrekt vorhält und dann schießt, trifft die Schrotladung den Vogel. Das heißt, die sich ausbreitende Garbe der Kügelchen und der Vogel erreichen gleichzeitig einen bestimmten Punkt in der Luft. Die Wirksamkeit der Schrotladung wird dadurch erhöht, daß die Kügelchen nicht alle gleichzeitig ankommen, sondern kurz nacheinander. Eine Schrotladung von einer Unze Gewicht in einer kleinen Patrone kann bis zu 350 Kügelchen enthalten. Wenn diese Kugeln sich in einem gleichmäßigen dichten Fächer über eine Länge von etwa 40m ausbreiten, treffen mehrere (und oft sehr viele) Kügelchen den Vogel und töten ihn schnell und ohne Qualen.

In ballistischer Hinsicht haben die kleinen runden Kugeln nicht die Wirksamkeit eines Einzelgeschosses. Sie verlieren sehr schnell nach dem Verlassen des Laufs an Geschwindigkeit. Das hat zwei unterschiedliche Auswirkungen. Erstens entfernen sich einige Kugeln vom Hauptfeld der Schrotgarbe, wodurch die Verteilung der Kugeln weniger einheitlich und dicht ist — sie ist »ausgefranst«, wie es unter Schützen heißt. Auf 50 oder 60m treffen also wesentlich weniger Kugeln das Ziel als bei kürzerer Entfernung. Zweitens haben die Kugeln, die das Ziel treffen, eine wesentlich geringere Geschwindigkeit, das heißt weniger Energie, um das Wild zu töten. Der versierte Schütze lernt, die Entfernung genau abzuschätzen. Er muß nicht auf zweifelhafte Ausreden zurückgreifen, weil er einen Vogel durch einen Schuß aus zu großer Entfernung verletzt hat.

Während der Jäger mit seiner Büchse meist einen bestimmten Punkt auf dem Wild anvisiert, schießt der Flintenschütze, ohne im eigentlichen Sinne zu zielen. Er bewegt die Flinte gleichsam nur in die richtige Richtung. Anstatt seine Waffe still zu halten und zu zielen, folgt er dem sich bewegenden Ziel und schießt aus der kontinuierlichen Bewegung heraus. Diese Bewegung wird als Schwingen bezeichnet. Wenn das Schwingen im Augenblick des Abfeuerns unterbrochen wird, trifft die Schrotladung das Wild häufig zu weit hinten oder verfehlt es ganz. Wer auf Federwild

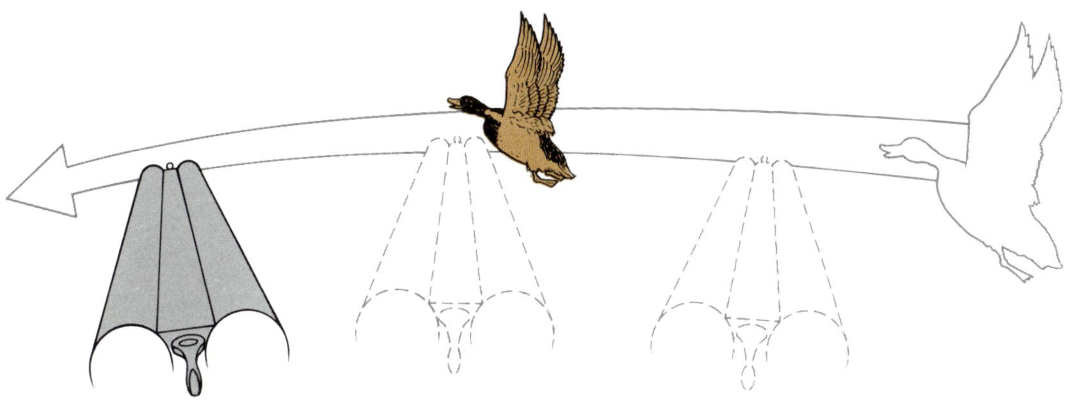

Beim Vorhalteschuß mit der Flinte wird der Schaft an der Schulter angelegt, vor das Wild gezielt (unter Berücksichtigung des Vorlaufs), gehalten und dann geschossen. Schrotkugeln und Vogel sollten zur selben Zeit am selben Ort eintreffen.

Eine andere Möglichkeit ist das Durchschwingen. Hierbei richten Sie die Waffe auf einen Punkt kurz hinter dem Vogel, schwingen über ihn hinweg und schießen in dem Augenblick, wenn Ihrer Meinung nach das Vorhaltemaß ausreicht.

schießt, führt einen gleichmäßigen, durchgehenden Schwung aus, wie ein Golfspieler, der den Ball schlägt. Wenn sich das Wild schnell bewegt, muß der Jäger leicht vorhalten, sonst trifft die Schrotladung das Wild ebenfalls zu weit hinten.

Bei der Jagd mit der Flinte muß häufig ohne langes Zögern schnell geschossen werden. Erkennen des Wildes, Auffassen, Schwingen und Abfeuern müssen in einer einzigen, harmonischen Bewegungsabfolge erfolgen. Schon ein schlecht sitzender Schaft wirkt sich störend auf diesen Ablauf aus und führt zu einer falschen Kopf- und Handhaltung des Schützen. Wenn der Schaft einer Büchse korrekt geformt ist, muß er nicht unbedingt auf den jeweiligen Schützen angepaßt sein — ein paar Millimeter Längenunterschied zum Beispiel machen nichts aus. Doch bei einer Flinte ist der perfekte Sitz von weit größerer Bedeutung. Je nach Größe, Armlänge und Schußhaltung eines Schützen ist ein Hinterschaft zu lang oder zu kurz; er kann zu steil sein oder zu wenig abfallen; er kann zu dick oder zu dünn für das Gesicht des Schützen und seine Art des Anlegens sein oder er kann einfach die falschen Konturen haben.

Für einen rechtshändigen Schützen eignet sich zum Beispiel ein Hinterschaft, der von der Mittellinie der Waffe leicht nach rechts verschoben ist, während ein Linkshänder mit einem leicht nach links abgewinkelten Schaft zurechtkommt. Einige Schützen brauchen natürlich weder das eine noch das andere, je nach Körperbau und Haltung.
Aus diesem Grund haben die besten und teuersten Flinten »maßgeschneiderte« Schäfte, die dem jeweiligen Käufer angepaßt sind. Manche erfahrene Federwild-Jäger lassen ihre Flinte nach ihren eigenen Vorstellungen anfertigen. Eine Alternative dazu stellt eine Anpassungsprobe beim Hersteller oder Händler dar. Hierbei werden mit Hilfe eines verstellbaren Probierschaftes die korrekten Maße festgestellt; während des Anpassens und bevor die Maße festgelegt werden, kann der Büchsenbauer dem Schützen sehr nützliche Ratschläge für den korrekten Stand und die richtige Haltung geben. In den letzten Jahren haben sich die Preise für Einzelanfertigungen von Flinten, die schon immer teuer waren, sehr erhöht. Und weil sie »maßgeschneidert« sind, muß der Kunde manchmal sehr lange auf die Lieferung warten.

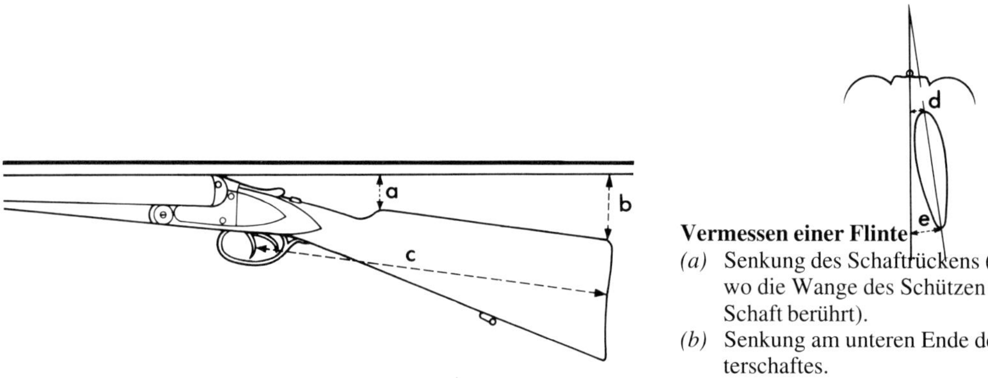

Vermessen einer Flinte
(*a*) Senkung des Schaftrückens (dort, wo die Wange des Schützen den Schaft berührt).
(*b*) Senkung am unteren Ende des Hinterschaftes.
(*c*) Schaftlänge.
(*d*) Schränkung am unteren Ende des Hinterschaftes.
(*e*) Schränkung am oberen Ende des Hinterschaftes.

Dennoch braucht auch der weniger begüterte Schütze nicht auf das Schießen zu verzichten. Die Standardschäfte guter Flinten unterscheiden sich nur geringfügig in ihren Abmessungen und Formen (manchmal gibt es sogar für ein bestimmtes Modell mehrere Maße zum Auswählen). Diese Schäfte sind auf den »durchschnittlichen« Schützen zugeschnitten. Sie sind meist gut verwendbar, es sei denn, der Schütze hat einen so ungewöhnlichen Körperbau, daß er auch nur maßgeschneiderte Hemden tragen kann. Der normale Käufer ist sicher gut bedient, wenn er in einem Waffengeschäft die Paßform mehrerer Flinten ausprobiert und sich dabei vom Personal beraten läßt. Jeder hätte wohl gern einen Ferrari, doch dem durchschnittlichen Autofahrer reicht sein Mittelklassewagen vollkommen aus. Außerdem garantiert ihm niemand, daß er mit dem Ferrari gut zurecht kommen würde. Ebensowenig braucht der durchschnittliche Jäger eine maßgeschneiderte Flinte. Wenn er seine Standardflinte beim Kauf sorgfältig auswählt, wird er mit ihr sein Leben lang zufrieden sein. Nachdem der Schütze eine Flinte ausgewählt hat, die ihm geeignet scheint, muß er sich an sie gewöhnen. Der Jagderfolg im Gelände hängt vom Übungsschießen

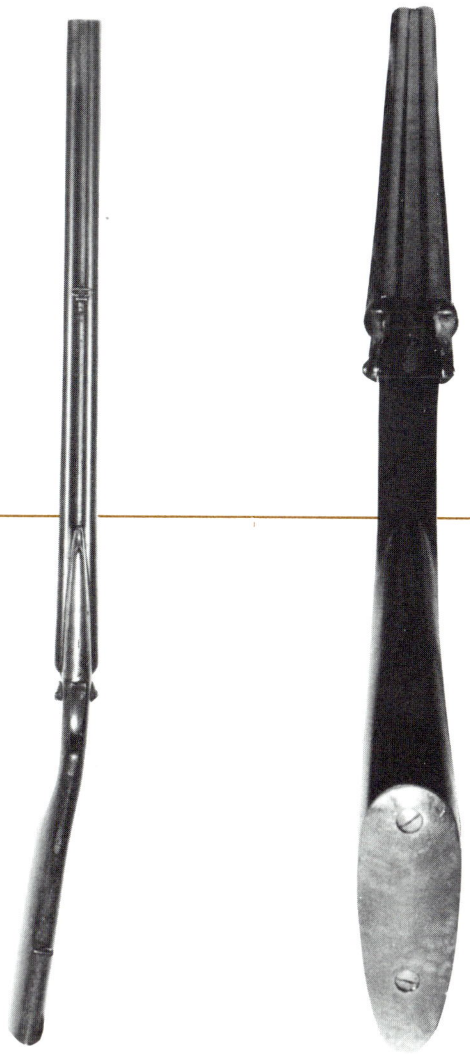

Als Schränkung eines Flintenschaftes wird die Versetzung des Hinterschaftes von der Längsachse der Flinte nach rechts oder links bezeichnet. Ganz rechts ist eine Flinte abgebildet, die leicht nach rechts geschränkt ist, um sich einem rechtshändigen Schützen besser anzupassen. Auf der linken Seite eine Flinte mit einer extremen Rechtsschränkung, speziell angefertigt für einen rechtshändigen Schützen mit einem dominierenden linken Auge, damit er rechtshändig schießen, aber trotzdem mit dem dominanten Auge zielen kann.

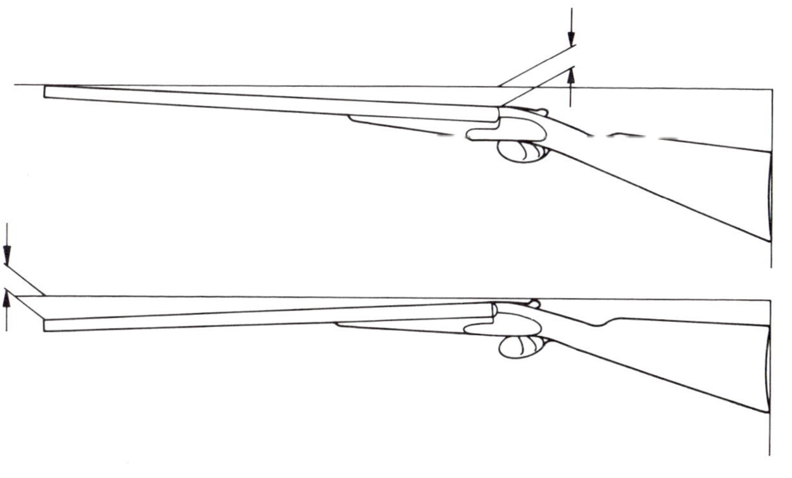

(rechts) Die Senkung eines Flintenschaftes ist der Winkel zwischen Hinterschaft und Laufachse, wie in der oberen Abbildung gezeigt.
Bei einer Senkung nach unten wird der Abstand zwischen der Mündung und einer rechtwinkligen Fläche, zum Beispiel einer Wand, gemessen, wenn der Hinterschaft flach auf den Boden gestellt ist und die Basküle an der Wand ruht. Eine Flinte mit Senkung nach unten läßt sich leichter an der Schulter anlegen, aber oft wird damit zu tief geschossen.

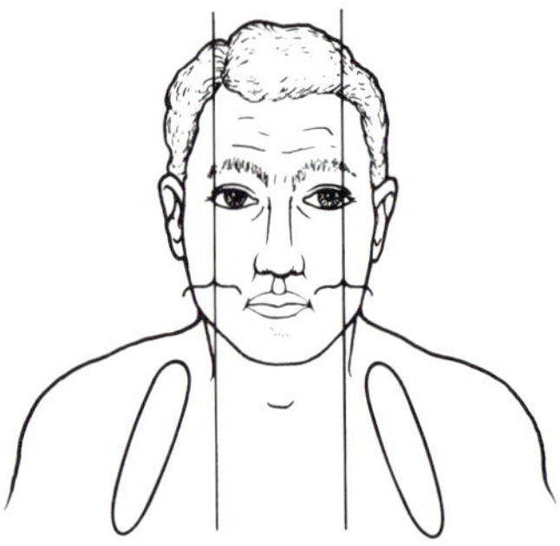

(links) Diese kleine anatomische Zeichnung zeigt, warum ein rechtshändiger Schütze eine nach rechts geschränkte und ein Linkshänder eine nach links geschränkte Flinte braucht.

(Mitte)
1. Eine Flinte ohne Schränkung.
2. Es ist anatomisch schwierig, mit einem vollkommen gerade gerichteten Schaft ohne Schränkung korrekt zu zielen. Der Schütze muß seinen Kopf über die Flinte bringen oder die Flinte verkanten. Erst mit viel Übung gelingt diese Bewegung schnell und sicher.
3. Wenn der Schütze die Flinte nach links verkantet, um einen Schränkungseffekt nach rechts zu erzielen, geht der Schuß möglicherweise links neben dem Ziel ins Leere.
4. Wenn die Schränkung der Flinte nicht ausreicht, kann der Büchsenmacher einen Teil des Holzes abnehmen. Dies ist möglich am Rücken, am unteren Ende des Hinterschaftes, oder an der Stelle, wo der Wangenknochen gegen den Schaft drückt (schattierte Stellen). Andererseits können Schützen mit schmalem Gesicht den Rücken erhöhen, entweder mit einem selbstklebenden Polster oder mit einem Stück Holz, das auf die richtige Größe zurechtgeschnitzt und aufgeleimt wird.

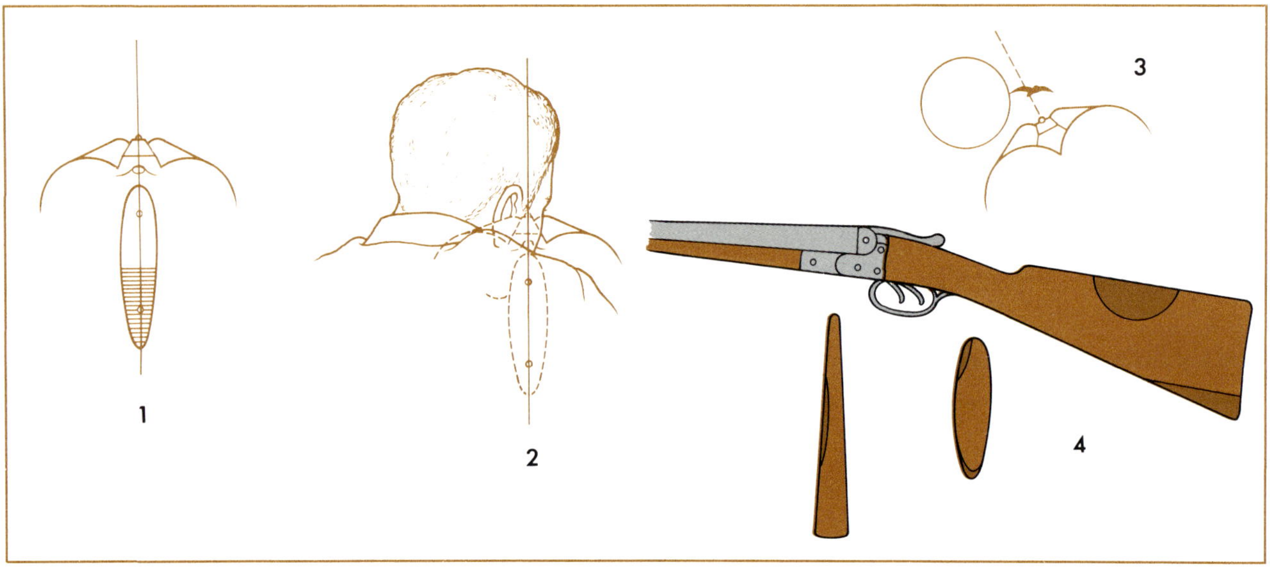

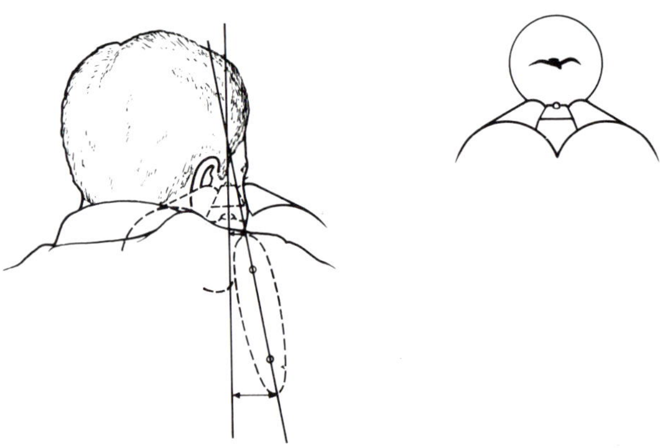

(links) Eine nach rechts geschränkte Flinte gestattet dem Schützen, den Kopf gerade zu halten, während sein Auge über die längsgerichtete Mittellinie des Laufbündels blickt. Die Flinte muß dabei nicht verkantet werden, so daß das Auge, die längsgerichtete Mittelachse der Waffe und das Ziel auf einer Linie liegen. Dadurch steigen die Chancen auf einen Treffer.

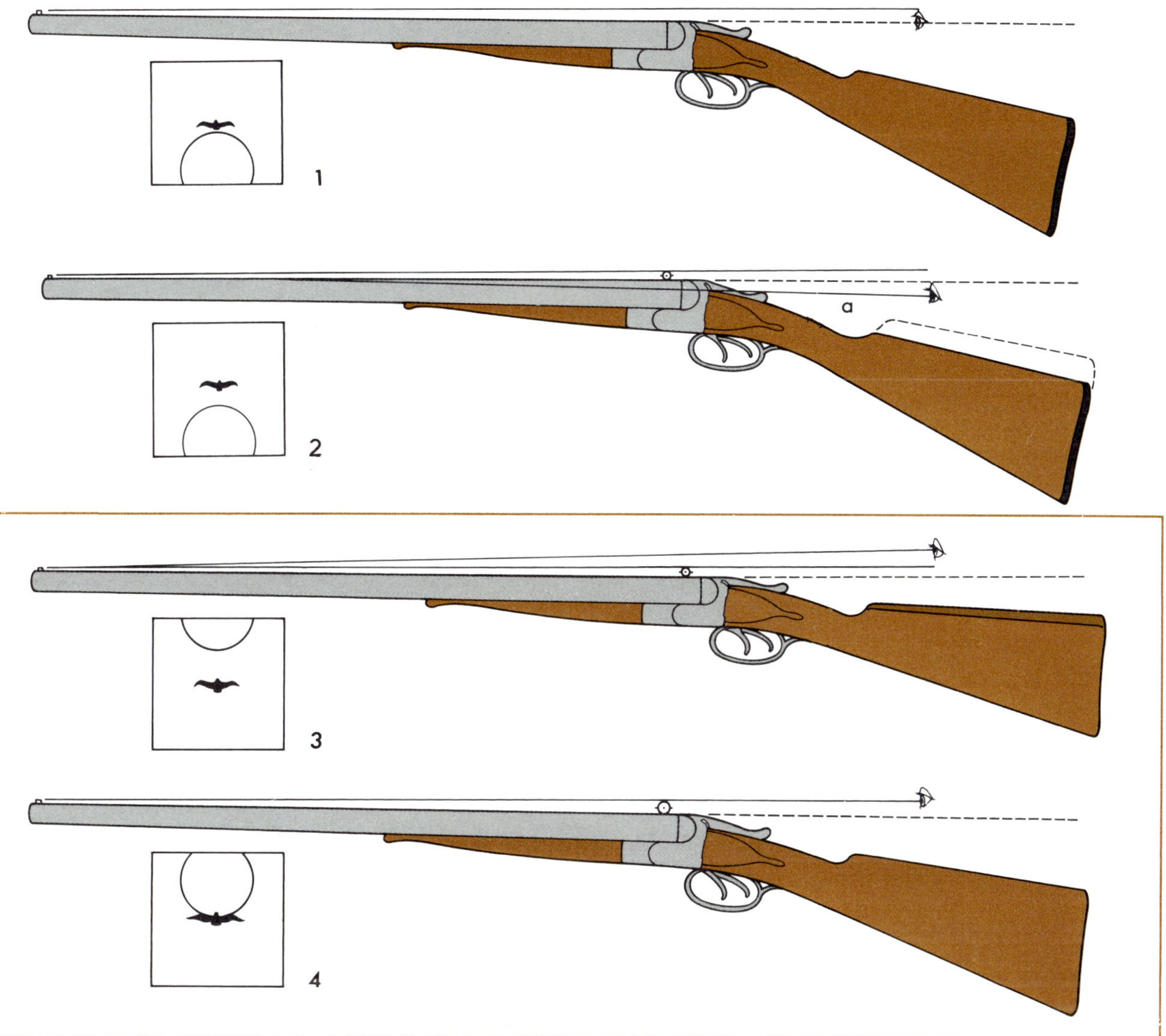

1. Diese Flinte ist etwas zu weit nach unten gesenkt, was zu einem zu tiefen Schuß führt.

2. Bei einer zu starken Senkung nach unten liegt die Visierlinie *(a)* zu niedrig, was einen viel zu tiefen Schuß zur Folge hat.

3. Bei zu viel Senkung nach oben liegt die Visierlinie zu hoch, so daß auch der Schuß zu hoch geht.

4. Bei einer korrekten Senkung liegen Auge, Lauf und Korn in einer Linie; jetzt wird der Schuß ein Treffer.

mit der Flinte ab. Nichts verbessert die eigene Treffsicherheit so sehr wie Übung und nochmals Übung. Hierbei geht es nicht nur darum, die Flinte an die Schulter anzulegen, sie richtig zu bewegen, das Abziehen und das Durchschwingen zu üben, sondern die Waffe muß dem Jäger so vertraut sein, daß sie wie eine Verlangerung seines Arms wirkt.
Es gibt sechs Arten von Flinten. Die meisten sind in zahlreichen unterschiedlichen Modellen und von vielen verschiedenen Herstellern erhältlich. Es handelt sich um die Einlaufflinte, die Doppel- oder Querflinte, die Bockflinte, die Flinte als Vorderschaftrepetierer, die Selbstladeflinte und die Repetierflinte mit Zylinderverschluß. Am weitesten verbreitet sind die Quer-, Bock- und halbautomatischen Flinten. In Europa sind die Quer- und Bockflinten am beliebtesten, während in den Vereinigten Staaten die Vorderschaft-Repetierflinten und Selbstladeflinten den Markt beherrschen. Doch auch die Doppel- oder Querflinten sind dort sehr beliebt.

Einlaufflinten

Die Einlaufflinte entspricht der einschüssigen Büchse, ist jedoch mit einem glattgebohrten Lauf versehen. Zum Laden wird die Flinte am Verschlußstück aufgekippt. Der große Nachteil dieses Flintentyps besteht darin, daß der Schütze nicht noch einmal schießen kann, wenn der erste Schuß fehlgegangen ist oder nicht tödlich war. Bevor ein zweiter Schuß abgegeben werden kann, muß die leere Hülse herausgezogen und eine neue Patrone geladen werden. Meist ist dann die Gelegenheit zu einem zweiten Schuß schon vorüber. Ein weiterer Nachteil ist das geringe Gewicht einiger Einlaufflinten. Der Rückschlag ist verhältnismäßig stark, wenn dieselben Patronen wie in einer Doppelflinte verwendet werden. (Gute Einlaufflinten verfügen über das erforderliche Gewicht, um dem Rückstoß entgegenzuwirken.)

Einlaufflinten sind genauso wie Doppelflinten konstruiert, weisen jedoch gegenüber den Doppelläufen deutliche Schwächen auf. Ihr einziger Vorteil liegt in ihrem niedrigen Preis.

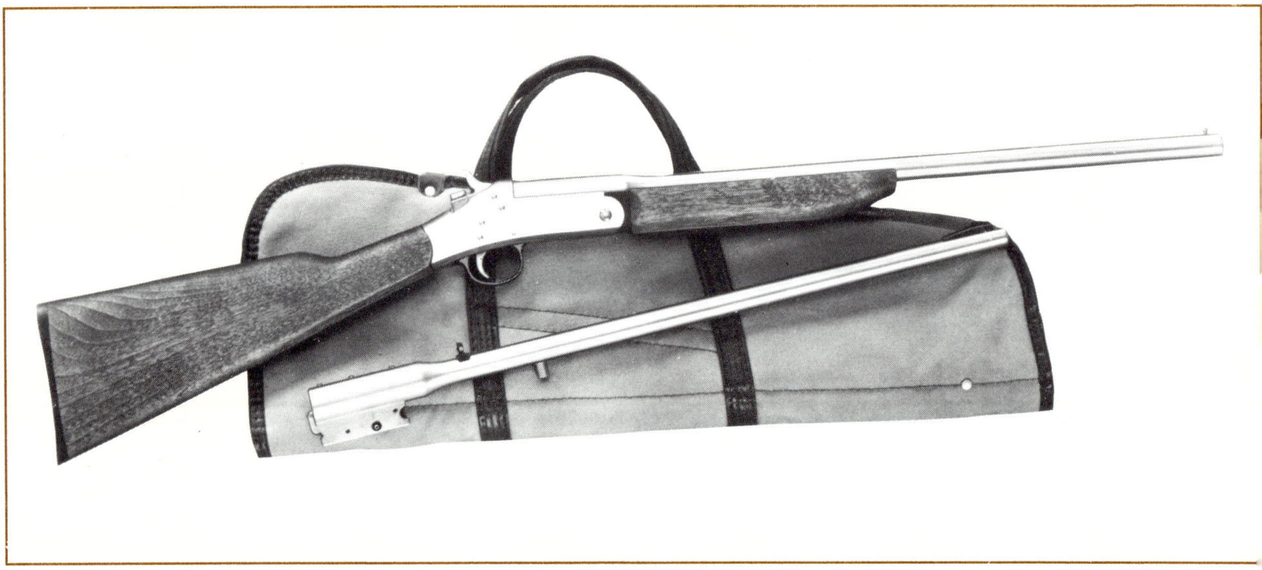

Harrington & Richardson Modell 258, Einzellauf
Es gibt einige sehr teure einläufige Flinten, die für Wettbewerbe im amerikanischen Tontaubenschießen angefertigt werden. Ansonsten ist die einläufige Flinte für die Jagd recht preiswert. Häufig wird sie als »Bauernflinte«, »Kinderflinte«, oder »Freizeitflinte« bezeichnet. Sie wird meistens in 12er- oder 20er-Bohrung gefertigt. Einige Modelle, wie das abgebildete, sind mit mehreren austauschbaren Büchsenläufen lieferbar.

Doppelflinten und Bockflinten

Die Doppelflinte oder Querflinte ist die klassische Jagdflinte. Einige der allerersten Doppelflinten wurden als Bockflinten gebaut. Sie wurden jedoch rasch durch die Querflinten verdrängt. Erst vor einigen Jahrzehnten konnte sich die Bockflinte wieder einen größeren Marktanteil erobern.
Fast überall auf der Welt wird bei der Jagd auf kleines Wild und Vögel hauptsächlich die Doppelflinte eingesetzt. Doppelflinten gibt es in unterschiedlicher Qualität und zahlreichen Ausführungen. Für die teuerste, die »London Best«, kann man bis zu sechsstellige Summen zahlen, während am anderen Ende der Preisskala Waffen liegen, die höchstens einen normalen Wochenverdienst kosten. Vor kurzem wurde ein dringend erforderlicher Test der einfachsten und billigsten Modelle durchgeführt. Einige von ihnen waren aufgrund mangelhafter Fertigung und der preislich bedingten schlechten Materialqualität sogar gefährlich im Gebrauch.
Heute sind Flinten guter Qualität zu ganz unterschiedlichen Preisen erhältlich. Bei den teuren Modellen bezahlt der Kunde oft den Namen und nicht

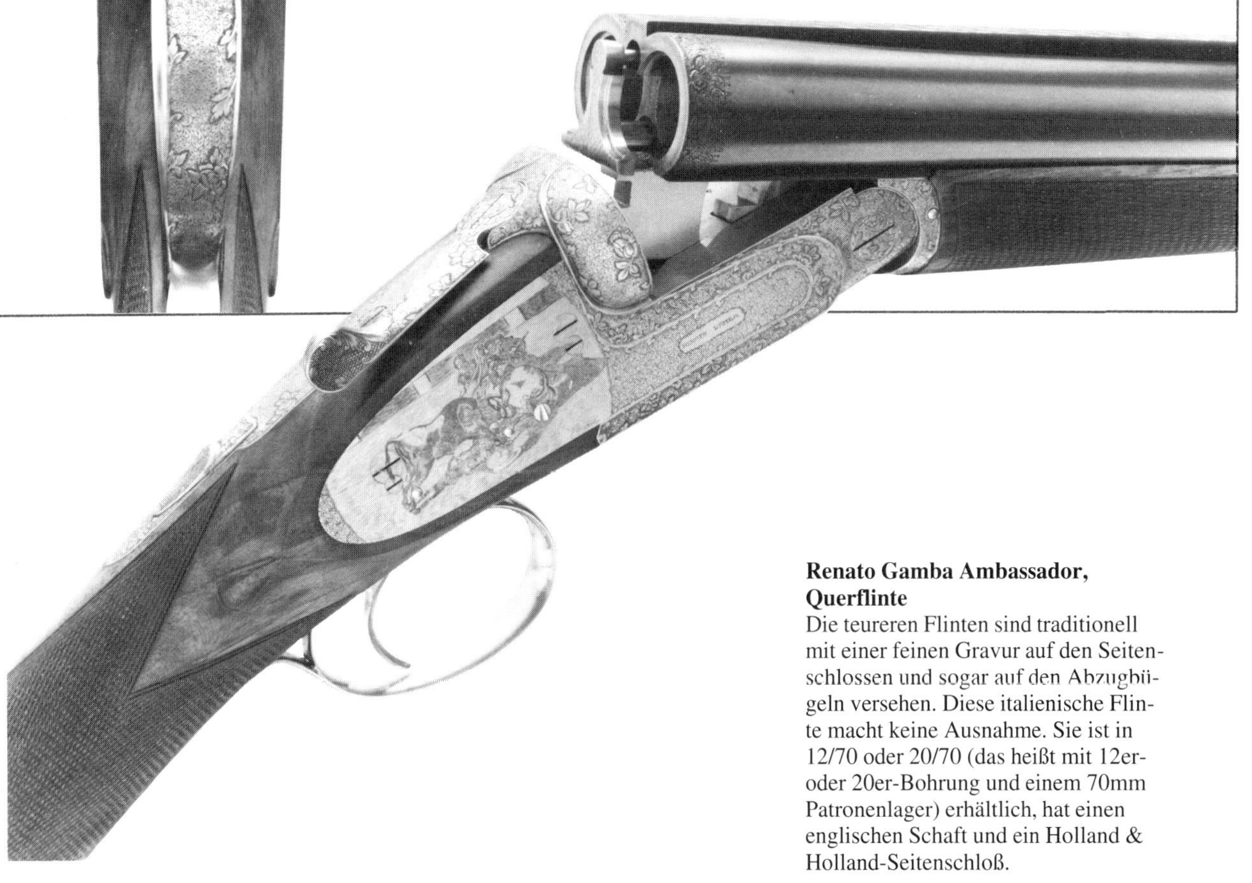

Renato Gamba Ambassador, Querflinte
Die teureren Flinten sind traditionell mit einer feinen Gravur auf den Seitenschlossen und sogar auf den Abzugbügeln versehen. Diese italienische Flinte macht keine Ausnahme. Sie ist in 12/70 oder 20/70 (das heißt mit 12er- oder 20er-Bohrung und einem 70mm Patronenlager) erhältlich, hat einen englischen Schaft und ein Holland & Holland-Seitenschloß.

irgendeine besondere Qualität. Neben der unterschiedlichen Anordnung der Läufe gibt es noch weitere Unterschiede zwischen Quer- und Bockflinten. Objektiv gesehen sind diese Unterschiede jedoch so gering, daß eher der persönliche Geschmack und nicht die tatsächlichen Unterschiede bei der Wahl des Jägers ausschlaggebend sind.

Bei gleicher Qualität ist die Bockflinte in der Regel teurer als die Querflinte. Das ist auf höhere Produktionskosten zurückzuführen. Zum Beispiel hat die Bockflinte einen größeren Kippwinkel, was bedeutet, daß einige mechanische Teile mehr Arbeit und höhere Qualität erfordern.

In bezug auf Schußqualität und -muster besteht zwischen beiden kein Unterschied. Nach Meinung einiger Jäger, die beide Arten verwenden, läßt sich mit der Querflinte das Ziel schneller verfolgen. Andere Jäger behaupten, daß die schmale Brücke der Bockflinte eine klarere Visierlinie bietet. Diese Eigenschaft hat der Bockflinte beim Tontaubenschießen zu einer führenden Stellung verholfen und dazu geführt, daß sie in den letzten Jahrzehnten unter den Jägern wieder beliebter geworden ist. Dennoch hat die Querflinte ihre marktbeherrschende Stellung beibehalten, wenn nicht

(Mitte)
Bernardelli Holland & Holland
Seitenschloß, Querflinte, hahnlos, einfacher Abzug 12/70 (70mm Patronenlager) Flinte mit Purdey-Verriegelung, englischer Schaft.

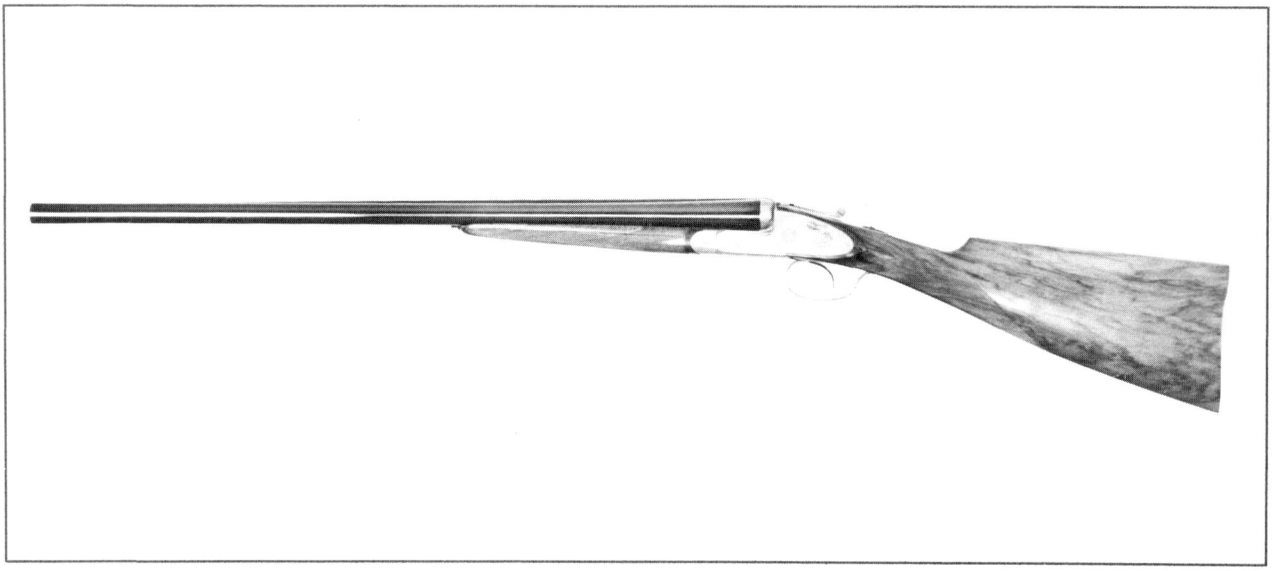

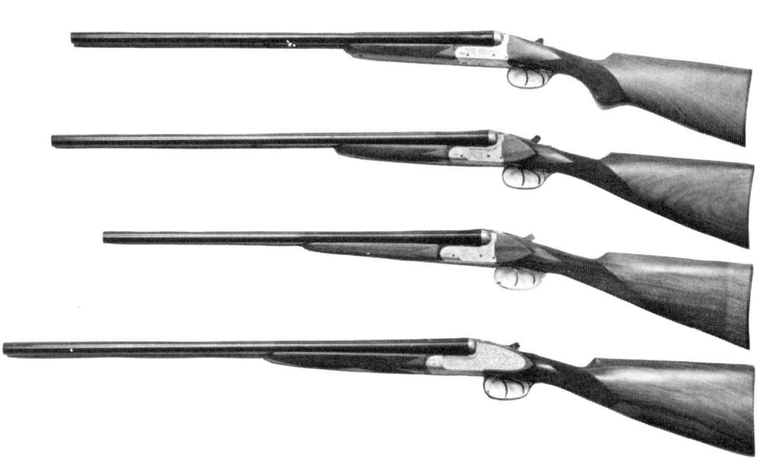

(links, oben)
Bernardelli Modell 112, Querflinte
Doppelabzug, hahnlose Flinte mit englischem Schaft.

(links, darunter)
Bernardelli FS Uberto, Querflinte
Doppelabzug, hahnlose Flinte mit englischem Schaft.

(links, darunter)
Bernardelli Hemingway, Querflinte
Doppelabzug Kaliber 12/70 hahnlose Flinte (70mm Patronenlager).

(links, ganz unten)
Bernardelli VB Holland & Holland, Querflinte
So wie das Modell ganz oben, nur ohne Ornament- und Rosengravur.

Merkel Suhl Modell 1275, Querflinte
Hahnlose Flinte in den Kalibern 12 oder 16. Bohrungsschrotflinte mit Doppelabzug, hergestellt von den Ernst Thälmann-Werken in Suhl, ehemals Deutsche Demokratische Republik. Schloß vom Typ Anson & Deeley ohne Querriegel. Englischer Schaft.

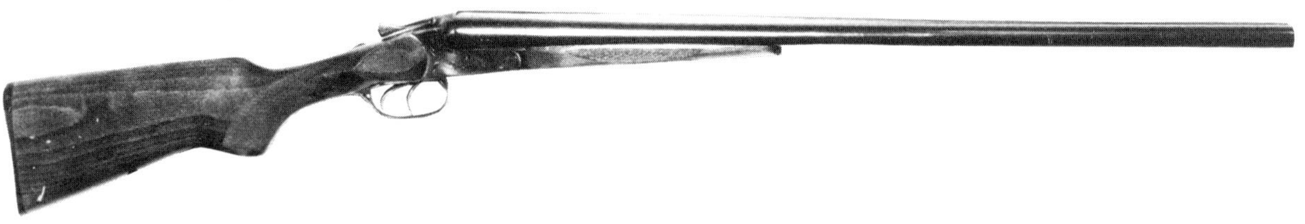

Baikal Modell 358, Querflinte
Hahnlose Flinte im Kaliber 12/70, mit Doppelabzug, gebaut in der Baikalfabrik in der Sowjetunion. Englischer Schaft mit Pistolengriff. Manuelle Sicherung.

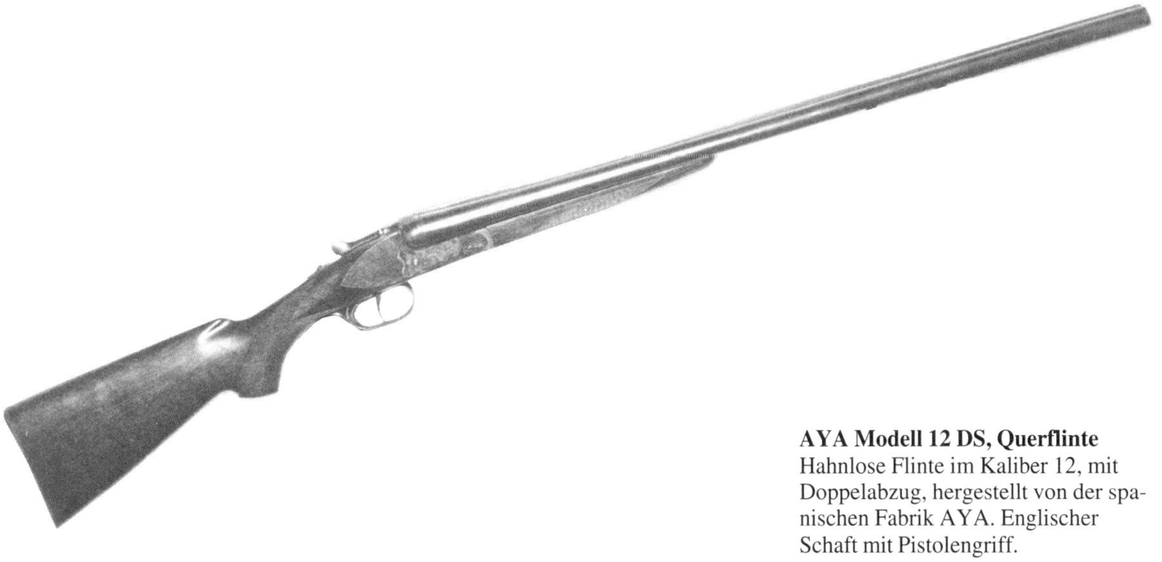

AYA Modell 12 DS, Querflinte
Hahnlose Flinte im Kaliber 12, mit Doppelabzug, hergestellt von der spanischen Fabrik AYA. Englischer Schaft mit Pistolengriff.

sogar ausgebaut. Ein Unterschied besteht zwischen den beiden Arten: Während der Jäger bei einer Querflinte einen Teil des Rückstoßes seitlich erfährt, führt der Rückstoß einer Bockflinte aufgrund ihrer Bauweise geradlinig nach hinten. Wenn man aus dem weiter gebohrten, unteren Lauf zuerst abfeuert, was üblich ist, ist der Rückstoß mehr an der Schulter als an der Backe zu spüren. Dieser Vorteil ist allerdings nicht sehr bedeutend, es sei denn, man gibt eine große Anzahl von Schüssen hintereinander ab (wie beim Tontaubenschießen). In der Aufregung der Jagd nimmt der Schütze den Rückstoß möglicherweise gar nicht wahr.
Vergleicht man Doppelflinten, Vorderschaft-Repetierflinten und Selbstladeflinten, so liegen die wichtigsten Vorteile der aufkippenden Flinten in ihrer Länge und Ausgewogenheit. Das Magazin und der Verschluß verlängern die Gesamtlänge um ungefähr 8cm. Bei einer kürzeren Flinte ist die Ausgewogenheit meist besser. Außerdem läßt sich mit einer kurzen, gut ausgewogenen Flinte schneller schwingen.

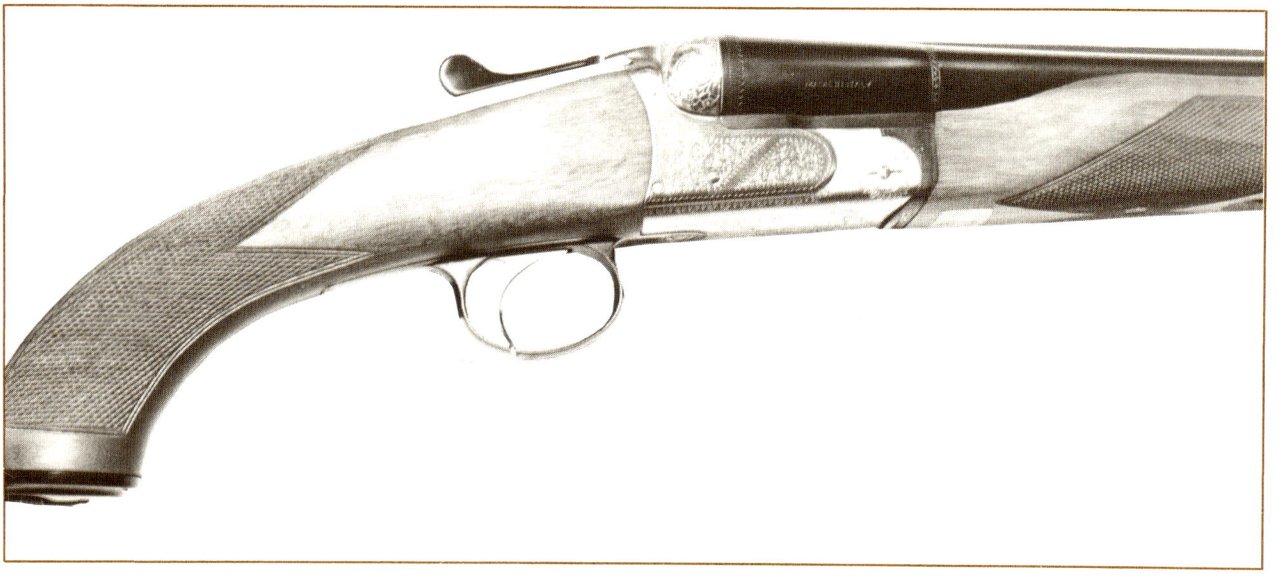

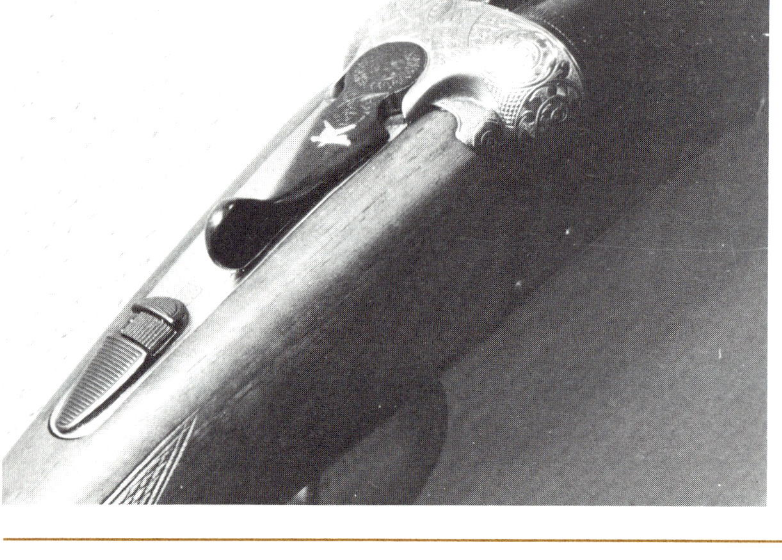

Das Umschalten des Laufes
Bei dieser Beretta Querflinte steht der Umschalthebel mit der Sicherung in Verbindung. Die Sicherung wird nach vorn oder hinten geschoben, während der Umschalthebel nach rechts oder links geschoben wird und dabei einen oder zwei farbige Punkte freigibt, je nach angewähltem Lauf.

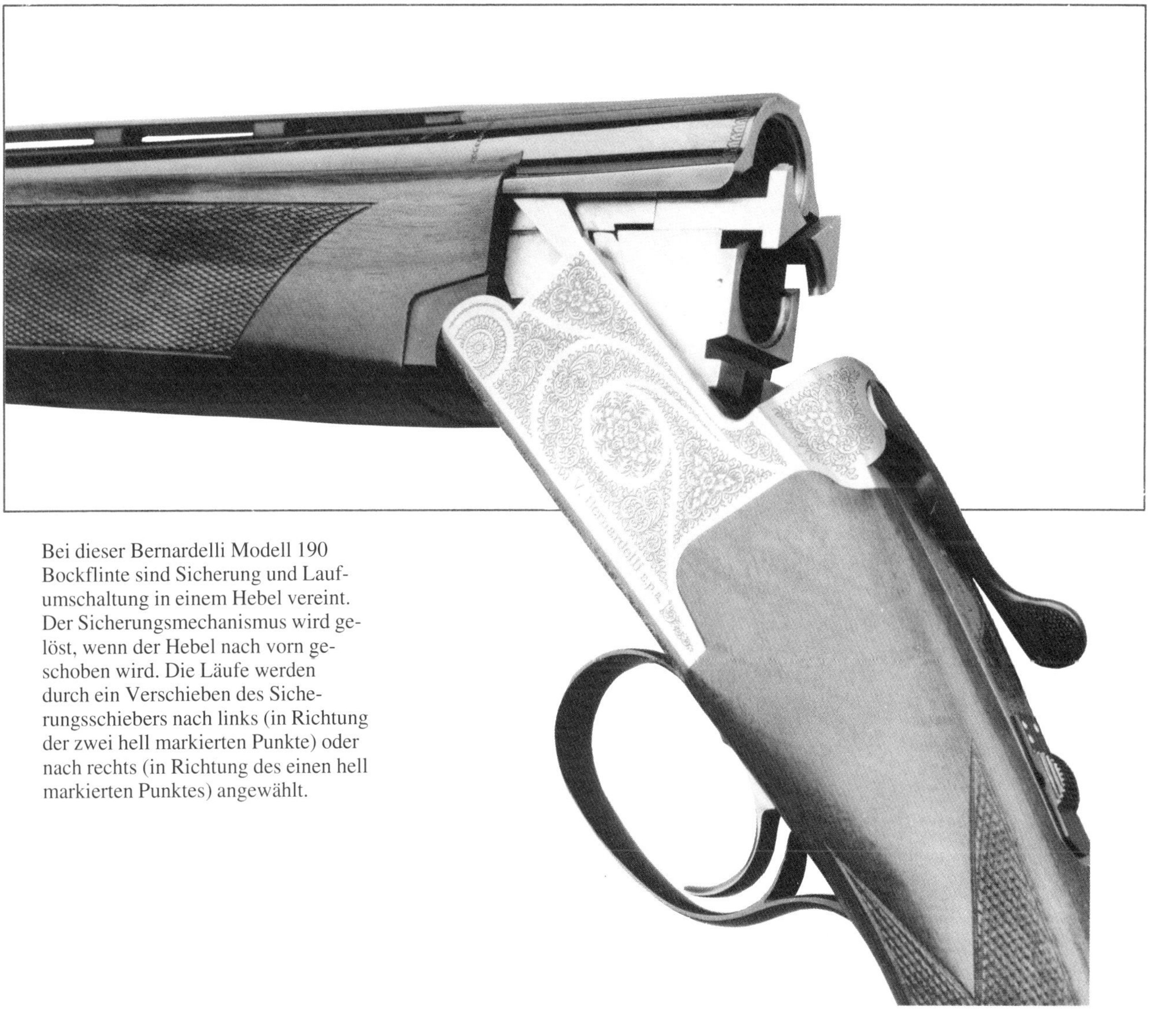

Bei dieser Bernardelli Modell 190 Bockflinte sind Sicherung und Laufumschaltung in einem Hebel vereint. Der Sicherungsmechanismus wird gelöst, wenn der Hebel nach vorn geschoben wird. Die Läufe werden durch ein Verschieben des Sicherungsschiebers nach links (in Richtung der zwei hell markierten Punkte) oder nach rechts (in Richtung des einen hell markierten Punktes) angewählt.

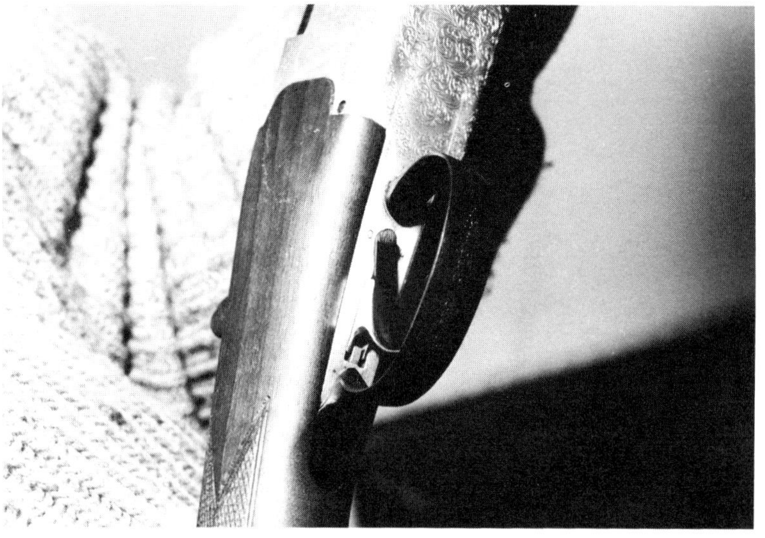

Umschalten des Laufes
Bei dieser Bockflinte von Angelo Zoli wird der obere Lauf angewählt, indem der Knopf neben dem Abzug auf »O« gestellt wird, während der untere durch Stellen des Knopfes auf »U« angewählt wird.

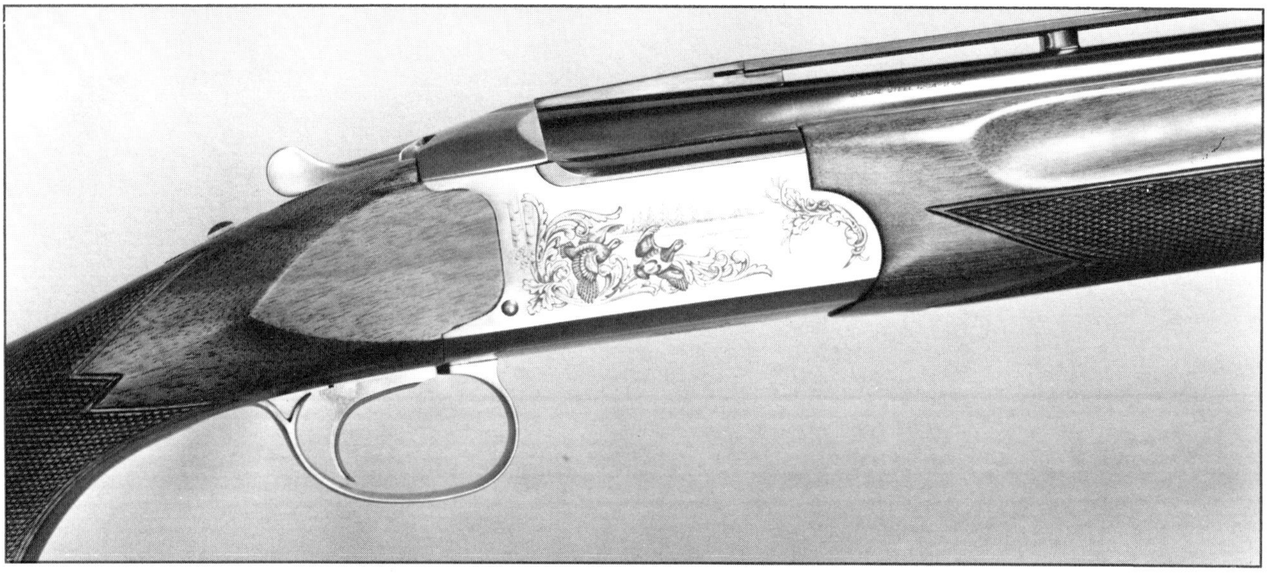

Miroku 7000, Bockflinte
Eine japanische Kastenschloßflinte im Kaliber 12/70. Einabzug mit Laufumschaltung an der Sicherung. Englischer Schaft, ventilierte Laufschiene, das Detail *(Mitte)* zeigt die einfache Gravur auf der Kastenseite.

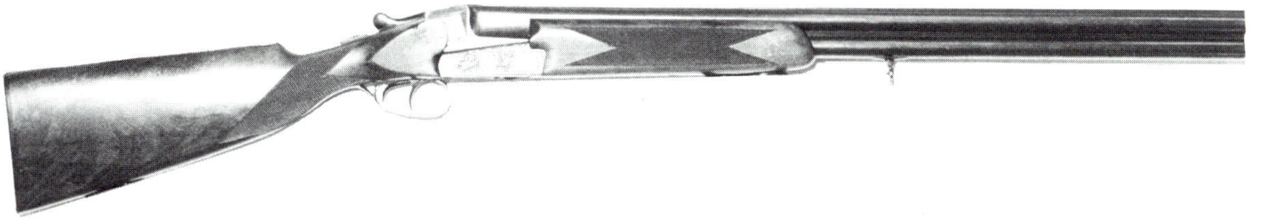

Simson-Bockflinte
Bockflinte im Kaliber 12/70 mit Schloß vom Typ Anson & Deeley. Englischer Schaft.

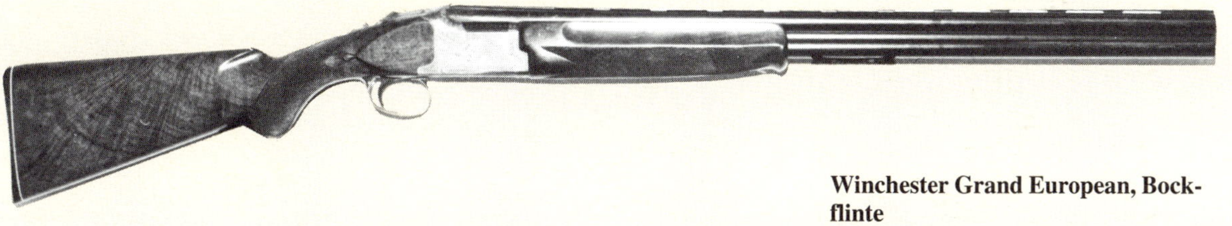

Winchester Grand European, Bockflinte
Einabzug, 12er- oder 20er-Bohrung mit gravierter Basküle. Laufumschaltung kombiniert mit Sicherungshebel. Englischer Schaft (ein Monte Carlo-Schaft ist wahlweise erhältlich). Ventilierte Laufschiene. Auswechselbare Läufe mit Choke-Bohrung.

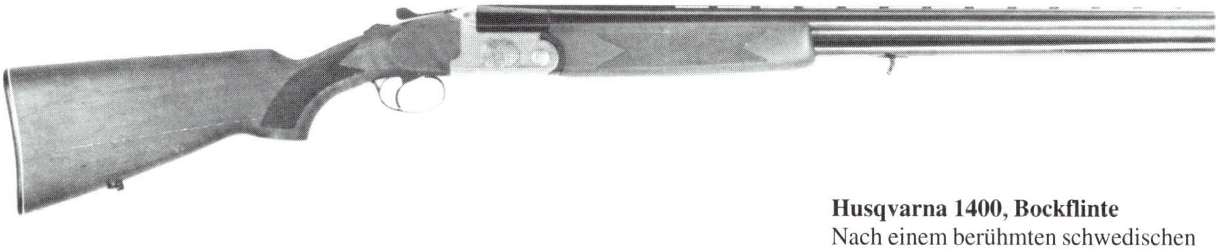

Husqvarna 1400, Bockflinte
Nach einem berühmten schwedischen Modell in Italien gefertigte Flinte im Kaliber 12 mit einfachem Abzug. Laufumschaltung und Sicherungshebel sind auf dem Baskülenschwanz kombiniert. Länge des Patronenlagers 70mm.

Vorderschaft-Repetierflinten

Die Vorderschaft-Repetierflinte ist eine mehrschüssige Repetier-Flinte, die mit bis zu sechs Patronen geladen werden kann. In manchen Ländern ist jedoch die Anzahl der Patronen, die geladen werden dürfen, gesetzlich auf zwei oder drei begrenzt. Häufig wird durch einen Pfropfen im Röhrenmagazin verhindert, daß der Schütze zu viele Patronen lädt. Wie bei einem Vorderschaft-Repetierer kann eine Patrone durch einen Durchlaß im Verschlußgehäuse direkt in das Patronenlager eingeführt werden. Weitere Patronen werden durch Zurück- und Vorschieben des Vorderschafts in das Patronenlager gebracht. Wenn der Vorderschaft nach hinten gleitet, wird die leere Hülse ausgeworfen. Wenn der Vorderschaft in seine ursprüngliche Position vorgeschoben wird, gelangt eine neue Patrone in das Patronenlager, und der Verschluß wird verriegelt.
Die größten Vorteile solcher Flinten sind ihre Haltbarkeit und die einfache, schnelle Handhabung. Die Mechanik ist robust und nutzt sich nur langsam ab. Ein erfahrener Schütze kann einen zweiten oder dritten gut gezielten

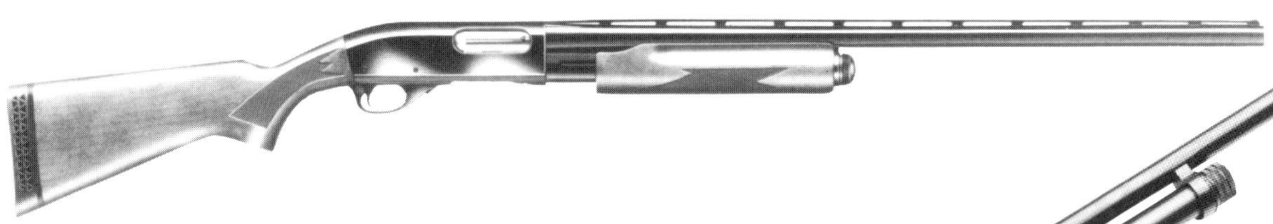

Remington Sportsman 12, Pump-Action
Bemerkenswert ist die dicke Schaftkappe an dieser Flinte mit 12er-Bohrung, 76mm Patronenlager und Pump-Action-System. Ventilierte Laufschiene. Englischer Schaft mit Pistolengriff.

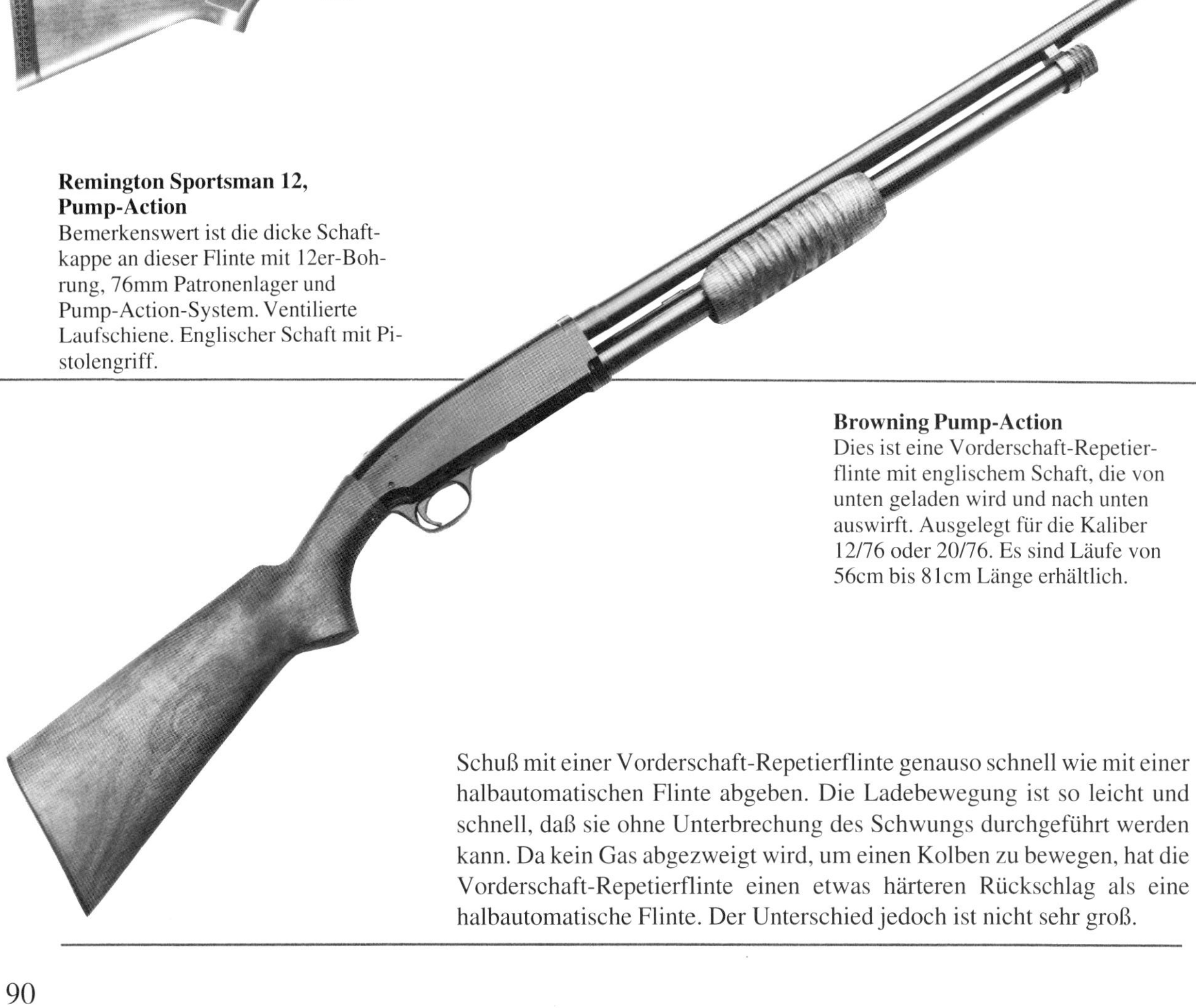

Browning Pump-Action
Dies ist eine Vorderschaft-Repetierflinte mit englischem Schaft, die von unten geladen wird und nach unten auswirft. Ausgelegt für die Kaliber 12/76 oder 20/76. Es sind Läufe von 56cm bis 81cm Länge erhältlich.

Schuß mit einer Vorderschaft-Repetierflinte genauso schnell wie mit einer halbautomatischen Flinte abgeben. Die Ladebewegung ist so leicht und schnell, daß sie ohne Unterbrechung des Schwungs durchgeführt werden kann. Da kein Gas abgezweigt wird, um einen Kolben zu bewegen, hat die Vorderschaft-Repetierflinte einen etwas härteren Rückschlag als eine halbautomatische Flinte. Der Unterschied jedoch ist nicht sehr groß.

Handhabung der Vorderschaft-Repetierflinte

Nach dem ersten Schuß wird der Vorderschaft in Richtung des Schützen zurückgezogen. Dabei wird die leergeschossene Hülse ausgeworfen. Wenn der Vorderschaft in seine Position vorgeschoben wird, führt das System eine neue Patrone in das Patronenlager ein.

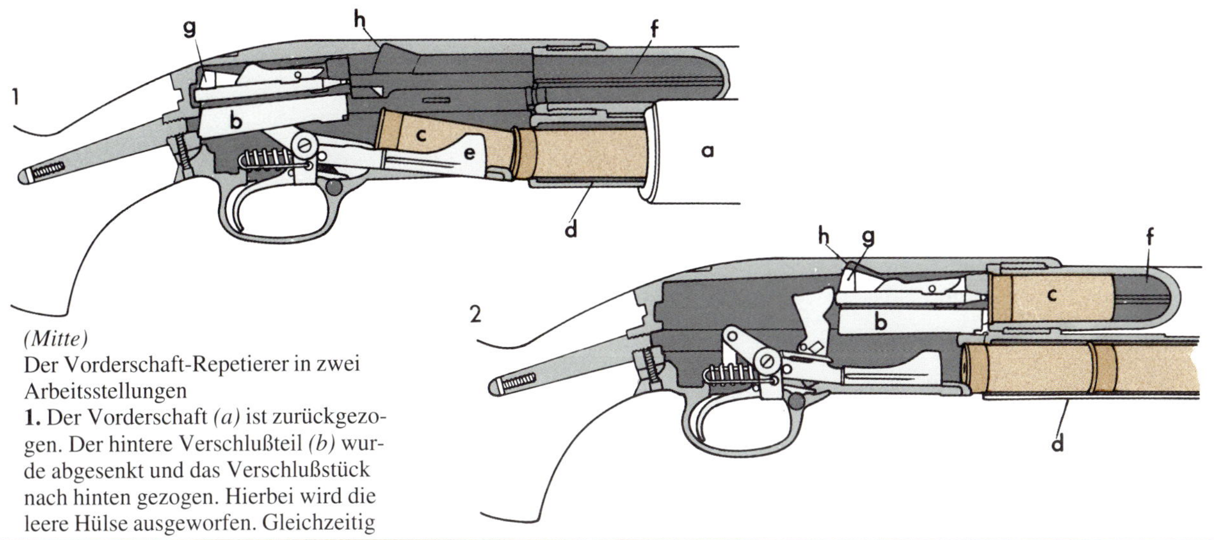

(Mitte)
Der Vorderschaft-Repetierer in zwei Arbeitsstellungen
1. Der Vorderschaft *(a)* ist zurückgezogen. Der hintere Verschlußteil *(b)* wurde abgesenkt und das Verschlußstück nach hinten gezogen. Hierbei wird die leere Hülse ausgeworfen. Gleichzeitig wird eine neue Patrone *(c)* aus dem Magazin *(d)* auf den Zubringer *(e)* geschoben und der Zubringer in die Ladeposition angehoben.
2. Wenn der Vorderschaft *(a)* in seine ursprüngliche Position zurückgeschoben wird, kann die neue Patrone *(c)* vom Verschlußstück *(b)* in das Patronenlager *(f)* geschoben werden. Die Schlageinrichtung wird gespannt, wenn ein Verriegelungsblock *(g)* aus dem Verschlußstück in eine Ausfräsung *(h)* in der Verschlußhülse einrastet.

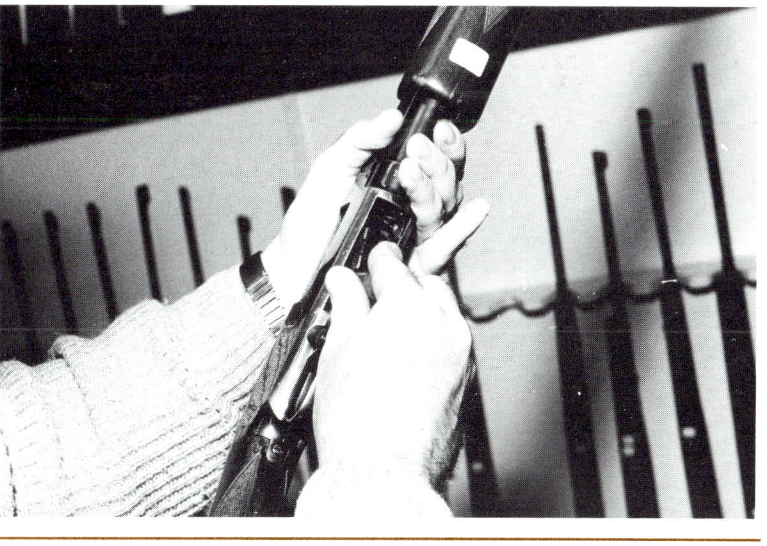

(rechts) Das Magazin einer Vorderschaft-Repetierflinte wird durch einen Durchlaß im Boden der Verschlußhülse geladen.

Halbautomatische Flinten

Halbautomatische Flinten sind im wesentlichen ebenso konstruiert wie halbautomatische Büchsen. Der einzige Unterschied besteht darin, daß sie ebenso wie die Vorderschaft-Repetierflinten über ein Röhrenmagazin verfügen. Das Einführen einer neuen Patrone erfolgt unmittelbar nach dem Abfeuern der Patrone und dem Auswerfen der leeren Hülse. Halbautomatische Flinten können mit bis zu einem halben Dutzend Patronen geladen werden — aber auch bei dieser Flinte sind je nach Land meist nur zwei oder drei Patronen gesetzlich erlaubt.

Die halbautomatische Flinte verlangt im Vergleich zu den anderen Flintentypen einen höheren Wartungsaufwand. Darin liegt für die meisten Jäger ihr größter Nachteil. Nach jedem ausgiebigen Gebrauch ist eine gründliche Reinigung und Inspektion unerläßlich. Das geht zwar relativ schnell, ist aber unbedingt nötig, wenn diese Flinte auf lange Sicht gut funktionieren soll. Der Mechanismus zum Einführen der Patronen ist bei allen Selbstladewaffen von entscheidender Bedeutung. Wenn er versagt,

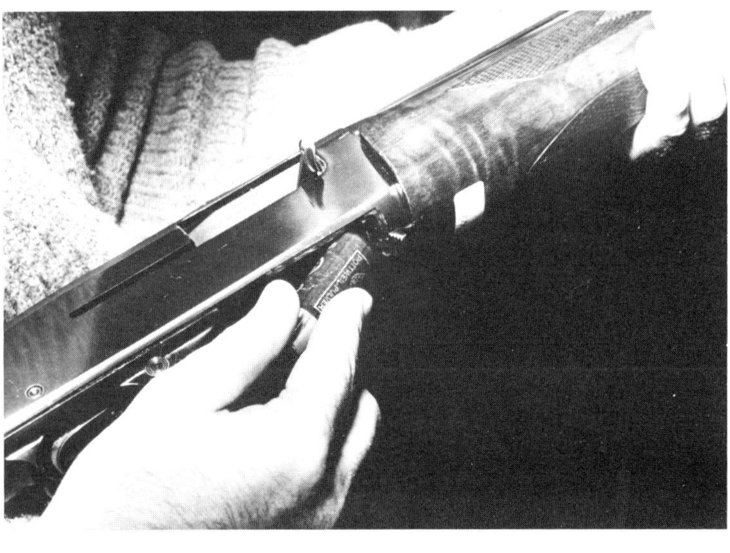

Winchester Modell 1400, halbautomatisch
Diese Flinte mit Pistolengriff und englischem Schaft hat eine ventilierte Laufschiene und auswechselbare Mündungseinsätze.

Die Magazine von vielen heute gefertigten Selbstladeflinten, einschließlich der Winchester, werden durch einen Durchlaß geladen, der sich unterhalb der Verschlußhülse und direkt vor dem Abzug befindet. Die meisten halbautomatischen Flinten werfen die Patronen durch seitliche Durchlässe aus. Bei einigen Modellen befindet sich der Auswerfer am Boden des Patronenlagers.

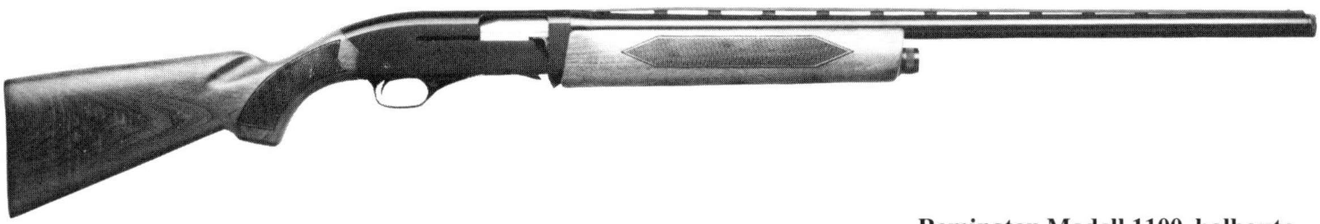

Remington Modell 1100, halbautomatisch
Erhältlich in den Laufkalibern 12, 20, 28 und .410 mit Läufen verschiedener Länge. Ventilierte Laufschiene und Druckknopfsicherung. Englischer Schaft mit Pistolengriff.

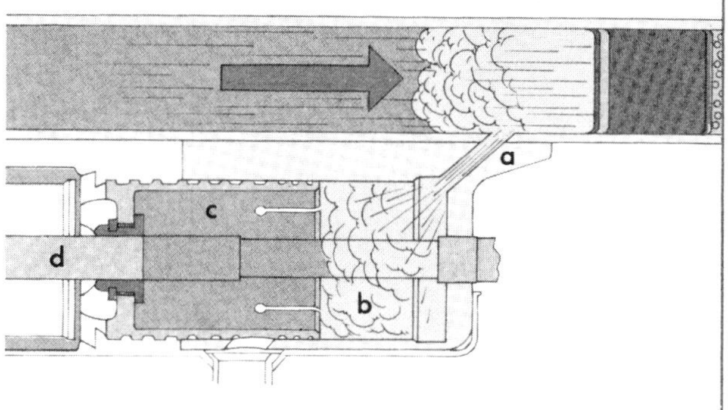

Beretta A 300, halbautomatisch
Das von unten zu ladende Magazin dieser Selbstladeflinte faßt zwei Patronen. Erhältlich mit 12er- oder 20er-Bohrung, mit Patronenlängen von 70mm.

Wenn die abgefeuerte Schrotladung den Lauf passiert, wird ein Teil des Gases, das durch die Verbrennung des Pulvers entsteht, durch einen Kanal *(a)* im Lauf in einen Zylinder *(b)* darunter abgeleitet, wo es einen Kolben *(c)* und eine Verbindungsstange *(d)* zurückdrückt. Die Stange wirkt auf die Verschlußmechanik ein, die sich vom Patronenlager wegbewegt, die leere Hülse mitzieht und auswirft, den Hahn neu spannt und eine Rückholfeder zusammendrückt. Wenn die Feder voll zusammengedrückt ist, schiebt sie den Verschluß nach vorn, wodurch eine neue Patrone in das Patronenlager gelangt. Alles überflüssige Gas im Zylinder wird durch den Durchlaß in den Lauf ausgestoßen.

läßt sich der Defekt möglicherweise im Gelände kaum beheben. Der Schütze ist dann gezwungen, die Patronen einzeln nachzuladen, wenn er an dem Tag überhaupt weiterjagen will. Zu Hause muß er die Flinte auseinandernehmen und reparieren.
Ob man sich fur eine Vorderschaft-Repetierflinte oder eine halbautomatische Flinte entscheidet, ist weitgehend eine Frage des persönlichen Geschmacks. Das Gleiche gilt für die Wahl zwischen Bockflinte und Querflinte.

Repetierflinten mit Zylinderverschluß

Bereits seit eineinhalb Jahrhunderten haben die Hersteller von Flinten versucht, ein gutes Repetiersystem für Flinten zu entwickeln. Zum Beispiel wurden Perkussionsbüchsen mit rotierenden Trommeln gebaut, wie sie auch bei Revolvern üblich sind. Doch diese Bauweise stellte sich als schwierig und unpraktisch in der Handhabung heraus — ja sogar als gefährlich, weil das Gesicht des Schützen sich nahe an der Trommel befand und Funken oder heiße Gase aus der Trommel entwichen. Es wurden auch Unterhebel-Repetierflinten ausprobiert. Da jedoch der Durchmesser einer Schrotpatrone um einiges größer ist als der einer Büchsenpatrone, wurden die Unterhebel-Repetierflinten unverhältnismäßig breit, was sich ebenfalls nachteilig auf ihre Handhabung auswirkte. Bald darauf wurden sie durch die von John M. Browning entwickelte Vorderschaft-Repetierflinte und die halbautomatische Flinte verdrängt, die die Vorteile des Repetiergewehrs ohne die Nachteile der obengenannten Entwicklungen aufwiesen.
Es wurde auch versucht, Repetierflinten mit Zylinderverschluß zu bauen. Dieser Verschluß lehnte sich in der Bauweise direkt an das Mauser-System an. Ihr größter Nachteil ist weitgehend derselbe wie bei der Unterhebel-Repetierflinte. Der große Durchmesser der Patrone macht sie zu einer sehr breiten, schwer zu handhabenden Waffe. Die Schrotpatrone ist sehr lang und sehr dick. Da das Auswerfen der alten Hülse und das Einführen einer neuen Patrone ein Zurückziehen des Zylinders erfordert, muß der Verschluß einer Flinte dieser Bauweise eine entsprechende Länge aufweisen. Aus diesem Grund sind solche Flinten sehr lang, und sie liegen schlecht in der Hand. Bei dieser Flinte wird meist ein herausnehmbares Kastenmagazin für zwei Patronen verwendet. Wird noch eine Patrone direkt ins Patronenlager eingeführt, hat man insgesamt drei Schuß zur Verfügung. Andere Repetierer fassen eine größere Anzahl an Patronen.
Die Flinte mit Zylinderverschluß wird trotzdem noch immer von einigen Herstellern gebaut. Am beliebtesten ist die Flinte des amerikanischen Herstellers Marlin. Auch die amerikanische Firma Mossberg stellt eine Flinte mit Zylinderverschluß her. Für das Überleben dieser Flinte gibt es mehrere Gründe. Sie lassen sich billiger herstellen als fast alle Vorderschaft-Repetierflinten und halbautomatischen Flinten, und daher sind sie sehr preiswert. Außerdem ist eine solche Flinte bei der Jagd im Gelände zwar unelegant, unhandlich, schwer und langsam, eignet sich jedoch sehr gut für die ruhige Ansitzjagd auf Wasservögel, insbesondere auf Gänse. Auch für die in Amerika verbreitete Jagd auf den wilden Truthahn ist sie sehr brauchbar. In Ländern, in denen Rehe meistens mit einer glattläufigen Flinte und nicht mit einer Büchse gejagt werden, wird sie auch für dieses Wild eingesetzt.
Die Flinte mit Zylinderverschluß konnte sich aufgrund ihrer Eignung für besondere Formen der Jagd halten, ist allerdings keine besonders formschöne Waffe und für die meisten Arten der Flintenjagd ungeeignet.

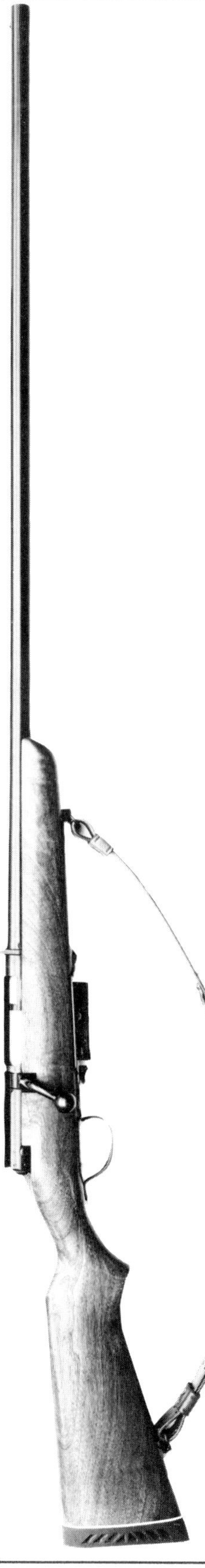

Marlin Modell 55, Zylinderverschluß
Dieses als »Gänseflinte« bekannte Modell ist eine Repetierflinte mit Zylinderverschluß, mit 12er-Bohrung Magnum 94 (Patronenlager 76mm). Sie hat ein herausnehmbares Kastenmagazin, das zwei Patronen faßt. Wie der Name schon sagt, wird sie zur Gänsejagd verwandt, aber auch zur Jagd auf Enten und wilde Truthähne. Wenn sie mit Brenneke-Flintenlaufgeschossen geladen ist, läßt sie sich auch auf Rehe jagdlich verwenden.

Der Umgang mit der Flinte und ihre Verwendung

Beim Umgang mit der Flinte sind zahlreiche wichtige Details von entscheidender Bedeutung. Sie sind auch ausschlaggebend dafür, ob der Jäger bei der Jagd Freude an ihr hat.

Das Schloß

Für Doppelflinten sind das Seitenschloß und das Kastenschloß als System gebräuchlich. Eine Flinte mit einem Seitenschloß erkennt man an den ovalen auslaufenden Seitenplatten auf beiden Seiten der Basküle. Das Kastenschloß ist häufiger anzutreffen. Es ist einfacher aufgebaut und verfügt über weniger mechanische Teile, die alle im Block eingeschlossen sind. Einige Kastenschloß-Flinten haben aus optischen Gründen falsche, mit Gravuren verzierte Seitenplatten, um ihnen das Aussehen von Seitenschlossen zu verleihen.

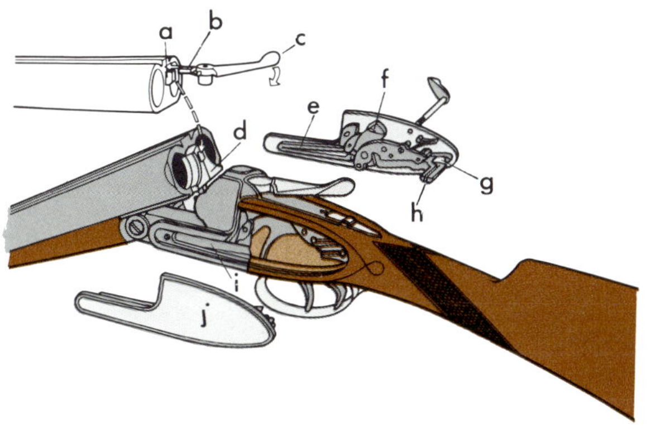

(unten, links)
Seitenschloß
Die Teile eines Seitenschlosses
(a) Nase für Verschlußriegel
(b) Verschlußriegel nach Purdey
(c) Verschlußhebel
(d) Auswerfer (Ejektor)
(e) Schlagfeder
(f) Schlagstück
(g) Abzugstange
(h) Sicherungsstange
(i) Schloßheber
(j) Seitenplatte, meist graviert

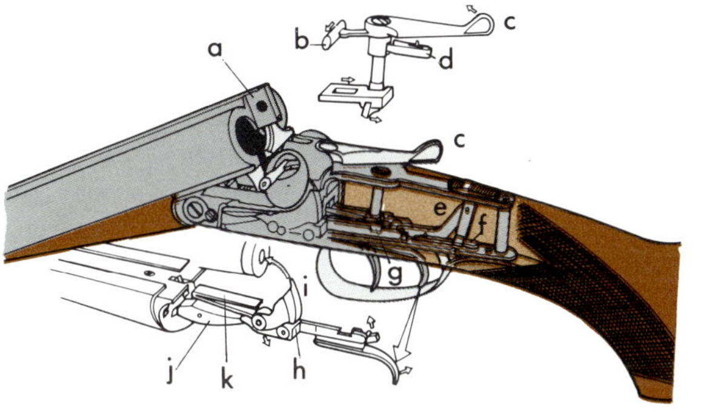

(oben, rechts)
Kastenschloß
Die Teile eines Kastenschlosses (Typ Anson & Deeley)
(a) Schienenverlängerung
(b) Querriegel nach Greener
(c) Verschlußhebel
(d) Verschlußhebelfeder
(e) Sicherungsstange
(f) Stangenfeder
(g) Hauptstangenfeder
(h) Abzugstange
(i) Schlagstück
(j) Schloßheber
(k) Schlagfeder

Im Seitenschloß liegen die mechanischen Teile auf den ovalen auslaufenden Seitenplatten. Da sich die Seitenplatten leicht abschrauben lassen, sind die mechanischen Teile zur Inspektion, zur Reinigung oder zum Auswechseln einer zerbrochenen Feder gut zugänglich.

Die teureren Doppelflinten sind meistens mit Seitenschlossen ausgestattet. Bei diesem Bautyp muß für den Schaft unbedingt erstklassiges Holz verwendet werden, damit das Holz durch die tiefen Ausnehmungen mit der Zeit nicht splittert.

Repetierflinten haben recht einfache Abzugsysteme. Bei den preiswerteren Modellen läßt sich nur schwer ein kurzer, deutlicher Druckpunkt einstellen, der nicht »verwischt«. Die besseren Repetier-Flinten, die heute gebaut werden, haben ausgezeichnete Abzüge. Solche Flinten werden auch erfolgreich bei internationalen Wettkämpfen eingesetzt.

Bei Doppelflinten stellt sich die Frage, ob der Schütze einen Abzug bevorzugt oder zwei. Manche Doppelflinten haben einen einzelnen Abzug ohne Umschaltknopf, der den rechten (oder offener gebohrten) Lauf zuerst abfeuert. Der linke Lauf wird erst dann abgefeuert, wenn die Zündvorrichtung für diesen Lauf durch das Abfeuern des rechten Laufes gespannt wurde. Doch manchmal kommt es vor, daß der Schütze den linken (enger gebohrten) Lauf zuerst abfeuern möchte, was bei diesem System nicht möglich ist und daher einen Nachteil darstellt. Viele der heutigen Doppelflinten haben einen einzelnen Abzug mit Umschaltknopf, der so eingestellt werden kann, daß der eine oder der andere Lauf zuerst abgefeuert wird. Hierzu wird im allgemeinen der Sicherungsknopf am Schafthals nach links oder rechts geschoben. Das Umschalten geschieht im entsicherten Zustand und so schnell, daß es keine Behinderung bedeutet.

Viele Schützen, insbesondere traditionell ausgerichtete Jäger, bevorzugen zwei Abzüge. Mit dem vorderen Abzug wird der rechte Lauf und mit dem hinteren der linke Lauf abgefeuert. Man lernt genauso schnell, den richtigen Abzug zu betätigen, wie man lernt, den Umschaltknopf mit dem Daumen in die richtige Richtung zu schieben. Bei einer guten Flinte sind beide Systeme sehr zuverlässig.

Das bisher Gesagte trifft für Quer- und für Bockflinten zu. Bei einer Bockflinte ist der untere Lauf offener gebohrt und wird in der Regel zuerst

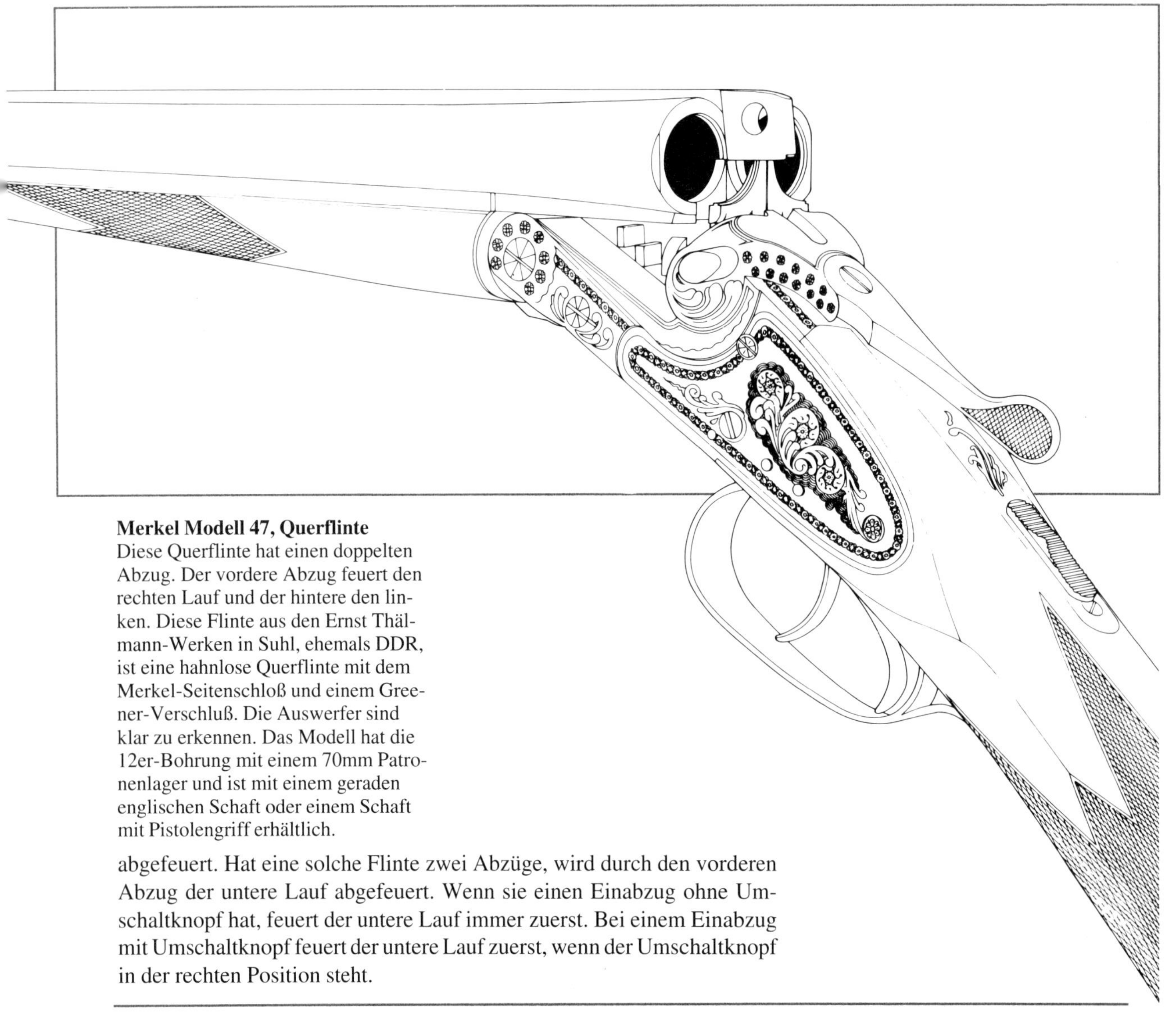

Merkel Modell 47, Querflinte
Diese Querflinte hat einen doppelten Abzug. Der vordere Abzug feuert den rechten Lauf und der hintere den linken. Diese Flinte aus den Ernst Thälmann-Werken in Suhl, ehemals DDR, ist eine hahnlose Querflinte mit dem Merkel-Seitenschloß und einem Greener-Verschluß. Die Auswerfer sind klar zu erkennen. Das Modell hat die 12er-Bohrung mit einem 70mm Patronenlager und ist mit einem geraden englischen Schaft oder einem Schaft mit Pistolengriff erhältlich.

abgefeuert. Hat eine solche Flinte zwei Abzüge, wird durch den vorderen Abzug der untere Lauf abgefeuert. Wenn sie einen Einabzug ohne Umschaltknopf hat, feuert der untere Lauf immer zuerst. Bei einem Einabzug mit Umschaltknopf feuert der untere Lauf zuerst, wenn der Umschaltknopf in der rechten Position steht.

Ungewöhnliche Flintenschäfte und -griffe
1. Englischer Schaft mit Schweinsrücken
2. Typischer Krieghoff-Schaft mit Backe und halbem Pistolengriff.
3. Monte Carlo-Schaft mit halbem Pistolengriff.
4. Dieser Schaft englischen Typs mit einem Schweinsrücken hat einen etwas ausgeprägteren Pistolengriff mit einem nach vorn gerichteten Ende des Kolbenfußes. Bemerkenswert ist auch die besondere Backe.
5. Ein voller Pistolengriff an einem geraden Schaft mit Backe.

Der Schaft

Repetier-Flinten und Doppelflinten mit Einabzug haben meistens Schäfte mit einem geschwungenen Pistolengriff. Die Hand umfaßt dabei den Schaft hinter dem Abzug. Das Ausmaß der Griffrundung variiert etwas, so daß entweder ein voller oder ein halber Pistolengriff entsteht. Dem Schützen mit normalem Handgelenk und normaler Hand erlaubt die Rundung — egal ob voll oder halb — ein sicheres Halten der Flinte. Viele Flinten mit doppelt angelegtem Abzug haben im Bereich des Kolbenhalses keine Rundung. Dieser gerade, »englische« Hinterschaft erleichtert das bequeme Vor- und Zurückschieben der Hand, um den vorderen oder hinteren Abzug zu ziehen. Manche Schützen bevorzugen einen geraden Schaft selbst bei einer Flinte mit Einabzug. Bei beiden Modellen genügt ein wenig Übung, um die Handhaltung zu perfektionieren.

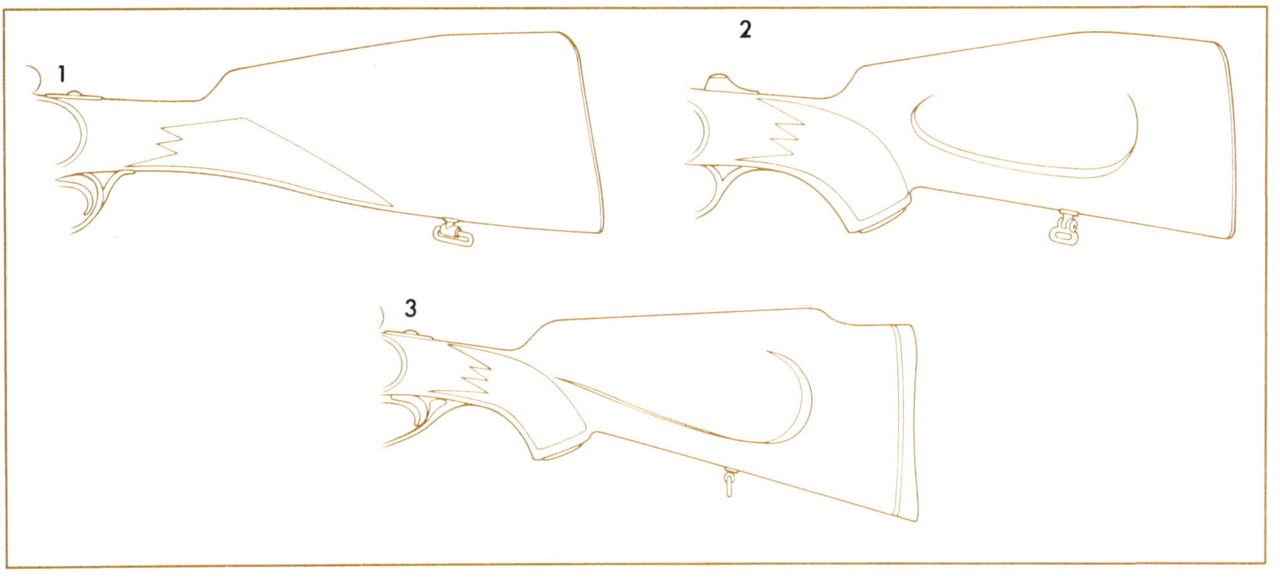

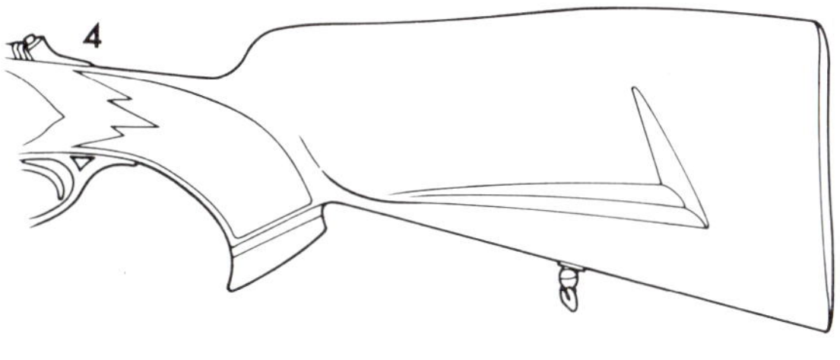

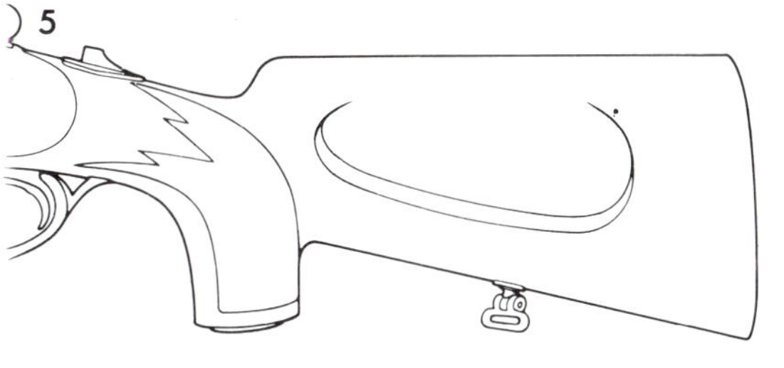

Der Ejektor

Man kann nicht nur zwischen einem geraden Schaft oder einem Schaft mit Pistolengriff und zwischen einem einzelnen oder einem doppelten Abzug wählen, sondern auch zwischen verschiedenen Ejektoren (Auswerfern). Alle repetierenden Flinten, wie auch die Repetierbüchsen, werfen die abgefeuerten Hülsen aus. Bei vielen älteren Doppelflinten müssen die abgeschossenen Hülsen noch von Hand herausgezogen werden. Seit einigen Jahren sind jedoch selbst die preiswerteren Doppelflinten vielfach mit Ejektoren ausgestattet. Üblicherweise wird nur die Hülse des abgefeuerten Laufs ausgeworfen. Man könnte meinen, daß alle Schützen Flinten mit dieser bequemen Vorrichtung vorziehen, doch das trifft nicht zu. Einige Schützen, die ihre abgefeuerten Hülsen nachladen, ziehen die leeren Hülsen lieber von Hand heraus und stecken sie ein. Eine leere Hülse kann so heftig herausgestoßen werden, daß sie einige Meter weiter im Gebüsch landet, wo sie schwer zu finden ist. Doch auch viele Schützen, die ihre leeren Hülsen nicht nachladen, heben sie auf, damit sie nicht die Land-

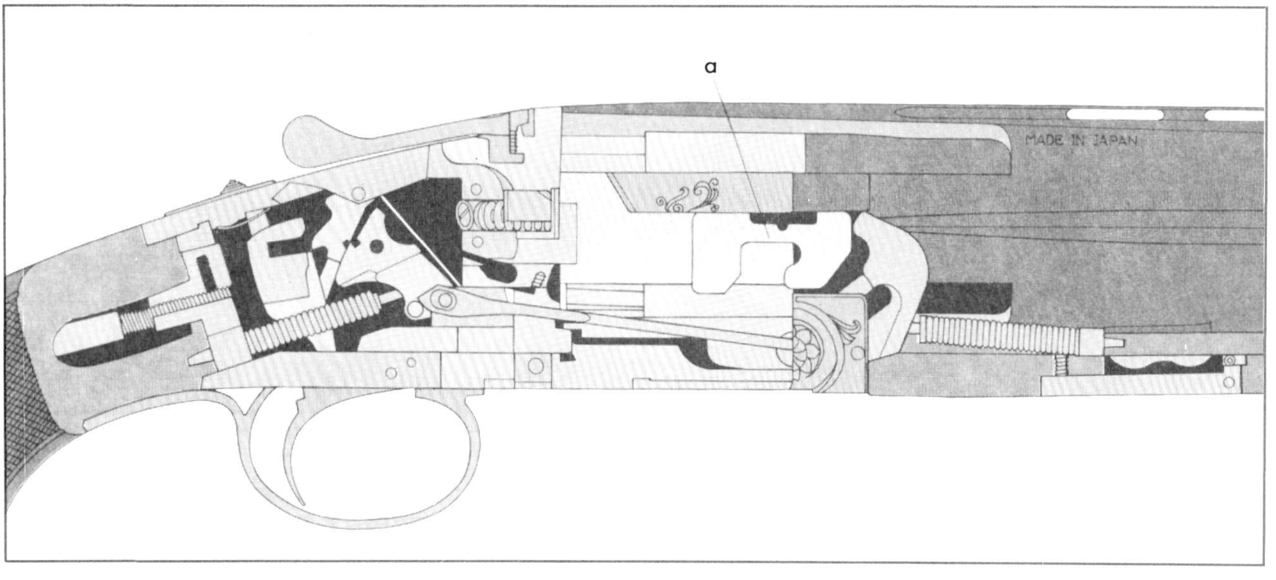

schaft (oder das Wasser, das Boot, oder den Unterstand bei der Wasserjagd) verschmutzen. Die meisten Schützen bevorzugen aber den Ejektor, sonst würden die Hersteller nicht die meisten ihrer Flinten mit dieser Vorrichtung ausstatten.

Winchester Modell 101, Bockflinte
Der Auswerfer *(a)* arbeitet automatisch. Nur die abgefeuerte Hülse wird herausgezogen und ausgeworfen.

Visiere für Flinten

Das Korn oder das Perlkorn einer Flinte kann aus Metall, Elfenbein, Plastik oder anderen Materialien bestehen. Es gibt sogar fluoreszierende Perlkorne, die bei schlechten Lichtverhältnissen leuchten. Bei den Perlkornen handelt es sich um kleine runde Erhebungen. Eine befindet sich immer direkt hinter der Mündung. Manchmal liegt eine zweite als sogenanntes Hilfskorn etwas weiter hinten auf dem Lauf. Sie wird beim Visieren mit der vorderen in Deckung gebracht, so daß nur eine Erhebung wahrgenommen wird und zwischen Auge, Lauf und Ziel eine gerade Linie liegt.
Das hintere Korn wurde vor langer Zeit für das Tontaubenschießen eingeführt, einem Schießwettkampf, bei dem der Schütze seine Flinte in aller Ruhe anlegen und ausrichten kann, bevor er das Ziel verfolgt. Die Schützen entdeckten bald, daß die Ausrichtung bei zwei Kornen schnell und mühelos gelingt — vorausgesetzt, man hat einige Übung im Anlegen und Schwingen der Flinte. Das zweite Korn setzte sich daher auch bei den Jagdwaffen durch, obwohl es hier nicht unbedingt nötig ist. Wahrscheinlich stellt es beim Schießen in freiem Gelände kaum eine Hilfe dar. Das hintere Korn ist etwas kleiner als das vordere, damit es dieses nicht verdeckt. Wenn der Schütze die Flinte korrekt anlegt, sieht er nur einen sehr kleinen Teil der Laufoberseite (die Brücke oder die Läufe) und das kleine Korn, das in eine Linie mit dem Ziel gebracht oder etwas vorgehalten wird.

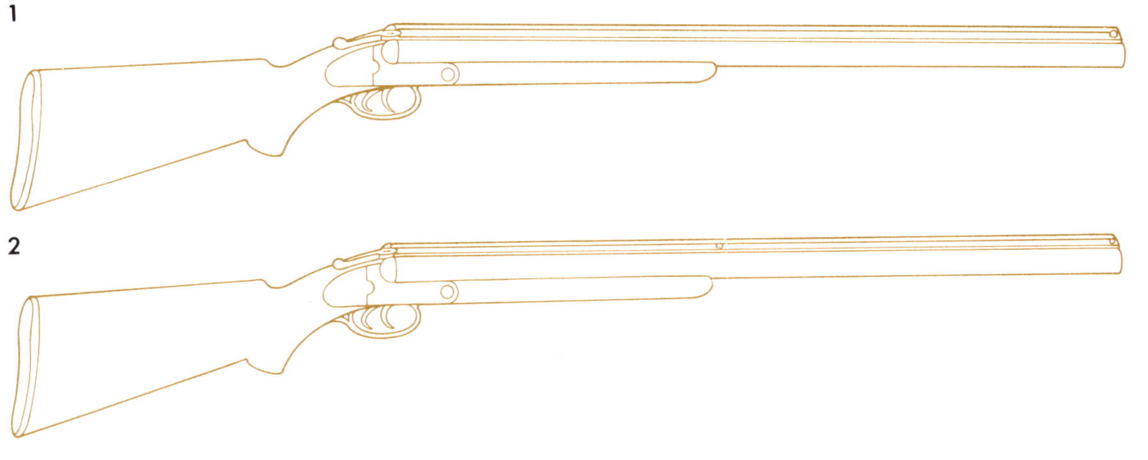

Flintenvisiere
1. Das normale Flintenvisier besteht aus Laufschiene und Perlkorn an der Laufmündung.
2. Ein zweites Hilfskorn in ca. 45cm Entfernung von der Mündung dient vielfach als Zielhilfe.

Die Bohrungsverengung oder Choke-Bohrung

Werden kleine Schrotkörner abgefeuert, hängt ihre Wirkung nicht nur von der Größe der Patrone und der Anzahl der Schrotkörner in der Patrone ab. Auch die Verengung oder Würgebohrung des Flintenlaufes, die die Ausbreitung der Schrotkörner bestimmt, ist von entscheidender Bedeutung. Bei der Herstellung einer Flinte wird der Lauf je nach Bedarf mit einer größeren oder kleineren Öffnung versehen. Je kleiner der Öffnungsdurchmesser ist, umso kleiner ist die Ausbreitung der Schrotkörner am Zielpunkt. Bei einem größeren Durchmesser der Öffnung ist auch die Ausbreitung größer. Diese beiden Typen werden als geschlossen und offen gebohrte Flinten bezeichnet. In der Regel hat eine Doppellaufflinte nicht in beiden Läufen dieselbe Bohrungsverengung oder Choke-Bohrung. Bei den Querflinten ist der rechte Lauf, der vom vorderen Abzug abgefeuert wird, meist offener gebohrt als der linke. Bei einer Bockflinte ist der untere Lauf weiter.

Die Verengung oder Choke-Bohrung eines Flintenlaufes wird in den

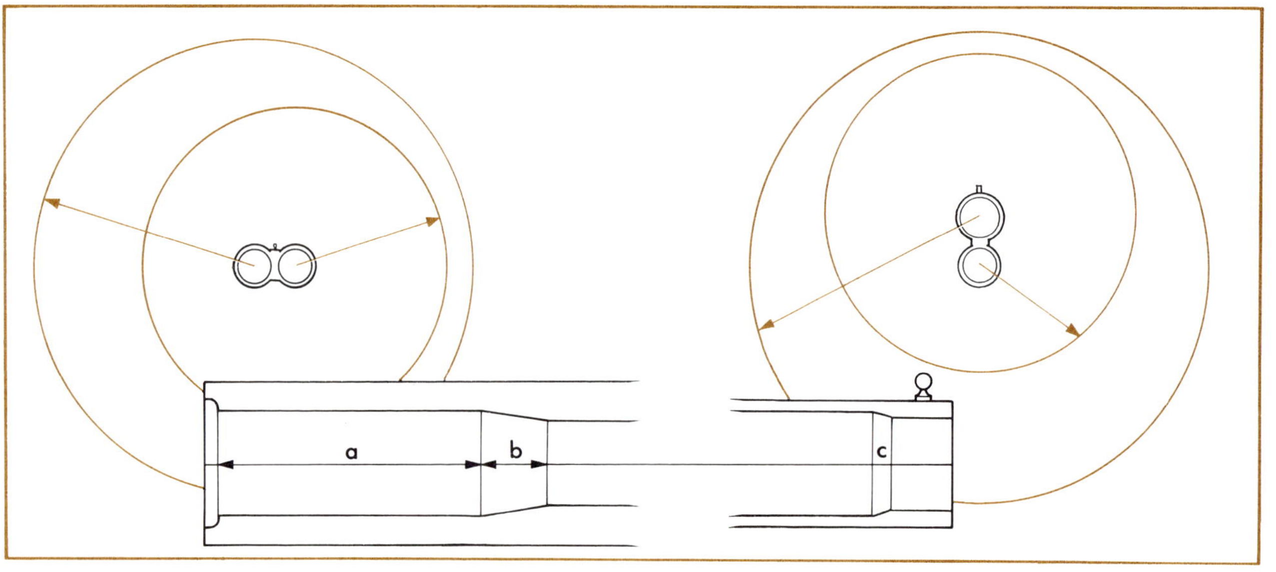

verschiedenen Ländern und manchmal sogar von verschiedenen Herstellern in unterschiedlicher Weise bezeichnet. So trifft man auf Benennungen wie schwache, mittlere und starke Choke-Bohrung, oder Zylinderbohrung und verbesserte Zylinderbohrung, verbesserte starke, starke, halbstarke und stärkste Bohrung. Manchmal wird die Verengung auch in Bruchteilen eines Millimeters oder Zolls angegeben. Bei preisgünstigeren Flintenmodellen, besonders bei den Repetierern für die Jagd in freiem Gelände, steht manchmal nur eine Auswahl von zwei oder drei Choke-Bohrungen zur Verfügung. Durch die Choke-Bohrung läßt sich die Ausbreitung der Schrotgarbe ebenso regulieren wie der Wasserstrahl durch die verstellbare Düse eines Gartenschlauchs. Eine enge Choke-Bohrung führt zu einem dichten Schrotmuster, was bei Schüssen über relativ große Entfernung, wie bei der Wasservogeljagd, vorteilhaft ist. Aus diesem Grund haben die meisten Doppelflinten einen weiter gebohrten und einen enger gebohrten Lauf. Da sich der Vogel nach einem Fehlschuß aus dem ersten Lauf vermutlich weiter entfernt, hat der zweite Lauf eine engere Bohrung.

Die gängigen Doppelflinten haben als Standardbohrung fast immer eine

Mündungsverengungen (Chokes) bei einer Doppelflinte

Mit bloßem Auge läßt sich der Unterschied zwischen den Mündungsformen in Doppelflinten nicht erkennen. Abgebildet ist *(links)* eine Querflinte mit einem stark und einem mittelstark verengten Lauf. Daneben *(rechts)* ist eine Bockflinte mit denselben Verengungen wiedergegeben.

Der Längsschnitt zeigt Patronenlager und Lauf einer Flinte.

(a) Patronenlager
(b) Übergangskegel
(c) Verengter Konus, der den Mündungsdurchmesser reduziert und die Streuung der Kugeln vermindert.

starke und eine stärkste Choke-Bohrung. Das ist eine sehr fragwürdige Kombination. Einer weit verbreiteten Meinung zufolge, der wir nur zustimmen können, ist eine Flinte mit vollem und halbem Choke für die normale Kleinwildjagd viel zu stark verengt. Dadurch breitet sich die Schrotgarbe zu wenig aus, und die Voraussetzung für eine schnelle Tötung ist nicht gegeben. Erstens ist bei unzureichend aufgefächerter Schrotgarbe das Ziel schwer zu treffen, und zweitens kann ein Schuß auf kurze Entfernung das Wild in Stücke reißen. Diese Gründe sprechen dafür, die Standardflinte mit einer wesentlich weiter geöffneten Bohrung zu versehen, als dies heute vielfach der Fall ist. Eine brauchbare Leitregel besagt, die kleinstmögliche Korngröße und die größtmögliche Bohrung zu verwenden, die für die anstehende Jagdform in Frage kommt. Dies heißt *nicht*, daß bei allen Arten der Jagd weit offene Bohrungen und der kleinstmögliche Schrottyp erforderlich sind. Zum Beispiel braucht man bei der Jagd auf große und schwer zu jagende Tiere wie Gänse oder Füchse größere Schrote. Aus demselben Grund ist eine stärkere Verengung von Vorteil, um die Ausbreitung der Schrote einzuschränken. Deshalb muß man sich

Verschiedene Chokes
1. Die verbesserte Zylinderbohrung verengt das Schrotmuster sehr. Sie wird auf 20-35m bei der Jagd auf Birkhühner, Tauben und Wachteln eingesetzt.
2. Stark verengte Läufe weisen ein etwas weiteres Streumuster auf. Sie eignen sich zur Jagd auf Fasanen, Tauben, Kaninchen und Hasen auf 25-40m Entfernung.

bei der Auswahl der größtmöglichen Bohrung nach der geplanten Jagdform richten.

Lange Zeit hatten die Repetierer den Vorteil, daß sie an der Mündung mit einstellbaren oder auswechselbaren Choke-Einsätzen ausgerüstet werden konnten. Sie boten dem Schützen eine Auswahl zwischen drei oder vier unterschiedlichen Verengungen. Da aber nie genug Zeit bleibt, den Mündungseinsatz auszuwechseln, wenn ein zweiter schneller Schuß auf das fliehende oder fortfliegende Wild abgegeben werden soll, boten die nicht verstellbaren Verengungen einer Doppelflinte einen zumindest gleichwertigen Vorteil. Heute sind sowohl Repetier-Flinten als auch Doppelflinten mit auswechselbaren Choke-Einsätzen erhältlich, die schnell und problemlos in die Mündung geschraubt werden können und fast unsichtbar sind — sie bilden nicht mehr einen häßlichen Wulst um die Mündung wie die früheren Choke-Einsätze. Auswechselbare Einsätze erfreuen sich großer Beliebtheit. Es sind auch auswechselbare Läufe erhältlich. Sie sind jedoch viel teurer, bei der Jagd sehr unhandlich, und das Auswechseln dauert länger.

Vielfach wird heute eine geringere Verengung (eine offenere Bohrung) als früher vorgezogen. Dies hat den Grund, daß in den heutigen Schrotpatronen der Plastikpfropfen mit einem Schrotbeutel verbunden ist, der die Schrotkügelchen während des Durchgangs durch den Lauf umfaßt und dann hinter der Schrotladung abfällt. Dieser Beutel schützt die Kügelchen vor der Bohrung und hält sie auch besser zusammen, als dies bei älteren Pfropfen der Fall war. Ohne den Beutel würden die Kügelchen am äußeren Rand der Ladung gegen das Metall des Laufes schlagen und dabei verformt werden. Viele der Kügelchen in einer Ladung wären daher beim Verlassen der Mündung nicht mehr rund und würden vielfach nicht mehr in gerader Linie fliegen. Mit Hilfe des Schrotbeutels wird die Verformung von Schrotkugeln erheblich verringert, und es entsteht gleichzeitig eine kompaktere Schrotkette. (Als »Kette« wird die Längsausdehnung der Schrotladung während des Fluges bezeichnet — die vorderen Kugeln in der Kette erreichen das Ziel zuerst und die hinteren Kugeln zuletzt.) Hierdurch wird ein engeres, dichteres und einheitlicheres Streumuster erzielt. Dies bedeutet, daß eine moderne Flinte mit halbem Choke, das heißt starker Verengung, ein fast ebenso enges und dichtes Streumuster aufweist wie früher eine Flinte mit einem vollen Choke.

Die meisten Flintenhersteller bieten heute auswechselbare Mündungseinsätze an, die in den Lauf eingeschraubt werden können, um die Verengung des Laufes zu verändern. Hier wird das Beretta Mobilchoke-System gezeigt. Im Inneren der beiden abgebildeten Bockflintenläufe befindet sich ein Gewinde, in das der Mündungseinsatz eingeschraubt wird. Der hintere Rand des Einsatzes paßt sich an die Stoßkante im Lauf an und bildet so einen glatten Übergang, an dem die Schrote nicht verformt werden.

Der Einsatz wird zuerst von Hand hineingeschraubt und dann mit einem mitgelieferten Spezialschlüssel festgezogen.

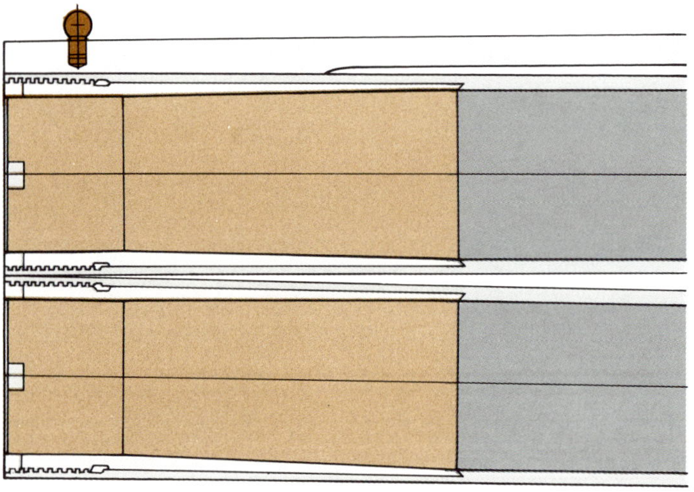

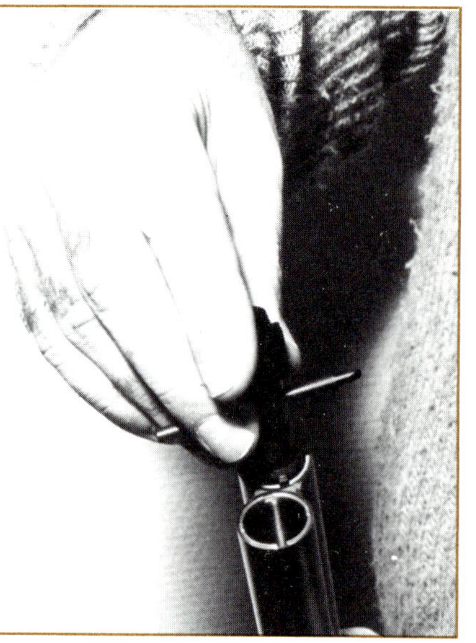

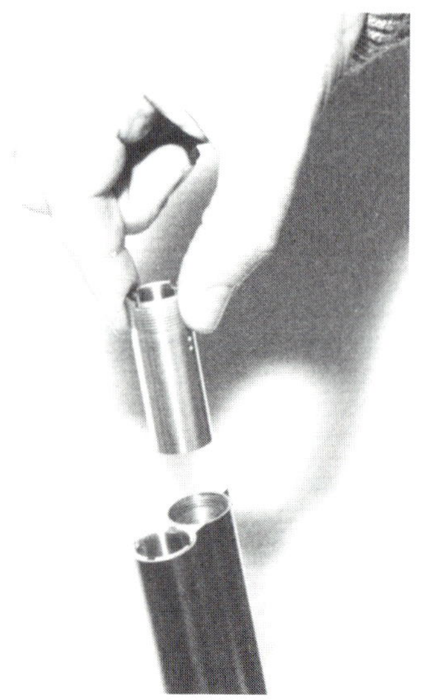

Die Wahl der Choke-Bohrung richtet sich natürlich nach dem Jagdwild und der Art der geplanten Jagd. Bei der Jagd auf Federwild zu Land und auf fast alles Haarwild eignet sich eine relativ offene Bohrung am besten. Für die Federwildjagd auf offenem Wasser verwendet man besser eine stärkere Verengung.

Bei allen Bohrungsverengungen und Flintentypen ist eine sorgfältige Wartung und die Verwendung angemessener Munition unerläßlich. Für den jeweiligen Laufdurchmesser gibt es möglicherweise zwei oder drei Patronenlängen, doch das Patronenlager und der Übergangskegel direkt vor dem Patronenlager sind unter Umständen für die größere Länge nicht ausgelegt. Der Einsatz von Patronen, die nicht für die entsprechende Flinte gedacht sind, kann Verschleißerscheinungen zur Folge haben und sogar gefährlich sein. Wird eine gute Flinte mit einer geeigneten Patrone verwendet und ordentlich gereinigt und geölt, treten praktisch keine Verschleißerscheinungen auf. Jedoch nicht nur mangelnde Sorgfalt sondern auch zuviel Eifer und unzulängliches Wissen können die Lebensdauer der Flinte verkürzen oder ihre Funktionstüchtigkeit beeinträchtigen. Zuviel Öl zum Beispiel führt zu Verklumpungen in den mechanischen Teilen des Kastenschlosses und kann die Schlagbolzenöffnung verkleben. Am besten befolgt man bei der Wartung einer Flinte die Anweisungen des Herstellers.

(rechts) Hier wird ein anderer Typ von Mündungseinsatz in einen Flintenlauf mit Rückstoßminderer eingesetzt (eine Vorrichtung, mit dem manche Flinten ausgerüstet sind, um den Rückstoß zu verringern). Es handelt sich um einen einfachen Choke-Einsatz zum Einschrauben.

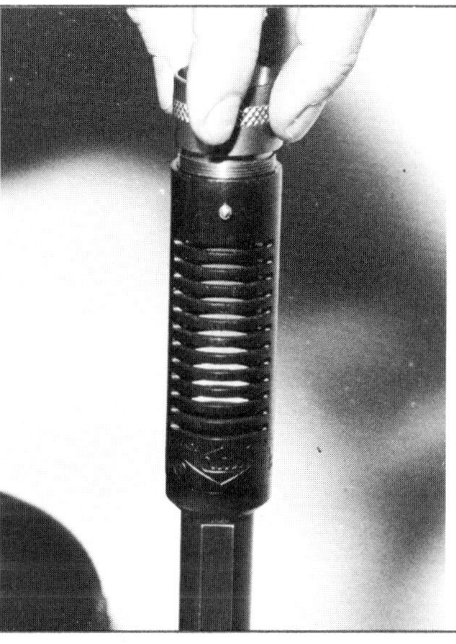

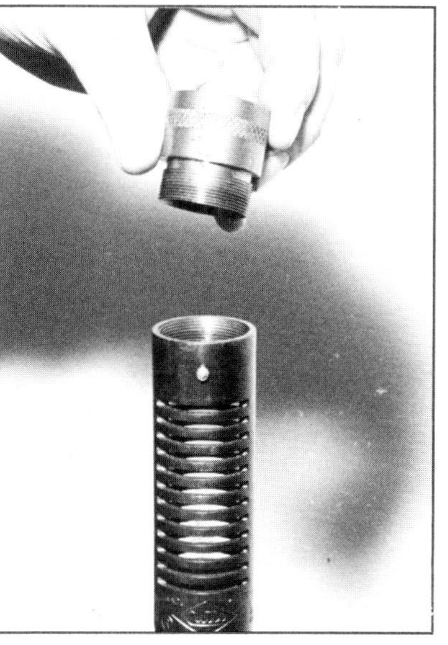

(rechts) Dieses externe Rohr ist ein weiterer Typ von Choke-Einsatz. Hier wird es vor den Rückstoßminderer einer einläufigen Flinte geschraubt.

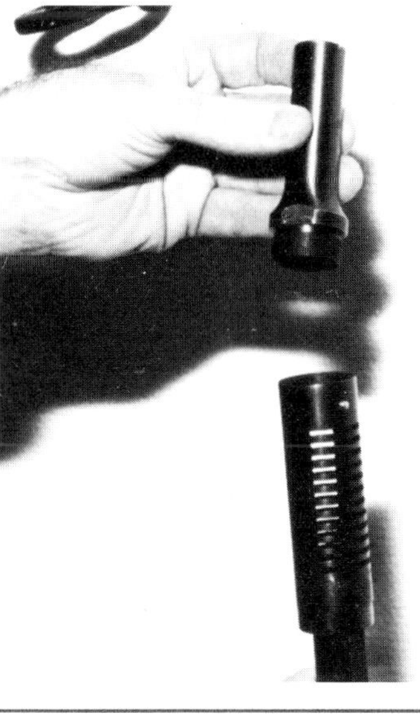

Schrotpatronen

Alle modernen Standardpatronen für Flinten haben eine Zentralzündung. Für Flinten gibt es viel weniger Bohrungsgrößen oder »Kaliber« als bei Büchsen. In den meisten Ländern ist die Auswahl auf die drei Standardgrößen 12, 16 und 20 beschränkt. In den Vereinigten Staaten und einigen Teilen Südeuropas, wo die Jagd auf Kleinvögel sehr verbreitet ist, werden auch das 28er-Kaliber und das kleine Kaliber .410 verwendet. In Nordeuropa sind die kleinsten Kaliber selten zu finden, da sie für die meisten Jagdzwecke unbrauchbar sind. Vor einiger Zeit war das Kaliber 10 in einigen Regionen recht beliebt. Heute wird in den Vereinigten Staaten für die Gänse- und Truthahnjagd eine 10er-Magnum-Bohrung verwendet. Für anderes Federwild wird eine so große Bohrung nicht benötigt.
Die Benennungen von Flintenbohrungen sind leicht irreführend. Auf den ersten Blick vermutet man, daß die 20er-Bohrung größer ist als die 12er-Bohrung. Bei einem Büchsengeschoß bezeichnet ein hoher Wert ein großes Kaliber; bei der Flinte hingegen gilt die Regel, je kleiner die Bohrungs-

(gegenüberliegende Seite) Der moderne einteilige Schrotbeutel mit Innenköcher und Bodenpfropfen. Der gewellte Teil des Bodenpfropfens gibt etwas nach und erweitert sich, um die Laufbohrung auszufüllen. Dadurch wirkt er als Gasabdichtung, so daß die gesamte Treibkraft des Gases genutzt werden kann. Der obere Bereich bildet einen Beutel, der beim Passieren des Laufes zwischen der Schrotladung und dem harten Stahl der Bohrung liegt und so die runden Schrote vor Verformung schützt. Das Ergebnis ist eine kurze Schrotkette, optimale Geschwindigkeit, und eine dichtere, einheitlichere Schrotverteilung auf der Zielscheibe.

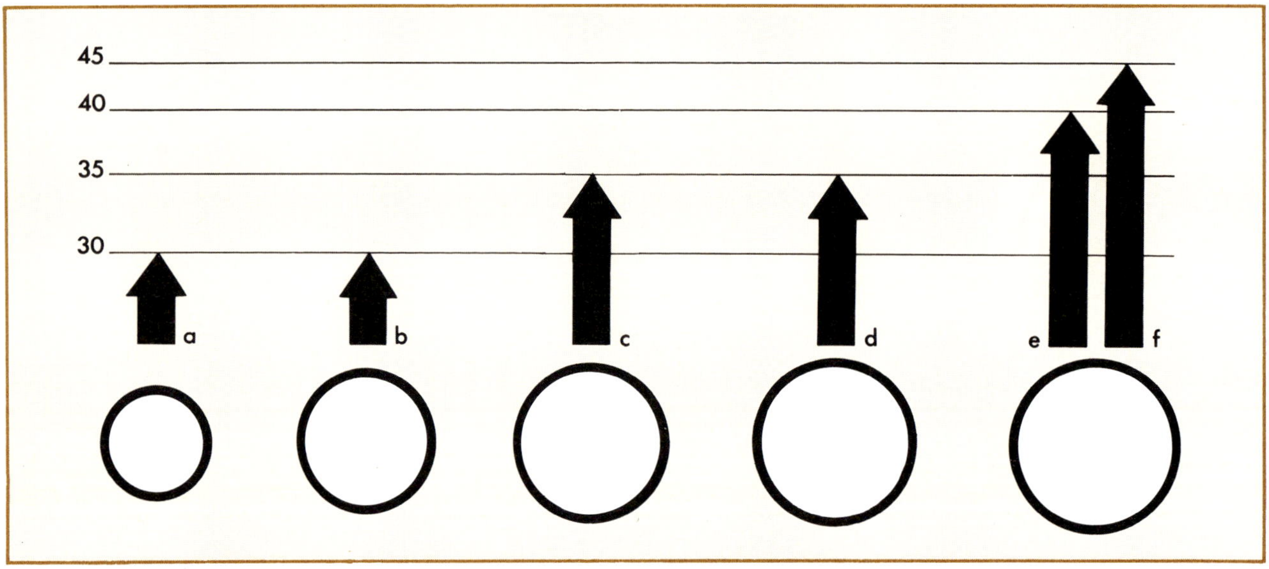

Das oben abgebildete Diagramm zeigt die fünf gebräuchlichsten Flintenbohrungen, oder »Schrotkaliber« in Originalgröße und ihre ungefähre Einsatz-Schußweite. Das Foto auf der linken Seite zeigt die entsprechenden Patronen.

(a) Kaliber .410
(b) Kaliber 28
(c) Kaliber 20
(d) Kaliber 16
(e) Kaliber 12
(f) Kaliber 12-Magnum

zahl, desto größer die Bohrung. Das geht darauf zurück, daß die Benennungen bei der Flinte von einem alten englischen Gewichtssystem abgeleitet werden. Wenn man von einer 12er-Bohrung oder einem »12er-Schrotkaliber« spricht, bezeichnet die Zahl 12 die Anzahl von Bleikugeln dieser Bohrungsgröße, deren Summe ein englisches Pfund wiegt (1 Pfund entspricht 454 Gramm). Eine 12er-Bohrung hat einen Durchmesser von 1,85cm, und 12 Bleikugeln dieser Größe wiegen ein Pfund. Je kleiner der Durchmesser der Patronenhülse, desto größer ist daher die Bohrungsnummer. Die .410 stellt jedoch eine Ausnahme von dieser Regel dar, da diese Bezeichnung sich auf den Laufdurchmesser von 410 Tausendstel Inch bezieht. In vielen Ländern ist die Jagd mit Bohrungen von mehr als 12 verboten. Die offeneren Bohrungen werden hauptsächlich in England und den Vereinigten Staaten verwendet. Bei einigen besonderen Formen der Wasservogeljagd in Großbritannien werden sogar größere Bohrungen als 10 verwendet — manchmal bis zur 2er-Bohrung.

Ein anderer Wert, der zusätzlich zum Durchmesser bei Schrotpatronen angegeben wird, ist die Länge der Hülse. Die drei europäischen Standard-

Dieses Hochgeschwindigkeitsfoto zeigt eine Ladung Schrotkugeln nach dem Austritt aus der Mündung einer Flinte. In der Patrone wurde ein einteiliger Schrotbeutel mit Bodenpfropfen verwendet. Man sieht, wie die Schrote in einem sehr kompakten Feld aus der Öffnung des Beutels hervortreten, da der Beutel leicht zurückgefallen ist. Das leichte Plastikteil verliert schnell an Geschwindigkeit und fällt zu Boden, während die Schrote mit unverminderter Geschwindigkeit auf das Ziel zufliegen. Die Kamera wurde ausgelöst, als die aus dem Lauf tretenden Schrote einen Faden vor der Laufmündung durchtrennten.

längen sind 65, 70 und 76mm. In Nordamerika gibt es zwei gebräuchliche Längen, die 2¾" »Standard«-Patrone und die 3" Magnum (dies entspricht genau 69,85 und 76,2mm, also den europäischen Längen 70 und 76). In Nordamerika ist auch eine 2¾" »kurze Magnum« in Gebrauch. Die gängigen Schrotkugelgrößen sind mit ihrer Bezeichnung und ihren Abmessungen in der Tabelle auf Seite 107 aufgeführt.

Die 12er-Bohrung ist das vorherrschende Flintenkaliber. Unter den Standardgrößen hat die 12er-Bohrung den größten Durchmesser, und die Patronenhülse enthält die größte Anzahl an Schrotkugeln.

Schrotpatronen haben sich in den letzten Jahren erheblich verändert. Die auffälligste äußere Veränderung ist der Übergang von Papier- zu Plastikhülsen. Die größte Veränderung im Patroneninneren liegt in der Unterbringung der Schrotkügelchen. Bei einer modernen Schrotpatrone befinden sie sich in einem vorne offenen »Schrotbeutel«. Dieser Beutel bewegt sich mit der Schrotladung durch den Lauf und schützt die äußeren Kugeln vor Verformung durch die Stahlwand des Laufes. Dadurch wird eine Zerstörung des Schrotfeldes durch deformierte äußere Schrotkugeln verhindert.

Viele Flintenschützen ziehen größere Schrote mit starken Pulverladungen vor. Es trifft natürlich zu, daß bei einer 12er-Bohrung viele Schrotkugeln in der Patrone sind und eine größere Streuung erreicht wird als bei Verwendung einer kleineren Bohrung. Andererseits reicht die Wirkung der 20er-Bohrung für die meisten Zwecke völlig aus, wenn sie richtig eingesetzt wird. Ein Vorteil der Flinte mit einer 20er-Bohrung ist das geringere Patronengewicht, wofür der Jäger dankbar sein wird, wenn er den ganzen Tag auf der Federwildjagd unterwegs ist. Die Flinte mit einer 20er-Bohrung ist insgesamt leichter und auch bequemer zu handhaben.
Vor einiger Zeit war die Flinte mit 16er-Bohrung in den Vereinigten Staaten sehr beliebt, während in Europa die meisten Drillinge 16er-Bohrungen in den oberen Läufen hatten. Doch in beiden Fällen wurde die 16er-Bohrung weitgehend von der 20er-Bohrung verdrängt, deren Schußkraft und Kugelladung stark erhöht wurde. Heute werden nur noch wenige Drillinge mit 16er-Bohrung gefertigt. Immer mehr Hersteller gehen zur 20er-Flintenbohrung über.
In den Vereinigten Staaten erfreut sich die leichtere Flinte mit 20er-Bohrung einer großen Beliebtheit. Für die Enten- und Gänsejagd verwenden die amerikanischen Jäger fast ausschließlich die 12er-Bohrung, doch für die Jagd auf Wachteln, Rebhühner, Bergschnepfen und andere Vögel ziehen viele die leichtere, kleinere und schneller zu handhabende 20er-Bohrung mit ihrem geringeren Rückstoß vor. Viele Jäger verwenden sie sogar für die Jagd auf Fasanen und Kraniche.
Eine gute Flinte sollte unabhängig von der Bohrungsverengung ein regelmäßiges Streumuster aufweisen. Bei bestimmten Flinten ist das unregelmäßige Muster nicht eine Folge der Bohrungsverengung, sondern auf eine ungenaue Fertigung zurückzuführen. Auch die Verwendung einer für die jeweilige Flinte ungeeigneten Patrone kann zum Entstehen eines unregelmäßigen Musters führen. Der Jäger sollte ausprobieren, welche Patronengröße und welches Fabrikat sich am besten für seine Flinte oder sogar für den jeweiligen Lauf eignet. Dies läßt sich nur durch Probeschüsse feststellen. Die Weise, in der die weltweit besten Flinten hergestellt werden, zeigt, wie wichtig die Verwendung einer individuell angepaßten Patrone ist: Hier kann der anspruchsvolle Käufer bei der Bestellung seiner Flinte eine

Die Patronenhersteller bieten mehrere Ausführungen von Schrotbeuteln mit elastischem Bodenpfropfen an. Abgebildet ist eine Federal Champion-Ladung. Wir sehen, von links, einen Aufschnitt der vollständigen Ladung, daneben einen zweiteiligen Plastikbeutel mit Bodenpfropfen und den Schroten, den Beutel mit Bodenpfropfen nach dem Abfeuern, und einen separaten Innenköcher aus Plastik, der sich am Boden des Füllbereichs befindet.

bestimmte Patronenmarke und Schrotgröße angeben. Seine Flinte wird daraufhin so angefertigt, daß sie diesen Angaben genau entspricht.
Der Käufer einer normalen Flinte sollte sie mit verschiedenen Patronen testen, um festzustellen, welche Streumuster seine Flinte bei verschiedenen Schrotgrößen und bei verschiedenen Standard- und Hochgeschwindigkeitspatronen aufweist. Eine verbreitete und brauchbare Methode ist es, die Flinte auf eine Zielscheibe abzufeuern, die in einer Entfernung von 35m aufgestellt ist. Als Zielscheibe dient ein großes Stück Papier, auf das ein Kreis von 75cm Durchmesser aufgezeichnet ist. Es werden mehrere Schüsse auf mehrere Zielscheiben abgegeben, um ein Durchschnittsergebnis zu erhalten. Früher galt als Richtwert, daß bei einem engen Choke ungefähr siebzig Prozent der Schrote im Kreis einschlagen müssen. Bei einer Patrone mit 225 Kugeln Nr. 6 müßten also mindestens 155 im Kreis einschlagen. Bei einer verbesserten mittleren oder starken Verengung sollten 60 Prozent im Kreis einschlagen, bei einer halben 50 Prozent, bei einer schwachen Verengung 45 bis 50 Prozent, bei einer verbesserten Zylinderbohrung 40 Prozent und bei einer durchgehenden Zylinderbohrung 30 Prozent. Mit der

Kaliber	Länge	Schrotgewicht	Schrotgröße
12	76 mm	53 Gramm/1⅞ Unzen	1 (BB), 2, 4, 6
12	70 mm	42 Gramm/1½ Unzen	1 (BB), 2, 4, 5, 6
12	70 mm	28 Gramm/1 Unze	4, 5, 6, 8
16	70 mm	32 Gramm/1⅛ Unzen	4, 5, 6, 7½, 9
20	76 mm	35 Gramm/1¼ Unzen	2, 4, 6, 7½
20	70 mm	25 Gramm/⅞ Unze	6, 8
28	70 mm	21 Gramm/¾ Unze	6, 7½, 8
.410	76 mm	19,5 Gramm/$1\frac{11}{16}$ Unze	4, 5, 6, 7½, 8, 9
.410	65 mm	14 Gramm/½ Unze	4, 6, 7½

U.S. Größe	1 (BB)	2	3	4	5	6	7	7,5	8	9
Millimeter	4	3,75	3,5	3,25	3	2,75	2,5	2,41	2,25	2
Inch	.16	.15	.14	.13	.12	.11	.10	.095	.09	.08

Die Tabelle enthält eine Auswahl der beliebtesten Schrotladungen *(oben)* und amerikanischen Standardgrößen für Schrotkugeln in Millimeter und Inch *(unten)*.

heutzutage erhältlichen Munition ist in der Regel die Streuung geringer, das heißt, es müssen zu diesen Werten fünf bis zehn Prozent addiert werden.
Bei einigen Jagdarten haben diese Streumuster nur dann ihre volle Wirkung, wenn die Schrotkugeln gleichmäßig verteilt sind, ohne daß größere Bereiche innerhalb des Kreises frei von Einschlägen sind. In dieser Hinsicht können unterschiedliche Schrotpatronen in einer Flinte (oder auch in einem bestimmten Lauf) sehr unterschiedliche Ergebnisse zeigen, auch wenn Munitionsmarken von guter Qualität verwendet werden.
Keine Flinte hat dasselbe Streumuster wie eine andere, selbst wenn dieselbe Patrone verwendet wird. Auch mit der besten Flinte wird ein schlechtes Streumuster erzielt, wenn die Munition schlecht ausgewählt oder vorher nicht ausprobiert wurde. Deshalb muß der Schütze ausprobieren, welche Patrone sich am besten für seine Flinte eignet.

Das Flintenlaufgeschoß

Neben der Büchsenpatrone und der konventionellen Flintenpatrone gibt es die Patrone mit dem sogenannten Flintenlaufgeschoß. Sie gleicht einer konventionellen Schrotpatrone, aber anstelle einer großen Anzahl kleiner Kügelchen enthält sie ein einzelnes kugelähnliches Projektil aus einer Bleilegierung, nämlich das Flintenlaufgeschoß. In Europa sind Patronen mit Flintenlaufgeschoß im allgemeinen als Brenneke-Patronen bekannt, weil das bekannteste Flintenlaufgeschoß von Brenneke stammt. Es gibt aber eine ganze Reihe anderer Munitionshersteller in Europa und den Vereinigten Staaten, die Flintenlaufgeschosse für Flinten herstellen.
Die Form und Konstruktionsweise von Flintenlaufgeschossen unterscheidet sich von Hersteller zu Hersteller geringfügig. Doch haben sie alle ein gemeinsames Merkmal, nämlich ziemlich tiefe, breite, schräg verlaufende Rillen an den Seiten. Diese Rillen sind in Spiralen angeordnet, ähnlich den spiraligen Rillen einer Büchsenbohrung. Sie dienen auch demselben Zweck, denn sie sollen das Projektil in eine stabilisierende Eigendrehung versetzen, damit es eine gerade Flugbahn hat. Die Rillen sind bei weitem nicht so wirksam wie die Züge und Felder in einem Büchsenlauf, die ein Geschoß tatsächlich »greifen« und drehen, sondern sie wirken eher wie die Federn eines Pfeiles. Dennoch tragen sie erheblich zur Erhöhung der Fluggenauigkeit eines Flintenlaufgeschosses bei.
In einigen Gegenden ist die Bevölkerungsdichte so hoch, daß die Jagd mit einer Zentralfeuerbüchse wegen der großen tödlichen Reichweite des Geschosses als zu gefährlich gilt. In diesen Gebieten muß unter Umständen größeres Wild mit der Flinte und Rehposten oder Flintenlaufgeschossen gejagt werden. In den Vereinigten Staaten werden zu diesem Zweck spezielle Flintenläufe verkauft. Ihre Bohrung ist ideal für den Einsatz von Flintenlaufgeschossen geeignet, und sie haben Visiere, wie sie normalerweise bei Büchsen verwendet werden. Auch ein gewöhnlicher Flintenlauf kann mit abnehmbaren Büchsenvisieren ausgerüstet werden. Eine solche Zielausrüstung sollte bei der Jagd mit Flintenlaufgeschossen selbstverständlich sein. Selbst mit diesen Visieren sind gerillte Flintenlaufgeschosse nur auf kurze Entfernung (bis zu 60 oder 65m) hinreichend genau.

Ein Hochgeschwindigkeitsfoto eines Flintenlaufgeschosses beim Verlassen des Flintenlaufs. Da die Bohrung glatt ist, gibt sie dem Projektil keine Eigendrehung. Stattdessen ist das Flintenlaufgeschoß selbst gerillt (mit Ausnahme der Spitze, die nicht gerillt sein darf. Sie muß die Bohrung ausfüllen, damit das Gas nicht am Projektil vorbei austreten kann). Die Rillen des Flintenlaufgeschosses funktionieren wie die Federn eines Pfeils, sie stabilisieren das Geschoß während des Fluges, so daß es über eine mittlere Entfernung (ungefähr 65m) relativ genau ist.

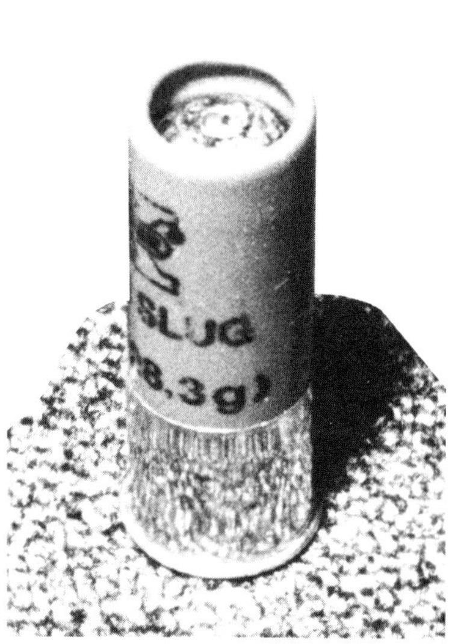

(unten) Abgesehen von der offenen Spitze sieht eine Patrone mit Flintenlaufgeschoß äußerlich aus wie eine Schrotpatrone.

Handladepresse für Schrotpatronen
Dies ist eine Fünf-Stufen-Presse. In der ersten Stufe wird die Größe angepaßt und das Zündhütchen entfernt, in der zweiten ein neues Zündhütchen gesetzt, in der dritten das Pulver eingefüllt, der Pfropfen aufgesetzt und die Schrotladung eingefüllt. In der vierten und fünften Stufe wird die Hülse mit einer Bördelung verschlossen.

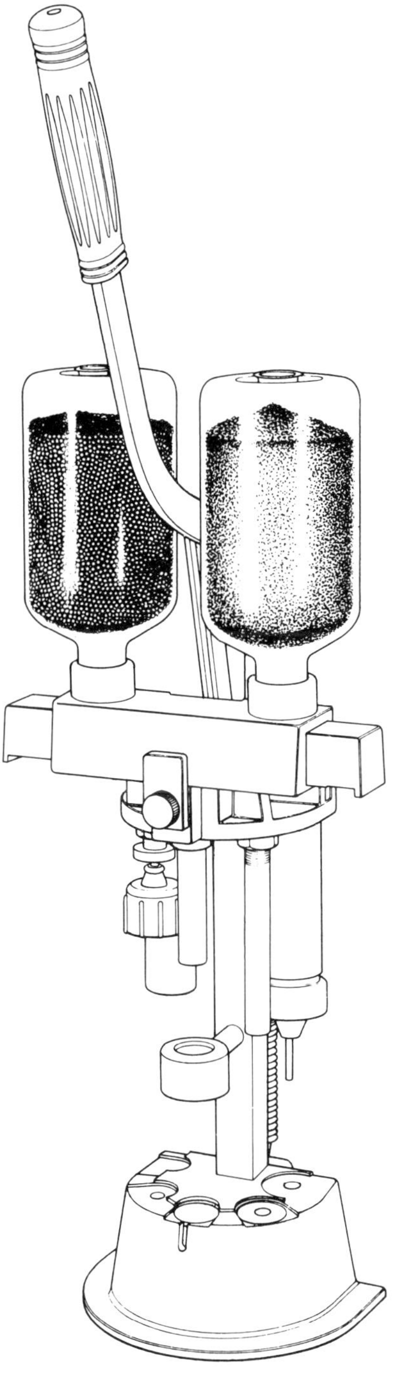

Das Wiederladen von Schrotpatronen

In Europa ist das Wiederladen längst nicht so weit verbreitet wie in den Vereinigten Staaten, wo es bei Jägern und Wettkampfschützen gleichermaßen beliebt ist.

Hierbei scheinen wirtschaftliche Gründe eine entscheidende Rolle zu spielen. Das Messingbodenstück einer Schrotpatrone ist viel billiger als die Hülse einer Büchsenpatrone, so daß die Ersparnis pro Patrone eigentlich sehr gering ist. Manchmal wird sogar behauptet, daß man gar nichts sparen würde. Wenn sich das Laden der eigenen Schrotpatronen bezahlt machen soll, müssen riesige Mengen hergestellt werden, normalerweise sehr viel mehr, als ein Jäger in einer Jagdsaison verbrauchen kann. Andererseits ist das Laden von Schrotpatronen nicht so zeitaufwendig wie das Laden von Büchsenpatronen, so daß eine sehr viel größere Anzahl pro Stunde hergestellt werden kann. Wer seine eigenen handgeladenen Schrotpatronen herstellt, ist häufig Mitglied eines Schützenvereins und gleichzeitig Jäger, so daß der Patronenverbrauch sehr hoch ist.

In den letzten Jahren hat die Einführung eines höchst praktischen einteiligen Beutels oder Säckchens die Lage erheblich gebessert, da jetzt die Plastikhülse bis zu 15 Mal wiederverwendet werden kann, während die alten Papphülsen mit Filz- oder Kartonpfropfen meist nicht wiederverwendbar waren — mit viel Glück konnten sie ein- oder zweimal wiedergeladen werden. Außerdem wird durch den Plastikbeutel mit Bodenpfropfen die Laufbohrung viel besser abgedichtet als durch den früheren Filz- oder Kartonpfropfen, so daß heutzutage sehr wenig von dem Gas, das beim Abbrand der Pulverladung entsteht, an der Schrotladung vorbei in den Lauf entweichen kann. Dies bedeutet, daß die benötigte Pulverladung um bis zu zehn Prozent verringert werden konnte — eine weitere Einsparung. Diese Verringerung der Pulvermenge wird in allen modernen Ladungstabellen berücksichtigt.

Ladepressen für sehr große Mengen arbeiten halbautomatisch. Doch es sind viele gute Handpressen erhältlich, mit denen bis zu hundert Patronen pro Stunde neu geladen werden können. Das halbautomatische Ladegerät nimmt eine leere Hülse auf und wirft die fertige, neu geladene Patrone aus. Das einfachere Ladegerät muß von Hand bedient werden. Hierzu sind mehrere Zubehörteile erforderlich.

Zu der benötigten Ausrüstung gehören eine Ladepresse für Schrotpatronen, ein Pulverdosiergerät und ein Schrotdosiergerät. Außerdem benötigt man eine Hülsenmatrize in der Größe der neu zu ladenden Patronen. In teureren Ladepressen, wie in dem auf dieser Seite abgebildeten »Pacific-Modell 105«-Schrotpatronen-Ladegerät, sind alle diese Teile enthalten.

Weitere Einsparungen sind möglich, wenn der Wiederlader sein eigenes Bleischrot in einer speziellen Form, die genau den richtigen Kugeldurchmesser vorgibt, selbst herstellt. (Das Teuerste an einer Schrotpatrone sind die Bleischrote.)

Folgende Teile werden benötigt: Hülsen (sie bestehen aus einer Messing-Bodenkappe und einer Röhre aus Karton oder Plastik, wobei Plastik vorzuziehen ist), Bleischrot in der richtigen Größe, Zündhütchen, Schrotbeutel aus Plastik, Bodenpfropfen (oder Beutel mit Bodenpfropfen als Kombination) und Pulver. Richten Sie sich bei der Pulvermenge genau nach den Maßangaben in den Ladetabellen. Man sollte auch unbedingt darauf achten, daß alle Teile derselben Marke angehören. Nur dann ist für alle Patronen eine gleichbleibende Qualität gewährleistet. Schon beim

Kauf der fertigen Patronen sollte man auf die Marke achten, wenn man die leeren Hülsen und Messingteile wiederverwenden möchte. Im Gegensatz zu den Hülsen von Büchsenpatronen gibt es unter den Schrotpatronenhülsen teilweise erhebliche Unterschiede in bezug auf Material, Größe und Typ. Die Patronen müssen beim Neuladen entsprechend unterschiedlich behandelt werden. Wenn Sie ungeeignete Teile verwenden oder eine falsche Pulvermenge abgewogen haben, besteht die Gefahr, daß der beim Schießen entstehende Gasdruck zu groß ist, was unnötige Belastungen von Patronenlager und Lauf zur Folge hat. Die Verwendung eines nicht geeigneten Bodenpfropfens oder ungeeigneter Zündhütchen bewirkt beim Abfeuern des Schusses leicht eine Erhöhung des Gasdruckes um bis zu 25 Prozent. Dies führt schnell zu schweren Schäden an der Waffe. Im schlimmsten Falle wird der Schütze selbst verletzt. Bedenken Sie, daß sich an der fertig geladenen Schrotpatrone nicht mehr erkennen läßt, ob sie falsch geladen wurde.

Im wesentlichen werden Schrotpatronen nach demselben Verfahren von Hand geladen wie Büchsenpatronen. Einer der Hauptunterschiede besteht

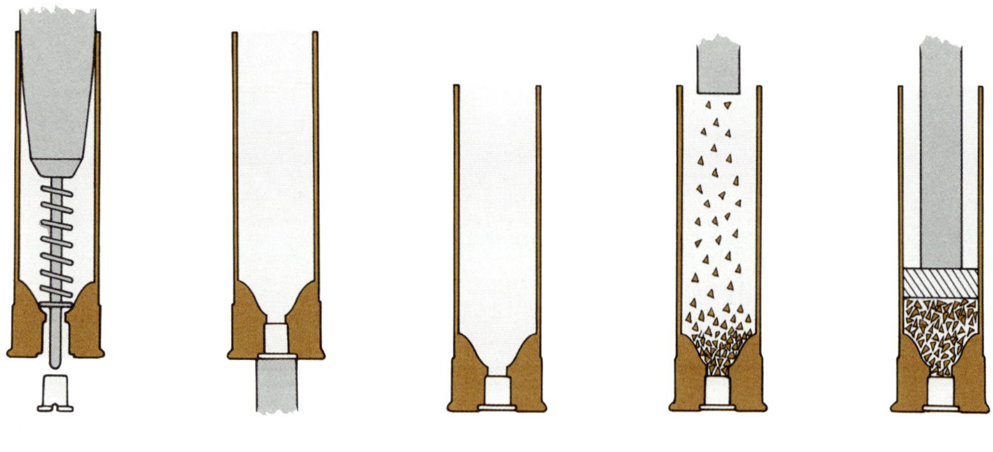

Als erstes muß man beim Neuladen das Messing auf Zeichen von Materialermüdung hin untersuchen. Alle Hülsen, die Risse haben oder andere Beschädigungen aufweisen, sollten aussortiert werden.

Ebenso sorgfältig muß die Plastikhülse untersucht werden. Nach dem Reinigen der Messingbodenkappe und der Hülse werden die folgenden Schritte durchgeführt.

1. Setzen Sie die Hülse in den entsprechenden Halter in der Ladepresse. Durch das Herunterdrücken des Griffs wird das alte Zündhütchen herausgestoßen.

2. Das neue Zündhütchen wird eingelegt (entweder von Hand oder automatisch durch den Zündhütchensetzer). Ein weiterer Zug am Ladepressenhebel drückt es in den Boden der Hülse.

3. Wie bei Büchsenpatronen sollte das Zündhütchen nicht direkt auf dem Patronenboden aufliegen. Prüfen Sie dies, indem Sie eine gerade Kante, zum Beispiel ein Stahllineal, am Boden anhalten. Es sollten ungefähr 0,1mm Platz zwischen dem Boden und dem Zündhütchen bleiben.

4. Die Pulverladung wird in die Hülse gefüllt, entweder automatisch aus dem Pulverfüllgerät, oder von Hand durch einen Trichter. Wiegen Sie stets die erste Pulverladung, um sicher zu sein, daß die Pulvermenge korrekt ausgewogen ist.

5. Der Bodenpfropfen, der auf die Pulverladung gesetzt wird (wenn einer verwendet werden soll), wird durch einen weiteren Abwärtszug des Ladepressengriffes an die richtige Stelle gesetzt.

Verschiedene Ausführungen von Schrotbeuteln mit Bodenpfropfen
Der moderne Schrotbeutel mit Bodenpfropfen aus Plastik bietet eine sehr wirksame Abdichtung. Mit weniger Pulver wird die gleiche Wirkung erzielt wie bei den älteren Schrotpatronen mit Filz- oder Kartonpfropfen.

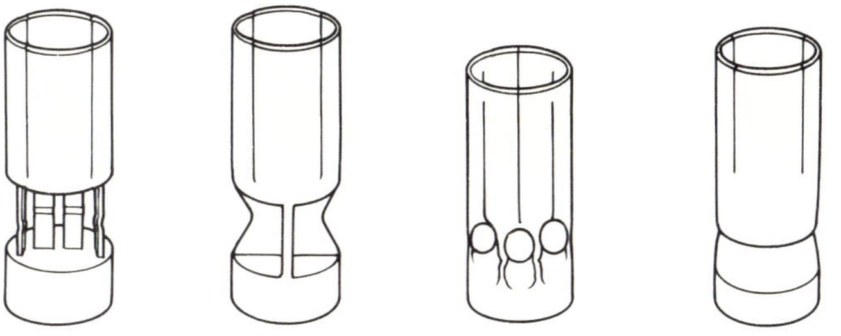

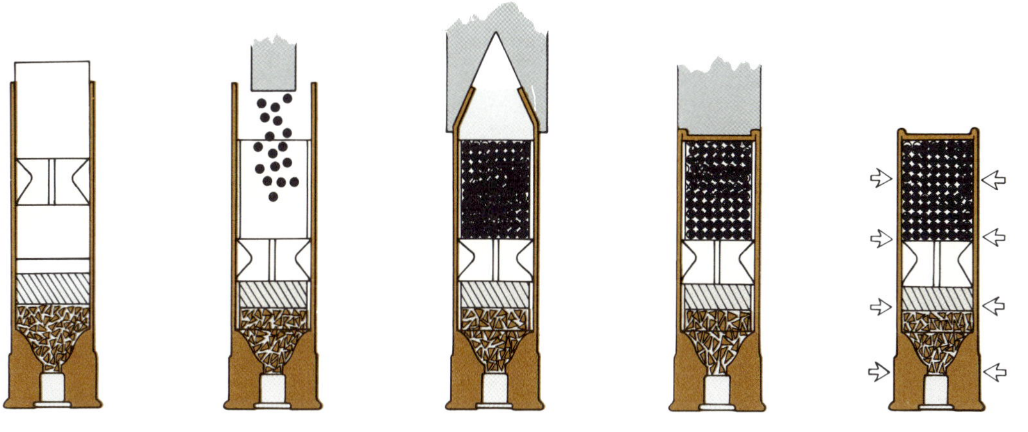

6. Der Schrotbeutel wird eingeführt.

7. Der Beutel wird mit Schrot gefüllt. Wiegen Sie die Schrotmenge beim ersten Mal ab, um sicherzustellen, daß die Schrotmenge korrekt ausgewogen ist. Eine 12/70er-Patrone, das heißt eine Patrone mit 12er-Bohrung und 70mm Länge, faßt eine Ladung von 28-35 Gramm Schrot, je nachdem, welche Firma die Patrone herstellt. Entnehmen Sie die genaue Menge Ihrer Ladetabelle.

8. Die Bördelung. Das offene Ende der Hülse wird geschlossen, indem das Material zusammengepreßt und umgeknickt wird. Vergewissern Sie sich, daß Sie für die neuen Patronenhülsen den richtigen Verschlußkopf haben.

9. Nun wird die Patrone endgültig verschlossen, und damit ist die Vorderseite der Patrone fertig.

10. Abschließend wird die geladene Patrone in der Ladepresse kalibriert.

darin, daß das Röhrchen (es entspricht bei der Büchsenpatrone der Hülse) im Durchmesser nicht kalibriert werden muß. Stattdessen genügt es, das Messingbodenstück passend zu kalibrieren.

Kombinierte Waffen

Die kombinierte Waffe vereint eine Büchse und eine Flinte. Die beiden vorherrschenden Typen bei kombinierten Waffen sind der Drilling, meist mit zwei oben liegenden Schrotläufen und einem unten liegenden Büchsenlauf, und das Bockgewehr, bei dem ein Schrotlauf über einem Büchsenlauf angeordnet ist.

Jagdwaffen dieser Art wurden in Mitteleuropa entwickelt. In den Vereinigten Staaten oder auf den Britischen Inseln waren sie nie sehr beliebt. Dennoch stellt der amerikanische Hersteller Savage Arms eine relativ preisgünstige Bockbüchsflinte her, und mehrere amerikanische Waffenhändler importieren teure zwei- und dreiläufige Jagdwaffen. Drillinge sind besonders unter Berufsjägern in ganz Mitteleuropa beliebt (Deutschland, Österreich, Tschechoslowakei, etc.).

Beim Drilling handelt es sich um ein Kipplaufgewehr, das nach demselben Prinzip konstruiert ist wie eine Doppelflinte. Er hat den großen Vorteil, daß er sich bei verschiedenen Arten der Jagd verwenden läßt. Der Jäger kann mit einer kombinierten Waffe auf Wild schießen, das aus der Reichweite der Flinte hinausläuft, aber auch auf Wild in kurzer Entfernung. Die Verbindung von Flinte und Büchse eignet sich für fast jede erdenkliche Jagdsituation. Bei modernen mehrläufigen Gewehren gestattet ein Umschaltknopf oder -hebel eine schnelle Wahl zwischen Büchsenlauf und Flintenlauf.

Gegen die kombinierte Waffe wird der verständliche Einwand erhoben, daß sie den Jäger dazu verleitet, bei jeder sich ihm bietenden Gelegenheit zu schießen. Einige sehen in der Verwendung von Flinte und Büchse anstelle der kombinierten Waffe eine gute Disziplinübung für den Jäger, und sei es nur, damit er nicht jede Gelegenheit zum Schuß wahrnehmen kann. Aber man darf nicht vergessen, daß der Jäger schließlich auf die Jagd geht, um Wild zu erlegen. Wenn er auf eine Ausrüstung Wert legt, mit der er von jeder sich bietenden Gelegenheit zum Schuß Gebrauch machen kann, fällt die Wahl zweifellos auf eine mehrläufige, kombinierte Waffe. Viele davon, besonders Drillinge, sind relativ schwer und unhandlich. Ein weiterer Nachteil besteht darin, daß sich auf einer kombinierten Waffe nur

Tikka Modell 70, Bockbüchsflinte
Diese Waffe vereint eine 12/70er Flinte mit einer Büchse des Kalibers .222 Remington. Sie hat einen Monte Carlo-Schaft mit Pistolengriff und Schaftbakke. Einabzug. Ventilierte Laufschiene. Die abgebildete Waffe ist mit einem offenen Klapp-Visier und einem Montagesockel für ein Zielfernrohr ausgerüstet.

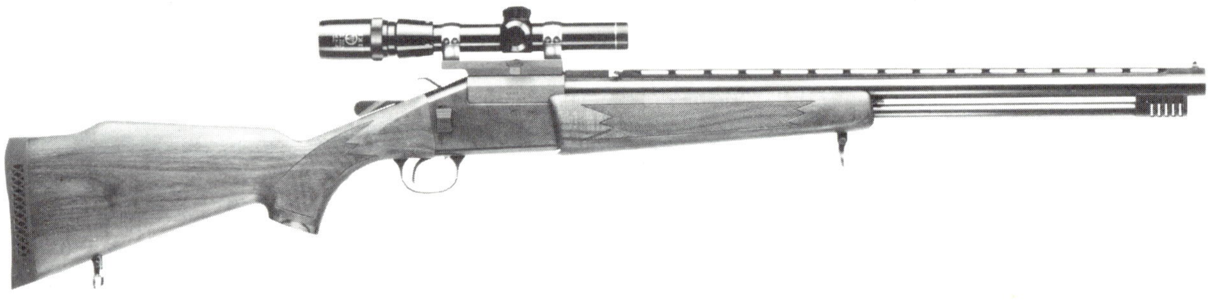

(unten) Der Umschaltknopf für die Läufe befindet sich auf der linken Seite der Verschlußhülse, während die Sicherung durch den erkennbaren Hahn eingestellt wird. Der Auswerfer ist auf dem Foto klar zu erkennen.

Krieghoff Modell Plus, Drilling
Diese Kombination aus Querflinte und einem Büchsenlauf darunter ist so hergerichtet, daß sich mit einer Klemm-Montage ein Zielfernrohr anbringen läßt. Die Flintenläufe haben die 12er-Bohrung für 70mm-Patronen. Das Kaliber des Büchsenlaufes ist .222 Remington, 6,5 × 55 oder 7 × 57 R. Der Drilling hat einen englischen Schaft mit Pistolengriff und Schaftbacke.

(unten) Wenn der Laufumschaltknopf auf »K« steht, wird durch den vorderen Abzug der Büchsenlauf abgefeuert. Wenn der Knopf sich in der »S«-Position befindet, wird durch den vorderen Abzug der rechte Flintenlauf abgefeuert. Durch den hinteren Abzug wird der linke Lauf abgefeuert.

schlecht ein Zielfernrohr montieren läßt. Die oberste Laufschiene eines Drillings kann zwar so gebohrt und mit Gewinden versehen werden, daß ein Zielfernrohr montiert werden kann. Eine solche Konstruktion ist jedoch beim Schießen auf Flugwild, für das die Flintenläufe vorgesehen sind, eine Behinderung. Die übliche Visiervorrichtung auf einer Waffe dieser Bauweise besteht aus einem Kornblatt und einer umlegbaren Kimme. Bei manchen Waffen springt die Kimme in eine Position zum Zielen nach oben, sobald man mit dem Umschaltknopf auf den Büchsenlauf umschaltet.

Die Wahl zwischen einem Drilling und einer Waffe mit zwei Läufen ist nicht nur eine Frage des Geschmacks, sondern insbesondere auch des Geldes. Wer einen Drilling erwirbt, erhält sozusagen eine Doppelschrotflinte und eine Büchse auf einem einzigen Schaft. Wer eine Bockbüchsflinte kauft, muß auf einen Schrotlauf verzichten, bezahlt aber erheblich weniger.

Der Vorteil des Drillings liegt in dem größeren Sicherheitsgefühl, das der zusätzliche Schrotlauf bietet. Der Vorteil des anderen Typs liegt in seinem

geringeren Gewicht, in der leichteren Handhabung und natürlich in dem niedrigeren Preis.

Die Bockbüchsflinte hat im Vergleich zur Büchse oder Flinte den Nachteil, daß der Büchsenlauf verschleißanfälliger und ungenauer ist. Während man aus einer guten Repetierbüchse bei sachgemäßer Handhabung ungefähr fünftausend Schuß mit höchster Präzision abgeben kann, sind es bei einem Büchsenlauf, selbst bei dem eines hervorragenden Drillings, selten mehr als zweitausend. Ein üblicher Wert liegt bei zweitausend Schuß mit Werks-Präzision und zweitausend weitere mit hinreichender Präzision. Die geringere Genauigkeit von kombinierten Waffen geht in erster Linie darauf zurück, daß aus technischen Gründen das Material des Büchsenlaufes nicht so dick sein darf, wenn zwei oder mehr Läufe aneinandergelötet werden. Bei Büchsen, die mehr als einen Lauf haben, verfügen selbst bei ausgezeichneter Fertigungsqualität die Läufe nicht über eine vollkommene Präzision. Beim Drilling tritt wiederholt das Problem auf, daß die Schrotschüsse hier kein so enges Feld bilden wie bei einer einläufigen Büchse. Wenn mehrere Schüsse in rascher Folge abgegeben werden, läßt die

Tikka Modell 77 K, Bockbüchsflinte
Eine hahnlose kombinierte Waffe mit zwei Abzügen. Der hintere Abzug feuert den Büchsenlauf ab. Auswerfer, Sicherungshebel und Öffnungshebel für den Verschluß sind auf der linken Seite deutlich zu erkennen. Ventilierte Laufschiene mit montiertem Zielfernrohr. Monte Carlo-Schaft mit Pistolengriff und Schaftbacke. Die Flintenbohrung ist 12/70 und das Büchsenkaliber entweder .222 Remington oder 6,5 × 55.

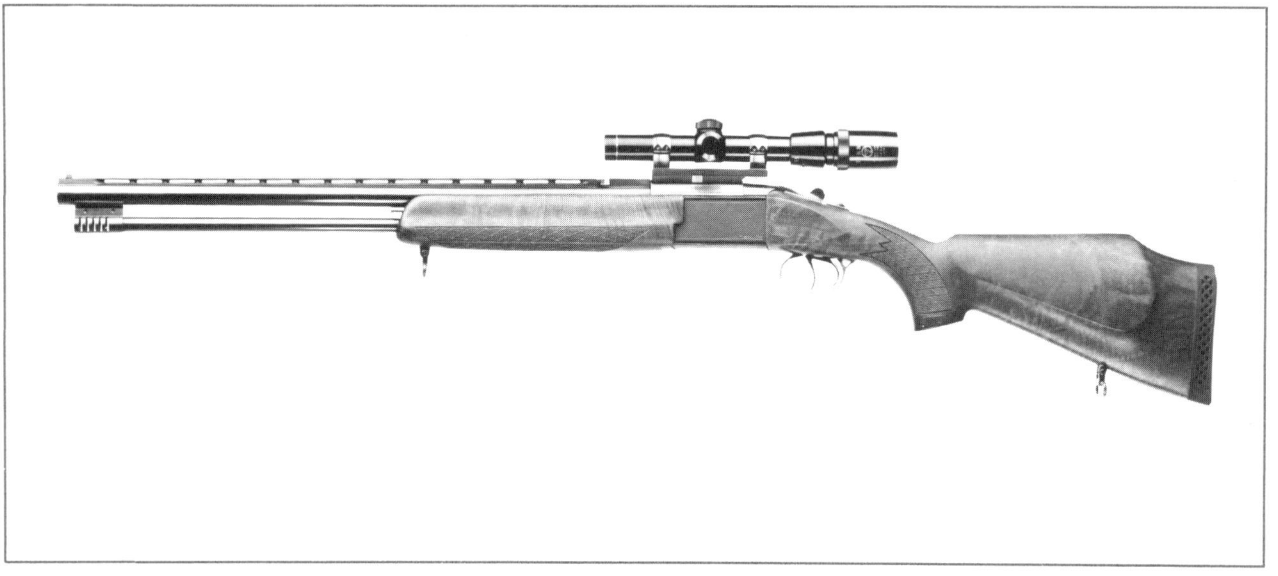

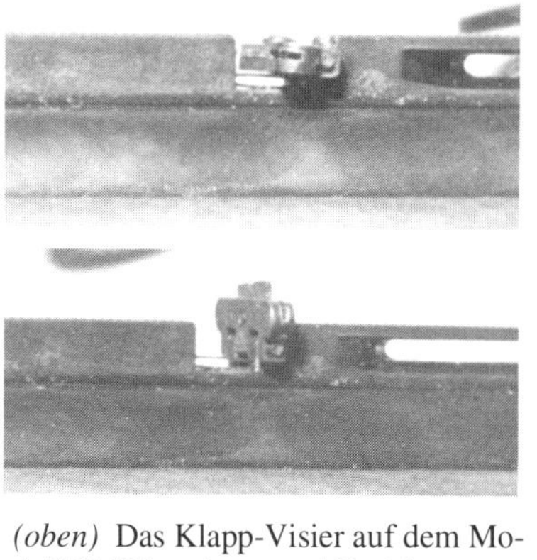

(oben) Das Klapp-Visier auf dem Modell 77 K in seinen zwei Positionen.

(links) Auswechselbare, übereinanderliegende Flintenläufe für das Modell 77.

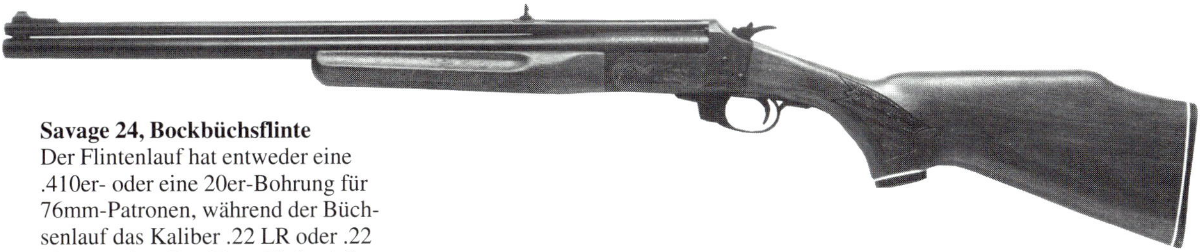

Savage 24, Bockbüchsflinte
Der Flintenlauf hat entweder eine .410er- oder eine 20er-Bohrung für 76mm-Patronen, während der Büchsenlauf das Kaliber .22 LR oder .22 Magnum hat. Der Verschluß wird durch einen Hebel an der Unterseite des Systemkastens geöffnet. Der Umschaltknopf für die Läufe ist auf dem Hahn angebracht. Monte Carlo-Schaft mit Pistolengriff.

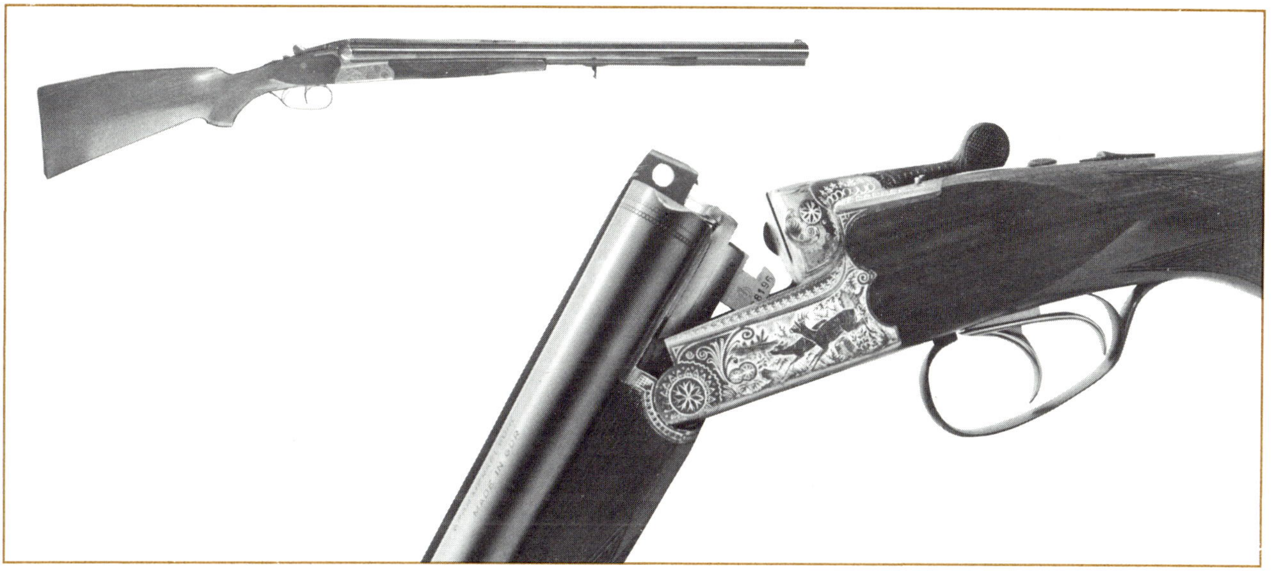

Merkel Drilling Modell 30 S Lutzen
Wenn mit dem Laufumschaltknopf auf dem Baskülenschwanz der Büchsenlauf eingestellt wird, kommt automatisch ein Klapp-Visier auf der Lauf schiene zwischen den beiden Flintenläufen hoch. Dieser Drilling hat Flintenläufe mit 12er- oder 16er-Bohrung. Das Kaliber des Büchsenlaufs beträgt 5,6 × 52 R, .222 Remington, 6,5 × 55, 6,5 × 57 R oder 7 × 57 R. Blitz-Verschluß mit doppeltem Laufhaken und Querriegel nach Greener.

Hitzeübertragung im Büchsenlauf die Einschüsse nach oben wandern. Schon der dritte Schuß schlägt erheblich höher ein als der erste. Die Genauigkeit von Waffen mit zwei verbundenen Läufen wird auch durch die geringere Wandstärke der Läufe und durch das Zusammenlöten der zwei Läufe beeinträchtigt.

Für viele europäische Jäger ist das Gewehr ihrer Wünsche ein erstklassiger Drilling. Der Preis für einen solchen Drilling ist jedoch für viele Jäger erschreckend hoch. Eine Bockbüchsflinte der Mittelklasse kostet erheblich weniger. Die Einführung einer einfacheren Version, bei der der Büchsen- und der Schrotlauf über einen gemeinsamen umschaltbaren Zündmechanismus abgefeuert werden, bedeutete den Durchbruch für diesen Waffentyp.

Es gibt heute einige Drillinge mit auswechselbaren Laufbündeln, die für die unterschiedlichen Anforderungen auf der Jagd verschiedene Kaliber- und Schrotbohrungsgrößen bieten. Die kombinierten Waffen, die mehrere Gewehrtypen an einem einzigen Schaft vereinen, haben in den letzten Jahren erheblich an Beliebtheit gewonnen, ebenso wie die Büchsen mit auswechselbaren Läufen. Für den Wechsel von einem Lauf zum anderen genügt eine einfache Handbewegung. Der Jäger erwirbt damit eine echte Vielzweckwaffe zu einem erschwinglichen Preis.

Valmet Modell 412, Bockflinte
Dies ist dasselbe Modell wie die unten abgebildete Bockbüchsflinte, mit dem Unterschied, daß der Umstellknopf für den einzelnen Abzug sich am oberen Teil des Abzugs befindet. Es sind separate Mündungseinsätze mit verschiedenen Verengungen erhältlich *(rechts)*. Diese Waffe hat den geraden, englischen Schaft und einen Pistolengriff. Die 12er-Bohrungsläufe sind für Patronen mit 70mm (2¾") Länge ausgelegt.

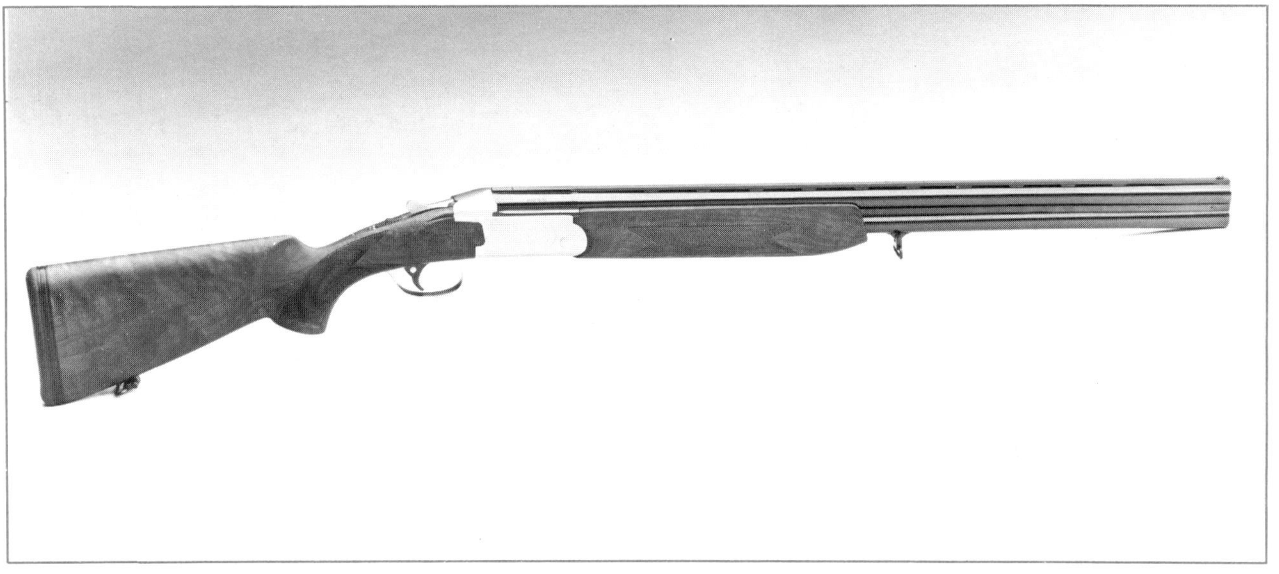

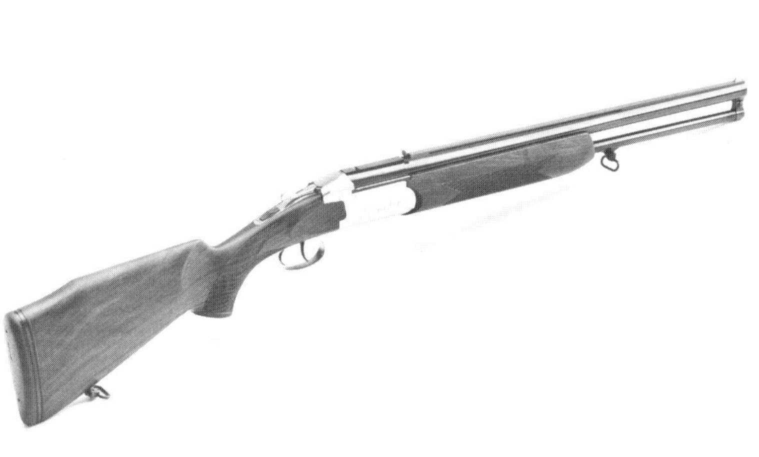

Valmet Modell 412 S, Bockbüchsflinte
Doppelter Abzug, wobei der hintere Abzug den Büchsenlauf auslöst. Der Flintenlauf mit 12er-Bohrung ist für 76mm-Patronen (3") ausgelegt. Das Büchsenkaliber beträgt 5,6 × 52 R, .222 Remington, 7 × 57 R oder .308 Winchester. Offenes Klapp-Visier. Angedeuteter Monte Carlo-Schaft mit Pistolengriff.

Das Auswechseln von Läufen bei der Valmet 412 S
Zuerst wird das nicht benötigte Laufbündel abgenommen. Dazu wird der Verschluß aufgekippt, der Sperrhebel an der Unterseite des Vorderschaftes gelöst, der Vorderschaft abgenommen und das Laufbündel ausgehakt. Dann wird das neue Laufbündel auf folgende Weise eingesetzt.

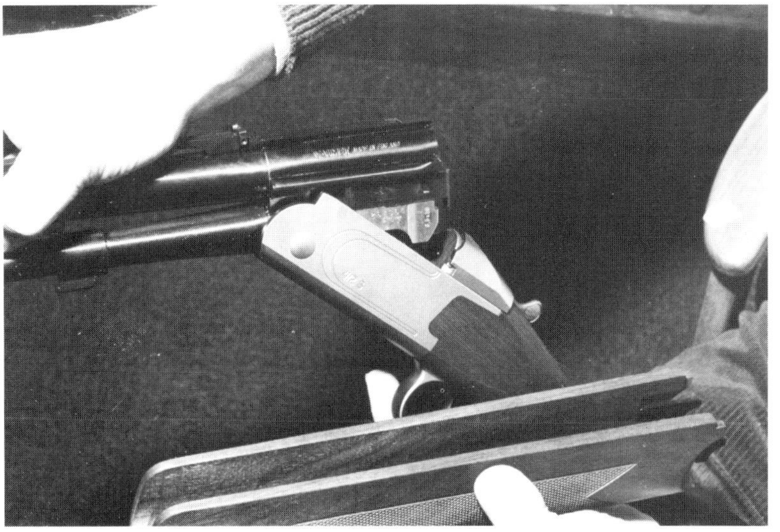

1. Haken Sie die Läufe im Verschlußkasten ein. Die Zinken am Ende des unteren Laufes passen in die Lippen im Verschlußkasten.

2. Haken Sie die hintere Lippe des Vorderschaftes unter den Läufen in den Verschlußkasten ein.

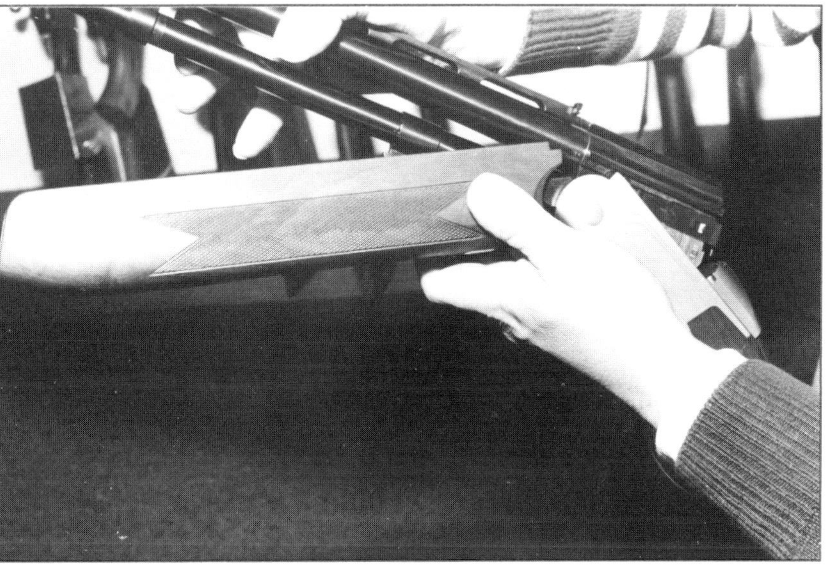

3. Drücken Sie den Vorderschaft hoch, an die Läufe heran. Ein vorstehender Bolzen am unteren Lauf setzt in eine Öse im Vorderschaft ein und verbindet Vorderschaft und Lauf.
Wenn der Verschluß geschlossen ist, ist die Waffe wieder gebrauchsfertig.

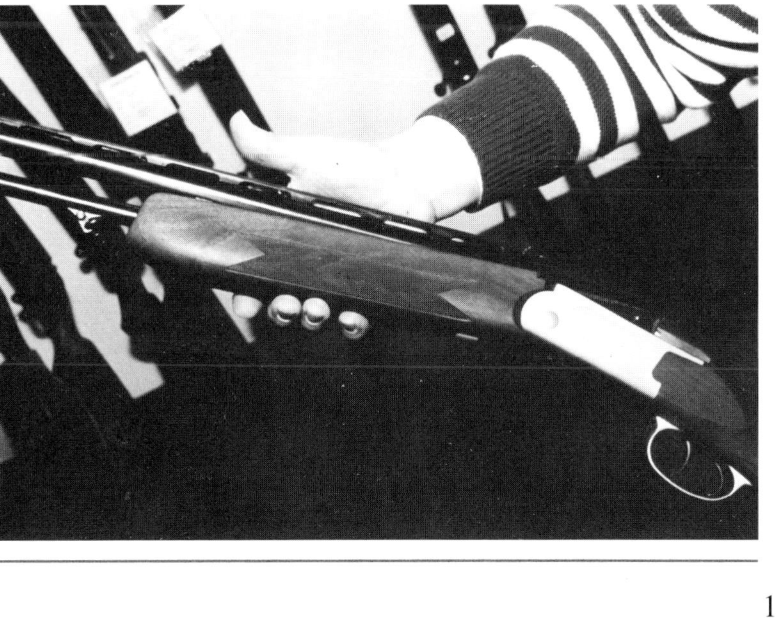

Jagdmethoden

Die Jagd auf Wasservögel

Im folgenden wird die Wasservogeljagd mit Lockvögeln beschrieben. Dies ist die am weitesten verbreitete Methode der Wasservogeljagd. Die Lockvögel sind Imitationen der gejagten Arten oder von Arten, die mit diesen Vögeln im gleichen Raum leben. Heute werden fast alle Lockvögel maschinell aus Plastik hergestellt. Einige Jäger fertigen jedoch ihre Lockvögel lieber selbst an. Sie schnitzen sie aus Holz und bemalen sie. Aus dieser Arbeit hat sich ein regelrechtes Kunsthandwerk entwickelt. Es gibt immer mehr Jäger, die diesem interessanten Hobby nachgehen.
Die Lockvögel werden innerhalb der Flintenschußweite (ungefähr 35m) ins Wasser gesetzt. Hier schwimmen sie wie echte Vögel. Der Jäger ist hinter einer Verblendung oder in einem Versteck verborgen.
Diese Form der Wasservogeljagd ist an Buchten, an Flußmündungen, in Marschgebieten und an der Meeresküste üblich, ferner an Seen, Weihern, in Sumpfgebieten und an Flüssen. Den größten Erfolg verspricht diese Jagd an den Rast- und Futterplätzen der Zugvögel. Schon seit Generationen haben Jäger hier ihre festen Unterstände, aus denen heraus sie Wasservögel schießen. Als Versteck dient allerdings auch hohes Schilf oder Buschwerk. In Skandinavien, Alaska und Kanada wird manchmal ein Versteck sogar aus den großen Eisblöcken zurechtgehauen, die dort aufgrund der harten Klimabedingungen anzutreffen sind.
Auf felsigen Inseln oder an Küstenstreifen läßt sich aus großen Steinen leicht ein natürlich wirkendes Versteck bauen, hinter dem sich der Schütze verbergen kann. Häufig braucht man jedoch gar nicht Steine oder Felsen zu bewegen oder aufzutürmen, da Spalten, große Felsbrocken oder natürliche Stein- oder Treibholzhaufen bereits geeignete Verstecke bieten.
In südlicheren Regionen bieten sich oft Büsche, Schilf und Sträucher als natürliche Verstecke an. Meist werden allerdings aus Buschwerk und Schilf künstliche Verstecke gebaut. Dazu wird das Schilf an einen Holzrahmen gebunden oder in ein Drahtgeflecht hineingewoben. Manchmal wird im Handel erhältliches Tarnmaterial hinzugefügt. Oft ist ein solches Versteck auch teilweise überdacht oder mit einem beweglichen Dach versehen. Im Inneren befindet sich häufig nicht nur eine Bank oder ein Sitz und eine Ablage für die Munition, sondern auch ein kleines tragbares Heizgerät, damit das Warten für den Jäger nicht zu ungemütlich wird. Diese Verstecke werden auch als Unterstände bezeichnet.
Es gibt auch eingegrabene Unterstände, deren Dächer mehr oder weniger mit dem Erdboden abschließen oder nur wenig höher sind als die Wasserflächen in der Umgebung. In vielen Gegenden werden Unterstände auf hohen Stelzen im Wasser errichtet (unter anderem, um ihre Überflutung zu vermeiden) und das Boot darunter verborgen. Wenn ein solcher Unterstand jahrelang an derselben Stelle steht oder vor der Jagdsaison, das heißt

Die Lockvögel werden in der Nähe des Schilfverstecks an einer sorgfältig ausgewählten Stelle ins Wasser gesetzt. Die Schilfverblendung fällt in der Landschaft nicht auf. Wenn die Jäger sich beim Näherkommen der Vögel niederkauern, bleiben sie unentdeckt. Die Lockvögel sind mit Schnüren an Gewichten befestigt, die auf dem Grund liegen.

vor Ankunft der Zugvögel, aufgebaut wird, betrachten ihn die Vögel als eine natürliche Insel, die für sie keine Bedrohung bedeutet. Befindet sich jedoch ein leuchtender, farbiger oder unnatürlich wirkender Gegenstand im Unterstand oder in seiner Nähe, drehen die Vögel ab, bevor sie in Schußweite kommen. Man muß stets khakifarbene oder andere Tarnkleidung tragen und selbst grelle, farbige Patronen verstecken. Sobald in der Ferne die Vögel im Anflug zu sehen sind, setzen oder kauern sich die Jäger hin und verhalten sich ruhig, damit sie nicht entdeckt werden. Nur zum Schuß richten sie sich auf.

Ein Unterstand läßt sich gut an der Leeseite einer Bucht errichten, da hier das Wasser relativ ruhig ist. Es gibt aber auch viele andere geeignete Plätze. Der Wind sollte möglichst von hinten oder von der Seite kommen, da Wasservögel beim Landen auf dem Wasser möglichst gegen den Wind fliegen. Wird ein Boot verwendet, sollte es versteckt werden, zum Beispiel zwischen hohen Büschen. Die Lockvögel müssen so ins Wasser gesetzt werden, daß für die landenden Vögel noch genügend Platz bleibt.

Unter Umständen ist es von Vorteil, mehrere feste Verstecke an verschiedenen Stellen des Ufers aufzubauen, so daß je nach Windrichtung ein anderes Versteck gewählt werden kann. Steht nur ein Versteck zur Verfügung, geht bei ungünstigem Wind möglicherweise ein ganzer Jagdtag verloren.

Manchmal landen die Vögel nicht, fliegen aber in Schußweite über die Lockvögel hinweg oder seitlich an ihnen vorbei.

Wenn kein Schuß fällt, gehen die Vögel oft zwischen den Lockvögeln oder ganz in deren Nähe nieder. Daß die Jäger nicht schon beim Anflug schießen, kann zweierlei Gründe haben: Entweder waren sie unaufmerksam, und die Vögel konnten tatsächlich unbemerkt landen, oder die Jäger wollten die Vögel nicht in der Luft schießen, sondern sie erst mit Hilfe der Lockvögel und entsprechender Lockrufe zur Landung veranlassen. In einigen Ländern werden Enten oder Gänse geschossen, während sie auf dem Wasser schwimmen. In vielen anderen Ländern jedoch, hauptsächlich in den Vereinigten Staaten, gilt es als höchst unsportlich, einen Vogel auf dem Wasser zu schießen (außer, wenn er verletzt ist). Der Schütze bekommt in diesem Fall die volle Verachtung seiner Jagdkameraden zu spüren. Eine Ente, die angeschossen, aber nicht getötet wurde — zum

Beispiel deren Flügel gebrochen ist oder die zu weit hinten am Körper getroffen wurde — wird versuchen, wegzuschwimmen oder (je nach Art) zu tauchen und unter Wasser zu entkommen. Selbst ein guter Apportierhund kann sie dann verfehlen. In einem solchen Fall darf der Vogel auf dem Wasser noch einmal geschossen werden. Ansonsten sollten Vögel nicht schwimmend geschossen werden, auch wenn die Jäger sie zuerst auf dem Wasser niedergehen lassen. Ist dies der Fall, stehen die Jäger auf und machen Lärm, um die Vögel aufzuscheuchen. Wenn sie dann über den Lockvögeln auffliegen, schießen die Jäger.
Daraufhin werden die erlegten Vögel entweder vom Boot aus oder durch einen Apportierhund geholt. Einige Jäger sind der Auffassung, daß tote Vögel, die mit dem Bauch nach oben auf dem Wasser schwimmen, andere Vögel abschrecken. Die Meinungen hierüber sind jedoch geteilt. Wichtiger ist, daß tote oder schwer verletzte Vögel fortgeschwemmt werden und verlorengehen, wenn sie nicht geholt werden. Ein solches Verhalten ist grausam und unwaidmännisch, und widerspricht den Prinzipien der Hege und der guten Jagd.
Manchmal landen die Vögel gleich nach dem Anflug, in anderen Fällen kreisen sie erst ein- oder zweimal über der Wasserfläche. Ihr Verhalten hängt weitgehend von der Windrichtung ab. Bei dieser Jagdweise spielt die Witterung des Jägers keine Rolle. Manchmal kreisen die Vögel auch bei günstigem Wind, weil ihnen die Situation verdächtig erscheint und sie vielleicht ein ungewöhnliches Geräusch gehört haben. Nichts weckt in Enten und Gänsen so schnell Mißtrauen wie ein unfachmännischer Lockruf, der den Ruflaut von Enten oder Gänsen nachahmt. Das Imitieren der Rufe von Wasservögeln ist eine Kunst, die nur durch lange Übung erlernt werden kann.
Manchmal drehen Wasservögel ab und kreisen mißtrauisch, weil sie im Versteck eine Bewegung oder irgendeinen unbekannten Gegenstand gesehen haben — schon das Glitzern des Sonnenlichtes auf einem Flintenlauf oder auf den Brillengläsern des Jägers ist ausreichend.
Man kann davon ausgehen, daß kreisende Wasservögel von den Lockvögeln zwar zum Landen verleitet werden, aber dem, was sie sehen oder hören, nicht ganz trauen. Jetzt gibt es nur zwei Möglichkeiten, sie in Reichweite zu bringen. Die einfachere Möglichkeit besteht darin, daß die Jäger bewegungslos und völlig lautlos im Versteck bleiben, während die Vögel sich nochmals den Lockvögeln nähern. Wenn sie nicht erschreckt werden, kommen sie wahrscheinlich herunter. Die zweite Möglichkeit ist nur gegeben, wenn ein geübter Rufer anwesend ist. Er kann versuchen, durch wiederholtes Imitieren der Sammlungs- und Futterrufe der jeweiligen Vogelart die Vögel zum Landen zu bewegen. Ein guter Rufer holt oft sogar Wasservögel zurück, die sich schon entschlossen hatten, weiterzufliegen und die Lockvögel zu ignorieren.
Nachdem die Vögel gelandet sind, halten sie sich oft lange Zeit zwischen den Lockvögeln auf. Sie haben offenbar keine Angst, sich zu den künstlichen Kameraden zu gesellen. Deshalb werden in Ländern, in denen man Vögel auf dem Wasser schießen darf, oftmals mehrere Vögel mit einem Schuß gleichzeitig erlegt. Auf keinen Fall sollte man jedoch mitten in einen Schwarm hineinschießen. Selbst wenn mehrere Vögel erlegt werden, werden andere häufig nur verwundet. In manchen Ländern darf nicht mehr als eine ganz bestimmte Zahl an Vögeln erlegt werden, und diese Obergrenze wird streng überwacht — ein weiterer Grund, nicht in einen Schwarm zu schießen.

In dem abgebildeten Beispiel liegt das Versteck auf einer kleinen Insel an Punkt A. Es ist einige Meter vom Wasser entfernt, um die Vögel nicht zu beunruhigen. Der Wind kommt vom Land her. Das Versteck bietet genug Platz für zwei Jäger und einen Apportierhund. (Beim Errichten eines Verstecks muß genügend Platz eingeplant werden, damit die Jäger bequem sitzen können und genügend Bewegungsfreiheit beim Schießen haben. Wenn die Vögel über ihren Köpfen entlangfliegen, können sie aus dem Sitzen schießen. Doch in den meisten Fällen müssen sie sich unmittelbar vor dem Schuß hinstellen.)

Der Apportierhund muß gut ausgebildet sein. Sein Kopf muß unten bleiben, und er darf nicht bellen, wenn er die Vögel kommen sieht oder hört. Ein schlecht ausgebildeter Hund, der das Versteck verläßt, ohne das Kommando abzuwarten, sollte angeleint werden.

Die Jäger haben ihr Boot an Punkt B unter weit ausladenden Büschen versteckt. Mit ihm sind sie auf die Insel gerudert und haben die Lockvögel ausgesetzt. Später werden die Lockvögel mit dem Boot wieder eingeholt.

Um die Vögel noch stärker zur Landung zu verleiten, wurden einige Lockvögel auf einem erhöhten Punkt, an Punkt C, verteilt. An Punkt D wurden mindestens 12 Lockvögel ausgesetzt. Das Wasser ist hier sehr flach. (Einzelne Lockvögel werden von vorbeifliegenden Vögeln in der Regel ignoriert.)

Die Lockvögel werden von einem Gewicht gehalten, das auf dem Grund liegt. Die Jäger verteilen die Lockvögel so, wie es sich in früheren Jagden bewährt hat. Wenn ihre Lockvögel zwei verschiedene Vogelarten darstellen, werden sie in entsprechende Gruppen aufgeteilt und nebeneinander ausgesetzt. Der Wind weht hinaus auf das Wasser, so daß die Vögel beim Landen gegen den Wind auf die Jäger zufliegen. Beim Landeanflug schießen die Jäger.

Der Apportierhund

Fast jeder Hund, der für die Jagd von Landvögeln, wie zum Beispiel von Fasanen und Rebhühnern, eingesetzt wird, hat einen natürlichen Hang, die heruntergeholten Vögel zu fassen. Daher läßt er sich leicht dazu abrichten, kleines Wild — hauptsächlich Vögel — auf dem Land zu apportieren. Das Apportieren von Wasservögeln ist jedoch schwieriger und macht eine spezielle Ausbildung erforderlich.

Einige Jagdhundrassen lassen sich leichter an das Wasser gewöhnen als andere und vertragen das Apportieren im kalten Wasser besser. Unter den Pointerzüchtungen eignen sich der Drahthaargriffon und der Drahthaarpointer ausgezeichnet zum Apportieren von Wasservögeln. Die kurzhaarigen Pointerzüchtungen leiden oft unter der Kälte, wenn sie aus dem Wasser kommen und sich dann in einem kalten Versteck oder Unterstand nicht bewegen dürfen. Außerdem schwimmen sie nicht so gut wie der Griffon. Unter den Stöberhund-Züchtungen ist der englische Springerspaniel der beste Wasservogel-Apportierer. Bei den Feldtauglichkeitsprüfungen muß diese Rasse auch im Wasser apportieren.

Viele andere Hunderassen lassen sich sehr gut zum Apportieren von Wasservögeln abrichten. Die berühmteste ist vermutlich der Labrador Retriever. Andere geeignete Rassen sind der Golden Retriever, der Irische Wasserspaniel, der Amerikanische Wasserspaniel, der Chesapeake Bay Retriever, der Curly-Coated Retriever, und der Glatthaarretriever.

Ein Apportierhund muß ruhig (und möglichst außer Sicht) bleiben, bis das Schießen beginnt, damit die Enten oder Gänse nicht erschrecken, bevor sie in Flintenreichweite sind. Der Hund kann daher den aus der Luft fallenden, getroffenen Vogel in der Regel nicht sehen. Es spielt keine Rolle, ob eine Ente ins Wasser oder ins Gestrüpp fällt. Wenn ein guter Apportierhund das Wild fallen sieht, merkt er sich den Ort, an dem der Vogel herunterkommt. Er heftet den Blick fest in die entsprechende Richtung und kann dann den Vogel sehr schnell apportieren.

Da der Hund jedoch das niedergegangene Wild häufig nicht gesehen hat, muß er so abgerichtet sein, daß er auf ein Zeichen seines Herrn hin »blind« apportieren kann. Mit Hilfe von Kommandorufen kann man dem Hund befehlen, sich zu setzen, dazubleiben, oder bei Fuß zu laufen. Über eine größere Entfernung, bei Wind und im Wasser kann der Hund gerufene Befehle jedoch oft nicht hören. In einigen Situationen lassen sich Signale mit der Pfeife geben. Zum Beispiel bedeuten zwei kurze Pfiffe »bring« oder »such voraus«, und ein langer Pfiff bedeutet »komm zurück«. Doch es lassen sich mit der Pfeife nur eine geringe Anzahl von Befehlen erteilen. Manche Hunde haben bei großer Begabung und langer Erfahrung eine bemerkenswerte Fähigkeit erworben, gefallenes Wild mit Hilfe von ganz wenigen Anweisungen zu apportieren. In jedem Fall sind Richtungsanweisungen unerläßlich. Aus diesem Grund muß der Hund Handsignale verstehen. Weil diese Signale auf größere Entfernung hin gesehen werden müssen und der Hund manchmal nur mit dem Kopf aus dem Wasser schaut, sollten sie in etwas übertriebener Form mit dem ganzen Arm gegeben werden.

Mit Hilfe von Armsignalen winkt der Jäger seinen Hund vorwärts, was bedeutet »such voraus« oder »such weiter voraus«, während das entgegengesetzte Signal bedeutet »komm' zurück«, oder »komm' ein bißchen näher, du bist zu weit gegangen«. Das Winken mit dem ganzen Arm nach rechts oder links (wie ein Polizist, der den Verkehr regelt) signalisiert die

Der Golden Retriever ist unter Wasservogeljägern sehr beliebt, obwohl er nicht so zäh wie der Labrador oder der Chesapeake Bay Retriever ist. Dafür ist der Golden Retriever aber ausgezeichnet für die Jagd zu Land geeignet.

Richtung zur einen oder anderen Seite. Oft dreht sich der Jäger beim Winken und Zeigen auch mit dem ganzen Körper in die gewünschte Richtung.

Häufig wird ein Handsignal mit einem Pfeifton verbunden, um die Aufmerksamkeit des Hundes zu wecken. Zum Beispiel schwimmt der Hund geradeaus, während die erlegte Ente weit nach links abgetrieben wurde. Ein lauter Pfiff veranlaßt den Hund, sich umzudrehen und zum Jäger zu blicken, der ihm dann signalisiert, weiter links nach der Ente zu suchen.

Wenn zwei oder mehr Enten aus einem Schwarm erlegt wurden, der sich bei den Lockvögeln niedergelassen hatte oder über den Köpfen der Jäger hinweggezogen war, muß der Hund in der Regel den am weitesten entfernten Vogel zuerst zu holen. Je weiter der Vogel entfernt ist, desto schwieriger ist das Apportieren. Der Hund braucht sehr lange, und es besteht die Gefahr, den Vogel zu verlieren. Doch es gibt auch Ausnahmen von dieser Regel. Vielleicht ist ein näher heruntergekommener Vogel aus irgendeinem Grund schwerer zu finden oder nur verwundet. Ist letzteres der Fall, muß der Hund ihn jagen und fangen, bevor er zu weit wegschwimmen kann. Oft wird ein erfahrener, begabter Apportierhund auch ohne Richtungsanweisungen des Jägers zuerst nach dem am weitesten entfernten oder einem verwundeten Vogel suchen.

Die Jagd mit einem Stöberhund

Der am weitesten verbreitete Stöberhund ist der Springerspaniel. Er wird Springer genannt, weil er dem Wild in schnellen Sprüngen nachsetzt, sobald er eine heiße Fährte gewittert hat. Der Springerspaniel arbeitet immer in Flintenreichweite des Jägers. Er stöbert das Wild auf und jagt es ins Freie, wo sich dem Jäger eine Möglichkeit zum Schuß bietet.
Der Stöberhund — hauptsächlich der Englische Springerspaniel — durchsucht das Gelände gegen den Wind in Zickzacklinien nach einer Fährte. Ist der Jäger mit dem Hund vertraut, erkennt er an dessen Verhalten, daß er ein Wild aufgespürt hat. Wenn der Hund an der Fährte ablesen kann, daß das Wild ganz in der Nähe ist, führt der typische Springer seine Nase dichter am Boden entlang, schnüffelt stärker und schneller und wedelt vor Aufregung schnell mit dem Schwanz.
Der Jäger eilt dann so schnell wie möglich herbei. Zugleich versucht er, so ruhig zu gehen, daß er sofort aus dem Schwung heraus schießen kann. Es heißt, der Springer eigne sich hauptsächlich für junge Jäger, da es einer guten körperlichen Kondition bedarf, um für einen Schuß nahe genug am Hund zu bleiben. Doch ein gut ausgebildeter Springer paßt seine Geschwindigkeit an die des Jägers an. Er bleibt in dessen Nähe, wenn er den Raum vor dem Jäger und zu beiden Seiten gründlich absucht. Einige besonders intelligente oder hervorragend ausgebildete Springer umkreisen das Wild sogar und treiben es in Richtung des Jägers.
Der Englische Springerspaniel ist der bekannteste Stöberhund. Der Cockerspaniel (ursprünglich für die Waldschnepfenjagd gezüchtet und ausgebildet) arbeitet auf dieselbe Weise. Einige andere Rassen, die eher für ihre Apportiereigenschaften aus dem Wasser bekannt sind und für die Enten- und Gänsejagd verwendet werden, können auch zu Stöberhunden abgerichtet werden. Hierzu zählen der Labrador Retriever, der Golden Retriever, und der weniger bekannte Amerikanische Wasserspaniel. Viele amerikanische Jäger verwenden den Labrador Retriever als Gebrauchshund, der genauso gut auf dem Land wie im Wasser arbeitet. Diese Hunde müssen nicht nur Wild aufstöbern können, sondern auch in der Lage sein, einen Wasservogel zu apportieren.
Der Stöberhund wird zur Vogeljagd in offenem, bewaldetem und bergigem Gelände, aber auch zur Jagd auf Wasservögel und kleines Wild wie Hasen und Kaninchen verwendet. Auf dem europäischen Festland wird er auch zum Aufstöbern von Rehen und Hirschen eingesetzt.

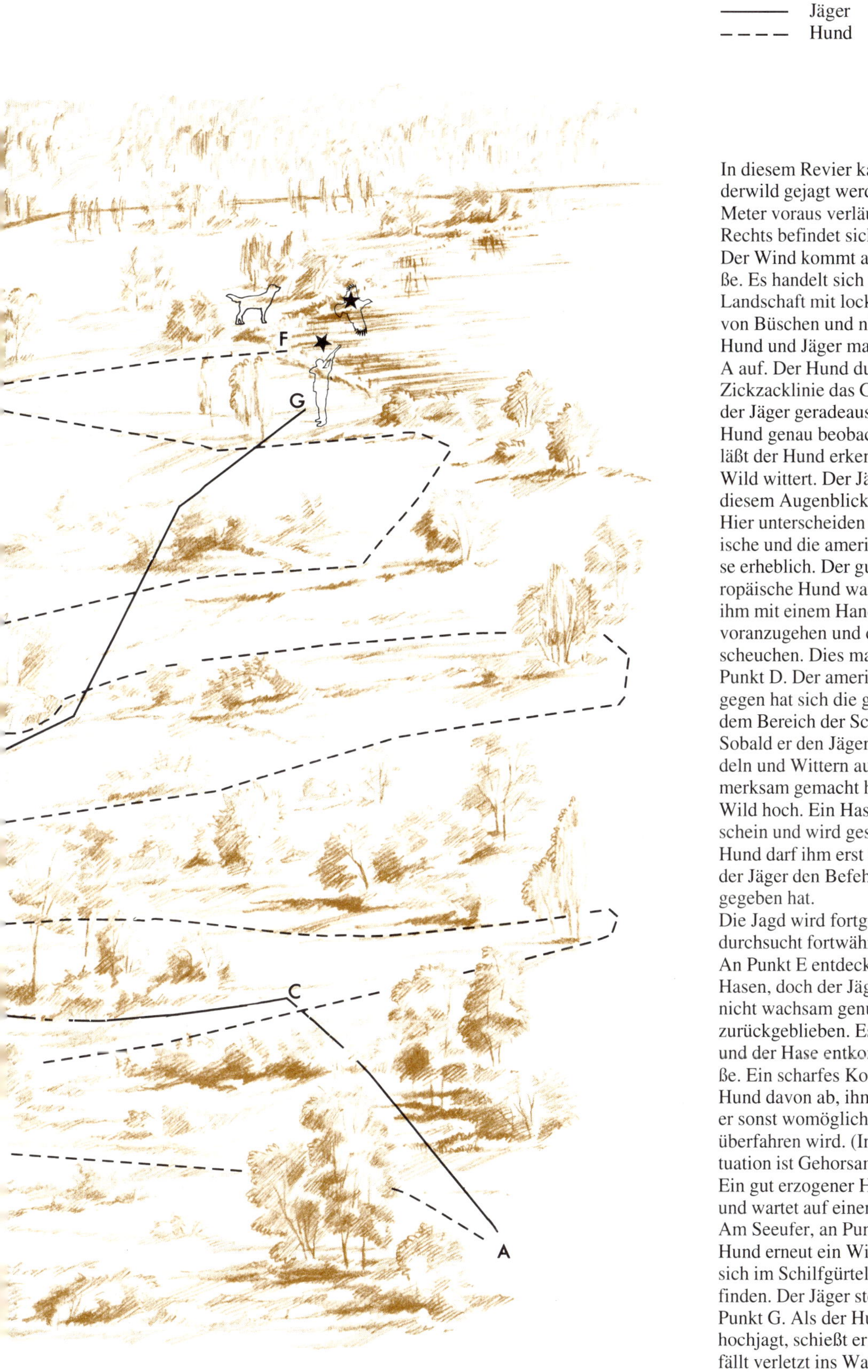

In diesem Revier kann Haar- und Federwild gejagt werden. Fünfhundert Meter voraus verläuft eine Landstraße. Rechts befindet sich ein kleiner See. Der Wind kommt aus Richtung Straße. Es handelt sich um eine offene Landschaft mit lockerem Bewuchs von Büschen und niedrigen Bäumen. Hund und Jäger machen sich an Punkt A auf. Der Hund durchstöbert in einer Zickzacklinie das Gelände, während der Jäger geradeaus geht und den Hund genau beobachtet. An Punkt B läßt der Hund erkennen, daß er ein Wild wittert. Der Jäger befindet sich in diesem Augenblick an Punkt C.
Hier unterscheiden sich die europäische und die amerikanische Jagdweise erheblich. Der gut ausgebildete europäische Hund wartet, bis der Jäger ihm mit einem Handzeichen befiehlt, voranzugehen und das Wild aufzuscheuchen. Dies macht der Jäger an Punkt D. Der amerikanische Hund dagegen hat sich die ganze Zeit nicht aus dem Bereich der Schußweite entfernt. Sobald er den Jäger durch Schwanzwedeln und Wittern auf das Wild aufmerksam gemacht hat, scheucht er das Wild hoch. Ein Hase kommt zum Vorschein und wird geschossen. Der Hund darf ihm erst nachsetzen, wenn der Jäger den Befehl zum Apportieren gegeben hat.
Die Jagd wird fortgesetzt. Der Hund durchsucht fortwährend das Gelände. An Punkt E entdeckt er einen weiteren Hasen, doch der Jäger war entweder nicht wachsam genug oder ist zu weit zurückgeblieben. Es fällt kein Schuß, und der Hase entkommt über die Straße. Ein scharfes Kommando hält den Hund davon ab, ihm nachzusetzen, da er sonst womöglich von einem Auto überfahren wird. (In einer solchen Situation ist Gehorsam entscheidend. Ein gut erzogener Hund bleibt stehen und wartet auf einen weiteren Befehl.) Am Seeufer, an Punkt F, zeigt der Hund erneut ein Wild an. Es scheint sich im Schilfgürtel am Wasser zu befinden. Der Jäger steht schußbereit an Punkt G. Als der Hund eine Stockente hochjagt, schießt er. Die Stockente fällt verletzt ins Wasser. Der Hund muß sie aus dem Wasser apportieren.

Die Jagd mit einem Vorstehhund

Mit Hilfe von Vorstehhunden werden einzelne Vögel und Vogelschwärme gejagt, wenn sie auf dem Boden Futter suchen, Rast machen oder Deckung suchen.
Der Name »Vorstehhund« beschreibt das Verhalten des Hundes. Wenn er das Jagdwild wittert, deutet er es dem Jäger an, indem er regungslos stehen bleibt. Wenn er die Vögel nicht erschreckt hat, bleiben sie auf dem Boden hocken anstatt aufzufliegen. Erst auf ein Kommando hin läuft der Hund zu den Vögeln, scheucht sie auf und gibt damit dem Jäger die Gelegenheit zum Schuß. Manchmal scheucht der Jäger selbst die Vögel auf, wobei der Hund die ganze Zeit an seiner Seite bleibt.
Diese Art der Jagd erfordert einen gut ausgebildeten, folgsamen Hund und eine ausgezeichnete Verständigung zwischen Mensch und Tier. Das beste ist, man jagt allein oder in einer kleinen Gruppe.
Der Vorstehhund durchstreift vor dem Jäger das Gelände bis zu 100 oder 200m nach rechts und links. Er stöbert also viel weiter als der Stöberhund, der immer in Flintenreichweite bleibt (ungefähr 30m). Durch Pfeifen, Handsignale oder Rufe gibt der Jäger dem Hund an, wie weit er sich von ihm entfernen darf.
Wenn möglich, sollte der Hund gegen den Wind arbeiten, um die Witterung der Vögel in die Nase zu bekommen.
Ein gut geschulter Jagdhund widersteht dem Drang, die sitzenden Vögel zu früh aufzuscheuchen. Bei einem Vorstehhund wäre das Aufjagen der Vögel ein schwerer Fehler. Ein guter Vorstehhund steht auch nach dem Schuß noch still, bis ihm befohlen wird, die erlegten Vögel zu holen. Bogenrein nennt der Jäger einen perfekt ausgebildeten Vorstehhund.
Schlecht erzogenen oder unerfahrenen Hunden gelingt es häufig nicht, stehenzubleiben. Sie laufen los und scheuchen die Vögel auf, bevor der Jäger zum Schuß bereit ist. Weitere Fehler sind mangelnder Gehorsam und fehlende Gründlichkeit beim Durchstöbern eines Gebietes. Derart schlecht ausgebildete Hunde laufen sogar an kauernden Vögeln vorbei. Sie bemerken diese nicht, selbst wenn der Wind in Richtung Hund steht.
Beliebte Vorstehhundzüchtungen sind der Englische Pointer, der Englische Setter, der Drahthaarpointer und der Kurzhaarpointer. Der zunehmend beliebte Brittany Spaniel ist ebenfalls ein Vorstehhund, obwohl fast alle Spanielarten Stöberhunde sind. Auch der Weimaraner gewinnt an Beliebtheit. Weitere gute Züchtungen sind der Gordon Setter und der Vizsla. In Europa werden diese Hunde zur Jagd auf Vögel wie Fasanen, Birkhühner, Auerhähne, Schneehühner, Schnepfen und Wachteln verwendet. In Amerika werden mit Vorstehhunden diese und verwandte Vogelarten wie das Nordamerikanische Haselhuhn und das Steinhuhn gejagt.

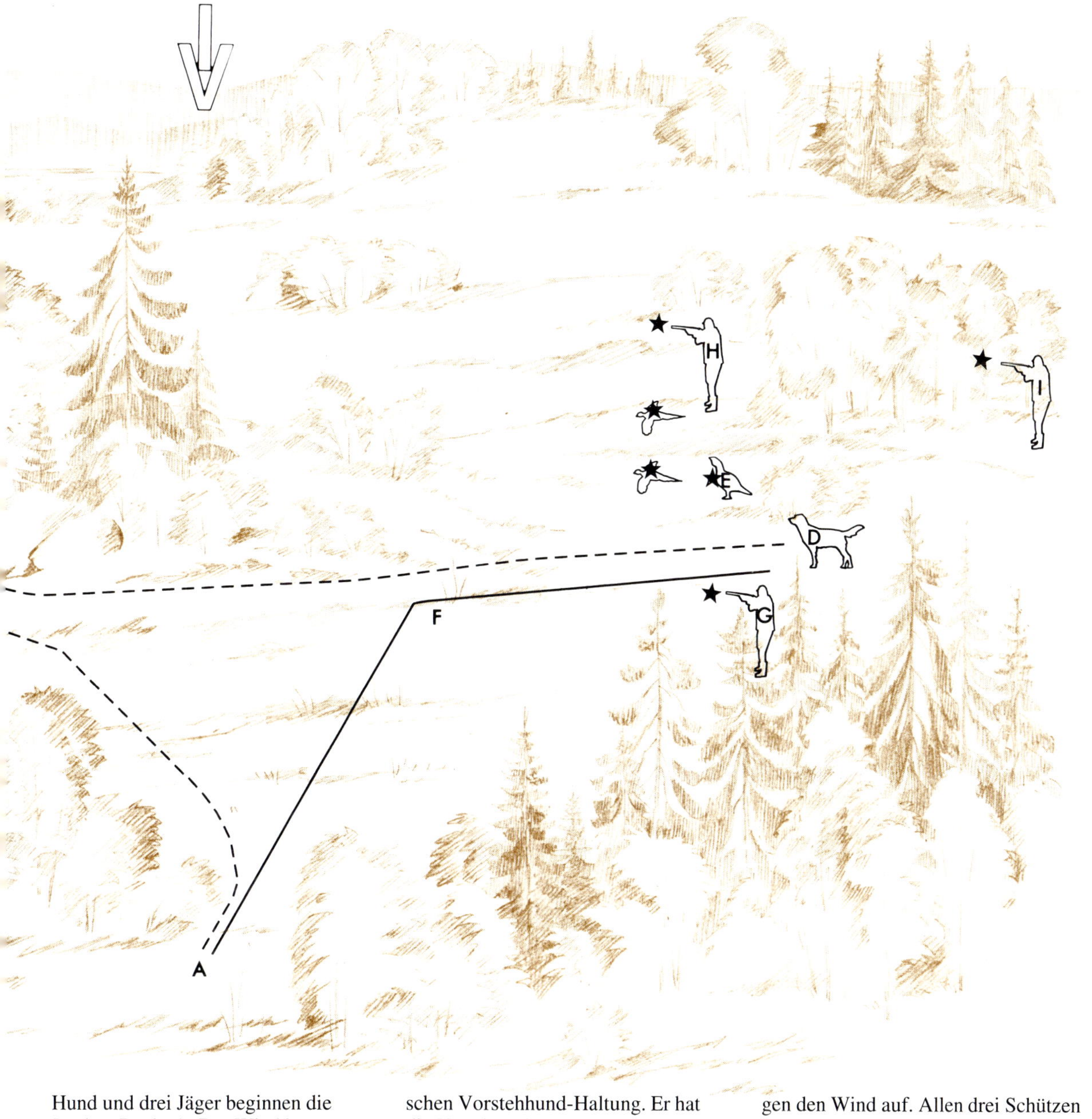

Hund und drei Jäger beginnen die Jagd an Punkt A. Der Wind kommt von vorn. Das Gelände ist dicht mit Unterholz und hohem Gras bewachsen und bietet Vögeln eine gute Deckung. Der Hund durchstöbert das Gelände links vor den Jägern. An Punkt B übersieht er eine Kette von Vögeln, die im Gestrüpp verborgen sind. Sie befinden sich auf der windabgewandten Seite, so daß der Wind ihre Witterung von dem Hund fortweht.
Der Hundeführer ruft den Hund an Punkt C zurück und läßt ihn das vor ihm liegende Gelände bis zum Punkt D durchstöbern. Hier hält der Hund und verharrt bewegungslos in der typischen Vorstehhund-Haltung. Er hat die Vögel entdeckt, die sich an Punkt E verstecken.
Als der Hundeführer den Hund stehen sieht, geht er schnell zu Punkt F. Er gewinnt die Überzeugung, daß der Hund Federwild anzeigt und geht in gerader Linie zu Punkt G. Obwohl Jäger und Hund ganz nahe sind, rühren sich die Vögel nicht von der Stelle. Die beiden Jagdgefährten des Hundeführers stellen sich an den Punkten H und I auf. Von hier aus können sie die Vögel wirkungsvoll unter Beschuß nehmen, ohne sich gegenseitig zu gefährden. Der Hundeführer läßt den Hund jetzt bis zu den Vögeln vorgehen. Sie fliegen gegen den Wind auf. Allen drei Schützen bieten sie gute Ziele.
Der Hund steht ruhig, auch als die Schüsse fallen. Er wartet darauf, daß ihm der Hundeführer den Befehl zum Bringen gibt.
Für diese Form der Jagd eignen sich alle gängigen Schrotkaliber (12, 16 oder 20). Die Flinte mit 20er-Bohrung ist aber vorzuziehen, da sie am leichtesten ist und daher den Jäger am wenigsten ermüdet, zumal bei der Jagd mit einem Vorstehhund häufig große Strecken zurückgelegt werden. Sehr brauchbar sind geringe Mündungsverengungen und kleine Schrote (etwa U.S. Nr. 6).

Die Treibjagd mit Treibern

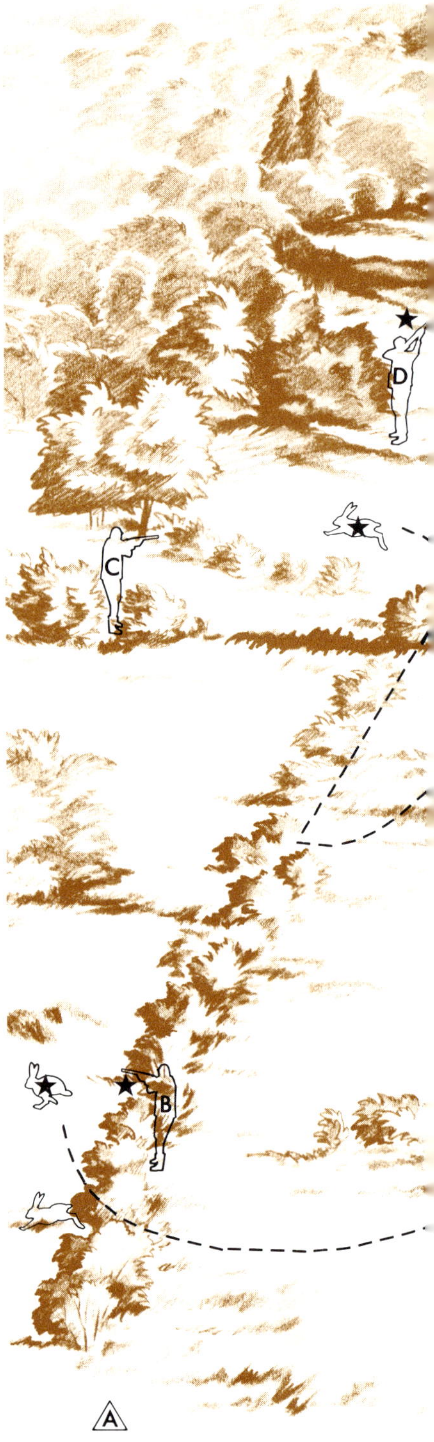

Die Jagd mit Treibern, die das Wild auf die wartenden Schützen zutreiben, wird überall auf der Welt praktiziert. Es gibt zwar in den einzelnen Ländern oder Gegenden gewisse Unterschiede in der Treibjagd, doch das Grundmuster ist immer gleich: Das Wild wird aus seiner Deckung ins offene Gelände getrieben, wo sich den wartenden Jägern die Möglichkeit zum Schuß bietet. Gejagt wird meistens kleines Wild, wie Kaninchen, Hasen, Füchse, Fasanen, Moorhühner etc., aber auch Rehe, Wildschweine und sogar Elche.
Auf dem europäischen Kontinent werden Treibjagden in der Regel mit vielen Jägern und Treibern durchgeführt. Dabei müssen strenge Gesetze und Verhaltensregeln befolgt werden. Sie haben sich über die Jahrhunderte herausgebildet und werden heute von der sehr auf Tradition bedachten Jägerschaft gepflegt. Zu dieser Jagdform gehören zum Beispiel traditionelle Respektbezeugungen für das erlegte Wild. Mehrere hundert Treiber und Jäger können an diesen Jagden teilnehmen. Auf der schwedischen Insel Öland nehmen zum Beispiel jeden Winter zweihundert Jäger an einer Fuchsjagd teil, die sich über 135 Quadratkilometer Moorgebiet erstreckt.
Eine schlecht geführte Jagd kann für die Treiber und Jäger sehr gefährlich werden. Daher müssen bestimmte Regeln genau befolgt werden. Der Jagdleiter muß strengstens darauf achten, daß sich alle Beteiligten diszipliniert verhalten. Natürlich sind die Jagdregeln nicht überall gleich. In Europa sind die Treiber üblicherweise unbewaffnet, und bei der Jagd auf kleines Wild werden nur Flinten verwendet. Den Jägern müssen klare Anweisungen darüber erteilt werden, wo und wann sie schießen dürfen. Wenn auch nur ein Schütze die Regeln nicht beachtet, kann das tragische Folgen haben.
In den Vereinigten Staaten sind Treibjagden auf Fasanen und auf Damwild am weitesten verbreitet. Wie in Europa gehen auch dort die Treiber auf eine Linie von Schützen zu.
Eine typische amerikanische Fasanenjagd findet auf Ackerland statt, zum Beispiel auf einem sehr großen brachliegenden Feld, das mit hohem Gras oder Gestrüpp bewachsen ist. Sie kann aber auch auf einem Feld stattfinden, das mit Stoppeln oder sogar Maispflanzen bedeckt ist.
Manchmal fliegt ein Vogel in der Nähe eines Treibers auf, der ihn dann schießen kann, aber in der Regel schlüpfen und rennen die Fasanen durch den Bodenbewuchs, bis sie auf ein Hindernis stoßen, zum Beispiel einen Teich oder einen Zaun, oder bis sie in die Nähe der Schützen gelangen. Erst dann fliegen sie auf, und die Schützen können sie im Flug schießen. Wenn die Jagd gut organisiert ist und sich die Treiber und die Schützen vorsichtig verhalten, besteht keine Gefahr. Die Schüsse sind nur nach oben auf Vögel gerichtet, die sich relativ hoch in der Luft befinden.

Dargestellt ist eine Treibjagd mit wenigen Beteiligten. Gejagt wurde in offenem Gelände. Die Treibjagd wurde in mehreren Landstreifen wiederholt. Die Beute waren Fasanen, Hasen und Kaninchen. Es nahmen sieben Schützen und acht Treiber teil.

Die Treiber stellen sich an den Punkten A im Abstand von ca. 20m in einer Linie auf. Die Schützen befinden sich an den Punkten B, C, D, E, F, G und H. Der Jäger an Punkt D ist am weitesten von den Treibern entfernt (ca. 300m).

Die Schützen an den Punkten B, C, G und H decken die Seiten ab. Sie haben den strikten Befehl, unter keinen Umständen in Richtung der anderen Schützen oder Treiber zu schießen. Diese vier Schützen müssen also warten, bis das Wild an ihnen vorbeigelaufen ist, damit ausgeschlossen ist, daß sich jemand in ihrer Schußlinie befindet. Ungefähr 40m vor der Ausgangslinie der Treiber, an Punkt I, befindet sich dichtes Gebüsch, und an Punkt J stehen mehrere Büsche und Bäume.

Ungefähr 80m hinter dem Gebüsch, an Punkt K, erstreckt sich ein Graben, der von niedrigem Strauchwerk eingefaßt ist. An Punkt L befindet sich eine verfallene Steinmauer. Das Gelände bietet kleinem Wild gute Deckung und verspricht eine erfolgreiche Jagd.

Als erstes zeigen sich ein Fasan und ein Hase (Punkt J). Der Schütze an Punkt H darf erst auf den Hasen schießen, wenn er an ihm vorbeigelaufen ist. Daher läßt er den Hasen entkommen und feuert auf den Fasan.

Aus dem Gebüsch bei Punkt I kommen zwei Kaninchen hervor und rennen zwischen dem Schützen an Punkt B und der Treiberlinie hindurch. Erst als sie die seitliche Begrenzungslinie passiert haben, schießt der Schütze und erlegt ein Kaninchen.

Die Treiber gehen weiter voran. Ein weiteres Kaninchen springt aus dem Graben an Punkt K. Es läuft zwischen die Schützen B und C, doch als es den Schützen B sieht, macht es kehrt und läuft in Richtung D. Der Schütze C darf nicht schießen, und daher bleibt dem Schützen D der Schuß vorbehalten. Er darf direkt nach vorn schießen, da sich die Treiber noch außerhalb der Schußweite befinden.

Ein Hase, der sich an der Steinmauer (an Punkt L) versteckt hatte, läuft zwischen die Schützen E und F. Es könnten zwar beide Schützen den Hasen erlegen, doch der Schütze E schießt nicht, weil er den Schützen F treffen könnte, und der Schütze F schießt nicht, da der Schütze G sich in seiner Feuerlinie befindet. Der Hase muß durchgelassen werden. Doch jetzt werden zwei Fasanen dicht am Graben an Punkt K durch die Treiber aufgescheucht. Sie fliegen zwischen die Schützen D und E. Beide schießen auf denselben Vogel. Wer hat ihn erlegt? Guter Jagdbrauch verlangt, dem anderen Jäger die Ehre zukommen zu lassen.

Wenn die Jagd in diesem Streifen Land beendet ist, geht sie in den angrenzenden Gebieten weiter. An einem guten Jagdtag können um die sechs Landstreifen bejagt werden. Doch zunächst bringen die Apportierhunde die geschossenen und verwundeten Tiere herbei.

Treibjagd in einem umstellten Gebiet

Bei einer besonders wirkungsvollen Form des Treibens gehen Jäger und/oder Treiber über ein Gelände, das an strategisch günstigen Stellen von Schützen umstellt ist. Manchmal werden auch Hunde eingesetzt. Sie sind angeleint oder, wenn sie gut ausgebildet sind, auch frei. Die Treiber gehen nach vorn und in seitliche Richtung und treiben auf diese Weise das Wild auf die Schützen zu. Diese Form der Treibjagd wird in zahlreichen Varianten und mit unterschiedlich großen Gruppen von Schützen und Treibern praktiziert. Es werden viele Wildarten, zum Beispiel Hasen, Füchse, Damwild und in Skandinavien auch Elche auf diese Weise gejagt. In den Vereinigten Staaten kommt diese Art der Treibjagd hauptsächlich bei Damwild zur Anwendung.

Diese Jagdform hat den Vorteil, daß das Wild nicht sehr in Unruhe versetzt wird, weder in dem eingegrenzten Bereich der Treibjagd noch in dem umliegenden Gebiet. Die aufgestöberten Tiere werden nicht gehetzt. Wenn es ihnen gelingt, aus dem Jagdgebiet zu entkommen, fliehen sie daher nicht sehr weit. Deshalb haben die Jäger beim Treiben im angrenzenden Gebiet nicht selten eine zweite Gelegenheit, sie zu erlegen.

Eine Damwildjagd (die mit Flinten oder Büchsen durchgeführt wird) muß sehr sorgfältig organisiert und geleitet werden. Jeder Jäger muß wissen, wo seine Jagdgefährten stehen, damit er auf keinen Fall in die Richtung schießt, in der sich Menschen befinden. Die Schützen beziehen normaler-

weise in der Nähe von natürlichen Wildwechseln und Lichtungen Stellung. Hier läßt sich ein herausbrechendes Reh gefahrlos und sicher erlegen.
Bei einer gründlich vorbereiteten Jagd kennen alle Beteiligten das Gelände oder sind mit den wichtigsten Geländemarken und Grenzen vertraut. Sobald die Treiber eine vorher festgelegte Strecke durchlaufen haben, bleiben sie stehen oder begeben sich auf eine Seite. Auf diese Weise besteht keine Gefahr, daß einer von ihnen in die Feuerlinie eines Schützen gerät. Alle Treiber wissen genau, wo die Schützen aufgestellt sind. Selbstverständlich schießt keiner in ihre Richtung.
Manchmal bietet sich einem Treiber die Gelegenheit zu einem Schuß auf ein Reh, das die Schützen gewittert oder gehört hat, flüchtend kehrtmacht und zwischen den Treibern umherirrt oder an ihnen vorbeiläuft. Ein Schuß wird nur abgegeben, wenn sich das Tier weit genug seitlich oder hinter der Linie der Treiber befindet.
In Amerika gibt es zwei Formen der Damwildtreibjagd, zum einen die große, geräuschvolle Treibjagd mit vielen Teilnehmern und zum anderen die kleine Treibjagd ohne viel Lärm mit sechs bis zwölf Beteiligten. An der großen Treibjagd sind unzählige Treiber beteiligt, die ähnlich wie die europäischen Treiber vorgehen. Sie bilden zum Beispiel an einem bewaldeten Hang eine lange Linie. Auf ein verabredetes Signal hin gehen sie den Hang hinunter, wobei sie möglichst viel Lärm machen. Am Ende des Hanges befindet sich ein Bach oder eine offene Wiese. Das Wild läuft vor den Treibern her, hält aber meistens an, wenn es den Bach oder die Wiese erreicht, weil es dort keine Deckung findet. Es zieht seitlich ab, läuft unschlüssig umher oder begibt sich langsam und zögernd ins Freie. Die Schützen, die so aufgestellt sind, daß sie den Waldrand gut überblicken, können sie jetzt gut erlegen.
Eine andere Möglichkeit ist, das Damwild durch ein enges Tal zu treiben. Den Schützen, die in den Hängen oberhalb des Tals Stellung bezogen haben, bietet sich eine günstige Schußmöglichkeit, wenn das Damwild das Tal durchläuft. Die Treiber befinden sich weit hinter dem Wild oder auch etwas oberhalb am Berghang, so daß sie bei einem Schuß nicht in Gefahr geraten.
In einigen Gegenden im Nordosten der Vereinigten Staaten wird seit jeher die kleinere, geräuschlose Treibjagd betrieben. Sie sollte in einem Gebiet von nicht mehr als 250 Hektar stattfinden. Es werden höchstens sechs oder acht Treiber und dieselbe Anzahl Schützen benötigt. Diese Art der Treibjagd eignet sich für buschbewachsene Schluchten, Moorlandschaften, kleine Gehölze und Wälder, die von Schneisen durchzogen sind — also für Gebiete, die relativ wenig Deckung gewähren, gründlich durchkämmt werden können und deren Ränder gute Schußmöglichkeiten bieten. Die Hälfte der Teilnehmer beziehen als Schützen Stellung. In weiten Abständen warten sie auf der höher gelegenen Seite des Jagdgebietes oder auf der windabgewandten Seite und an den seitlichen Randstrecken auf das Wild. Am anderen Ende des Jagdgebietes verteilen sich die Treiber. Der Wind kommt für sie möglichst von hinten, damit das Wild sie beim Herankommen wittert und in Richtung der Schützen flüchtet. Die Treiber gehen dann gleichmäßig und ruhig auf die Schützen zu, bis ihnen ein Zeichen zum Anhalten erteilt wird. Um den Jagderfolg nicht zu gefährden und hauptsächlich auch aus Sicherheitsgründen ist ein Jäger für das verabredete Zeichen zu Beginn und zum Ende der Treibjagd verantwortlich.
Die abgebildete Treibjagd hat einen viel kleineren Umfang. Sie findet in einem Wald statt und erstreckt sich über ein Gebiet von ungefähr 4 Hektar.

A
G
F
E

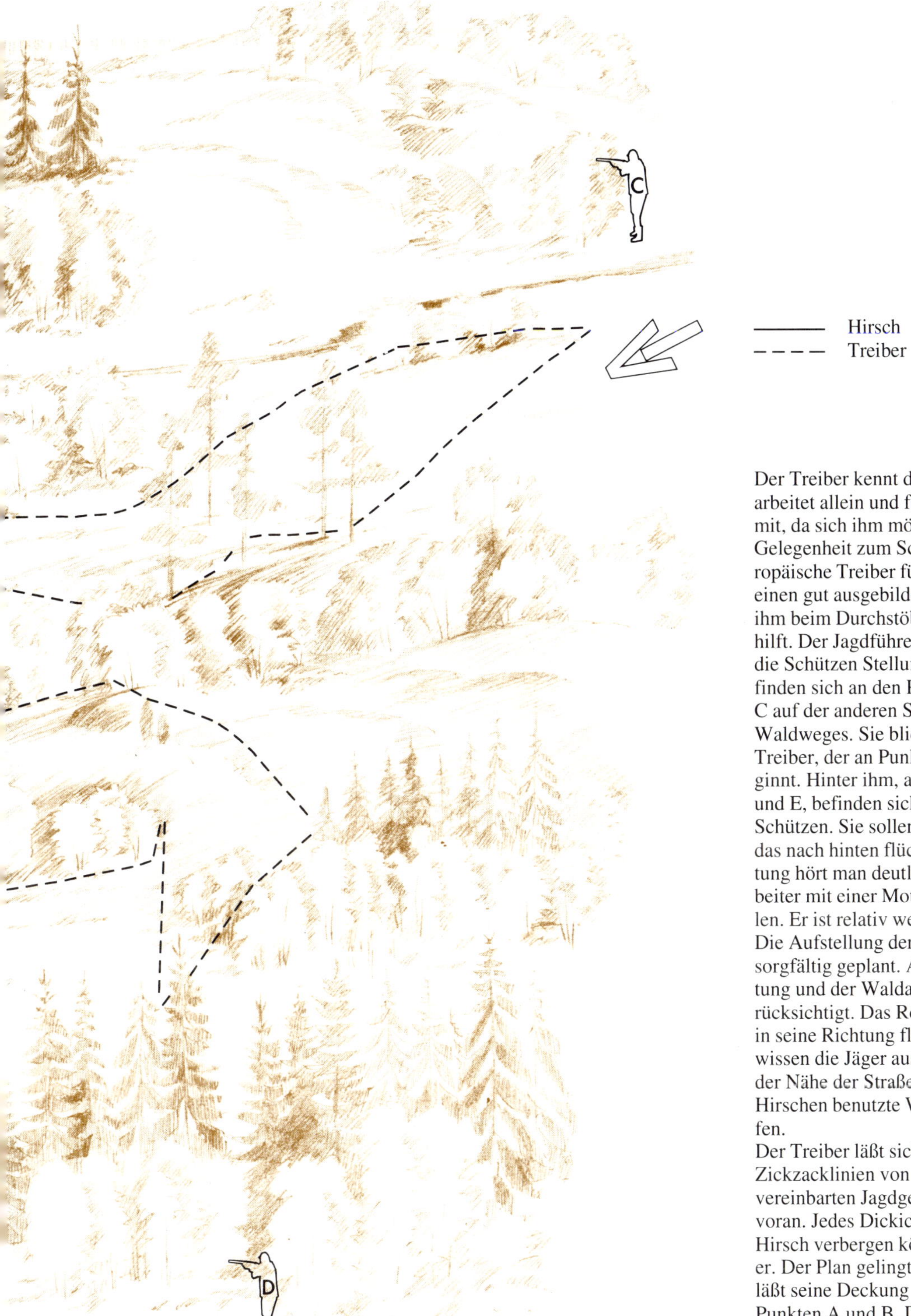

Der Treiber kennt das Gelände gut. Er arbeitet allein und führt ein Gewehr mit, da sich ihm möglicherweise eine Gelegenheit zum Schuß bietet. Der europäische Treiber führt manchmal einen gut ausgebildeten Hund mit, der ihm beim Durchstöbern des Geländes hilft. Der Jagdführer hat festgelegt, wo die Schützen Stellung beziehen. Sie befinden sich an den Punkten A, B und C auf der anderen Seite eines breiten Waldweges. Sie blicken in Richtung Treiber, der an Punkt F zu treiben beginnt. Hinter ihm, an den Punkten D und E, befinden sich zwei weitere Schützen. Sie sollen Wild abfangen, das nach hinten flüchtet. In Windrichtung hört man deutlich einen Waldarbeiter mit einer Motorsäge Bäume fällen. Er ist relativ weit entfernt.

Die Aufstellung der Schützen wurde sorgfältig geplant. Auch die Windrichtung und der Waldarbeiter wurden berücksichtigt. Das Rotwild wird kaum in seine Richtung flüchten. Außerdem wissen die Jäger aus Erfahrung, daß in der Nähe der Straße einige häufig von Hirschen benutzte Wildwechsel verlaufen.

Der Treiber läßt sich Zeit. Er geht in Zickzacklinien von einem Ende des vereinbarten Jagdgebiets zum anderen voran. Jedes Dickicht, in dem sich ein Hirsch verbergen könnte, durchstöbert er. Der Plan gelingt. Der Hirsch verläßt seine Deckung zwischen den Punkten A und B. Da er die Jäger an den Punkten B und C wittert, wendet er sich in Richtung Punkt A. Als sich der Hirsch an Punkt G befindet, hat ihn der Schütze an Punkt A deutlich im Visier und erlegt ihn.

Die Jagd mit einem Lockruf

Eine weitere sehr wirkungsvolle Jagdmethode besteht darin, das Wild durch einen Laut anzulocken. Der Jäger, der mit einem Lockruf jagt, muß das Gelände gut kennen, die Kunst des Rufens beherrschen und wissen, wie das Jagdwild auf die einzelnen Rufe reagiert. Viele Arten von Haar- und Federwild werden auf diese Weise gejagt. Die Methode selbst ist sehr einfach. Der Jäger erzeugt einen Laut, der das Wild aufhorchen läßt. Da der Laut etwas Erfreuliches verspricht, zum Beispiel Futter, oder bei dem Tier Aggressionen weckt, wird es neugierig. Es nähert sich, weil die Ruflaute sich wie Sammlungs- oder Futterrufe der eigenen Art (bei Enten, Gänsen und Krähen) oder wie Alarmrufe eines Beutetieres anhören (bei Raubwild, zum Beispiel Füchsen und Waschbären). Andere Möglichkeiten sind ein Ruf, der den Balzruf der Art imitiert, oder der Ruf eines rivalisierenden Männchens während der Brunftzeit. Brunftschreie sind besonders wirksam bei Damwild, Rotwild, Wapiti-Elchen, während Balzlaute bei wilden Truthähnen den besten Erfolg versprechen. Das Tier kommt zu dem Ort, von dem der Ruf ausgeht, und der Jäger hat die Möglichkeit es zu erlegen.

Am häufigsten werden verschiedene Vogelarten und kleineres Haarwild mit einer Pfeife aus Schilf angelockt, die Ruf genannt wird. Meist führt der Jäger eine ganze Reihe von Rufen mit sich. Es gibt für die unterschiedlichen Wildarten auch verschiedene Rufe. Da die Rufe klein und leicht zu tragen sind, muß der Jäger nicht vor der Jagd entscheiden, welches Wild er anlocken will. Er wählt den passenden Ruf aus, wenn er feststellt, daß sich ein bestimmtes Wild in der Umgebung befindet.

Die Stimmen von Tieren und Vögeln können auf verschiedene Weise nachgeahmt werden. Ein geschickter Rufer kann auch mit einem Röllchen aus Birkenrinde oder der Blattschneide eines Grases die gewünschten Geräusche hervorrufen. Viele Jäger verwenden selbsthergestellte Rufe. Andere Jäger können Rufe mit Mund und Händen erzeugen, ohne weitere Hilfsmittel zu benötigen. Der Jäger, der keine Übung im Hervorbringen von Lockrufen hat, findet in Waffengeschäften eine große Auswahl an Rufen. Es sind auch Kassettenaufnahmen mit Rufen erhältlich. In den Vereinigten Staaten ist jedoch die Verwendung von Bandaufnahmen bei der Wasserjagd und, in manchen Staaten, auch bei bestimmten anderen Wildarten verboten. Andere Länder verfügen über ähnliche Beschränkungen, so daß man sich stets über die Jagdbestimmungen informieren sollte, bevor man Bandaufnahmen verwendet.

In der Abbildung ist die Jagd mit dem Lockruf auf so unterschiedliche Wildarten wie den skandinavischen Elch und das Haselhuhn dargestellt. Es handelt sich um eine typisch skandinavische Jagdweise. Als Waffe wird eine Bockbüchsflinte verwendet, wobei der Büchsenlauf natürlich für den Elch und der Flintenlauf für das Haselhuhn vorgesehen ist. Für einen Jäger, der nicht mühsam durch schwer begehbares Gelände streifen möchte, bietet sich der Gebrauch eines Rufs an. Meist braucht er sich hierzu nicht weit von einer Waldstraße zu entfernen. Die Jagd beginnt an Punkt A auf der Waldstraße. Hier stellt der Jäger sein Fahrzeug ab. Er kennt das Gelände und weiß, daß in der Nähe von Punkt B häufig Haselhühner nach Futter suchen. Hier befindet sich ein kleiner,

von Laubbäumen umstandener Sumpf. Dahinter erstreckt sich hoher Fichtenwald. Haselhühner lassen sich leicht anlocken und entfernen sich nur ungern aus ihrem Revier. Häufig sieht man sie immer wieder in demselben Baum sitzen.

Der Jäger nähert sich der Baumgruppe. Er hält die Waffe im Anschlag und bläst in den Haselhuhnruf, den er zwischen den Lippen trägt. Wenn die Vögel in der Nähe sind, kommen sie bald aus Neugierde herbei, und der Jäger kann eines der Tiere schießen.

Obwohl das amerikanische und das europäische Haselhuhn eng verwandt sind, ruft die amerikanische Variante kaum außerhalb der Balzzeit, und dann ist die Jagd verboten.

Jetzt macht sich der Jäger an eine weit schwierigere Aufgabe: Er versucht, einen Elch herbeizulocken. Es ist Brunftzeit, und wie er weiß, wurden in der Gegend um Punkt C schon mehrfach Elche gesichtet. Da er einen Elchbullen erlegen möchte, hat er die Wahl zwischen einem Ruf, der eine läufige Elchkuh imitiert, und einem Ruf, der den Brunftlaut eines Bullen nachahmt. Sich einem Elch bis auf Schußweite zu nähern ist weitaus schwerer als bei einem Haselhuhn. Die Windrichtung spielt eine wichtige Rolle. Der Jäger hat Glück, da ihm der Wind entgegenweht. Einen Elch herbeizulocken ist sehr schwer und hat häufig nicht den gewünschten Erfolg. Wenn der Ruf nicht völlig natürlich klingt, beachtet der Elch ihn nicht. Doch selbst wenn der Jäger den Ruf korrekt hervorbringt, bleibt der Elch unter Umständen fern. Manchmal antwortet er zwar, kommt aber nicht heran. In anderen Fällen reagiert der Elch sehr rasch und kommt schnell in Schußweite.

In unserem Beispiel antwortet ein Elchbulle. Der Jäger ruft erneut, und nach einigem Hin und Her von Rufen erscheint der Bulle innerhalb der Schußweite. Der Jäger kann ihn mit einem sauberen Schuß erlegen. Er benötigt jetzt Hilfe, um das Tier waidmännisch zu zerlegen und nach Hause zu bringen. Er geht daher zurück zu seinem Wagen. Er wählt den Weg über Punkt D, wo sich in einer Gruppe von hohen Laub- und Nadelbäumen ebenfalls häufig Haselhühner aufhalten. Erneut imitiert er den Ruf der Vögel und macht den Flintenlauf schußbereit. Er kann ein weiteres Haselhuhn schießen. Am Ende des erfolgreichen Jagdtages wird der Elch zerlegt.

Lockvogeljagd auf dem Land

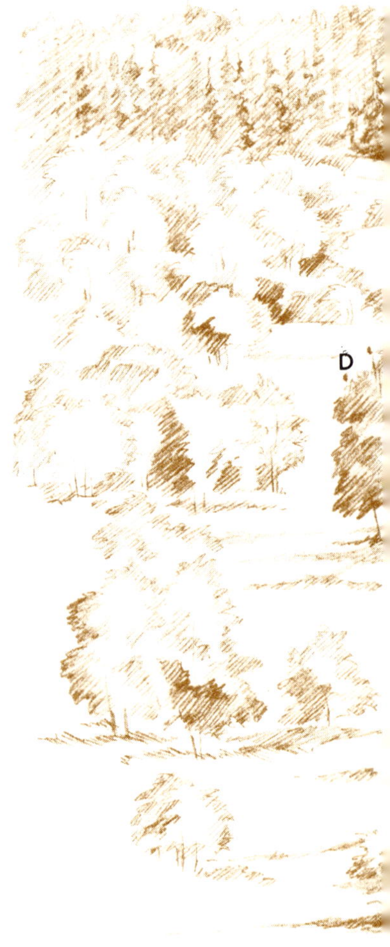

Lockvögel bestehen meist aus Plastik. Es gibt sie als Imitation eines Wasservogels oder auch eines Landvogels. Es ist eine reiche Auswahl an Lockvögeln erhältlich, die den Anforderungen der meisten Jäger genügt.
Bei der Lockvogeljagd wird stets nach demselben Verfahren vorgegangen. Der Jäger stellt einen oder mehrere Lockvögel auf, um das gewünschte Wild anzulocken. Wenn die Vögel die vermeintlichen anderen Vögel auf dem Boden bei der Futteraufnahme sehen, kommen sie heruntergeflogen, um sich zu ihnen zu gesellen. Der Jäger, der sich in einer geeigneten Deckung versteckt hält, kann sie beim Anflug erlegen.
Es gibt verschiedene Arten von Lockvögeln. Einige Lockvögel sind Imitationen der zu jagenden Art, zum Beispiel von Tauben. (Amerikanische Flintenschützen schießen ebenfalls Tauben, aber sie machen sich selten die Mühe, sie mit Lockvögeln zu jagen). Turteltauben oder andere Tauben werden durch die Lockvögel zum Näherkommen verleitet. Der Anblick ihrer künstlichen Verwandten verleiht ihnen ein Gefühl von Sicherheit — schließlich würden diese nicht friedlich auf dem Boden nach Futter suchen, wenn Gefahr drohte. Außerdem nehmen sie an, die Lockvögel hätten einen besonders guten Futterplatz gefunden. Vielfach spielt auch bloße Neugier eine Rolle. Meistens werden mindestens ein Dutzend Lockvögel an einem geeigneten Ort verteilt, zum Beispiel in Gemüse- oder Getreidefeldern, wo diese Vögel normalerweise ihr Futter suchen.
Eine andere Art des Lockvogels ist der »Vertrauenslockvogel«. Er kommt nur selten zur Anwendung, ist aber dennoch in vielen Ländern bekannt. Für den Vertrauenslockvogel wird nicht die gejagte Vogelart, sondern eine Art verwendet, die häufig mit der gejagten Art zusammen auftritt. In den Vereinigten Staaten zum Beispiel, wo die Lockvogeljagd zu Land hauptsächlich bei Enten und Gänsen angewandt wird, setzt ein Jäger zwei oder drei Dutzend Kanadagänse in ein Stoppelfeld bei einer Wasserstelle, ferner ein Dutzend Stockenten-Lockvögel etwas versetzt neben die Gänse und zuletzt eine einzelne künstliche Möwe in die Nähe. Die Möwe wird nicht gejagt, aber ihre Anwesenheit verstärkt den Eindruck von »Echtheit« der gesamten Szene und vermittelt den anfliegenden Vögeln das Gefühl, daß die Futterstelle sicher ist.
Lockvögel, die auf dem Land verwendet werden, sind häufig mit einer Stütze, einer Klammer oder einem Bein ausgestattet, das in den Boden gesteckt werden kann. Damit werden sie in einer aufrechten, natürlich wirkenden Position gehalten. Auf dem Wasser dient eine schwimmende Möwe oder auch ein Haubentaucher als Vertrauenslockvogel.

Als Lockvogel für die Krähenjagd wird eine künstliche Langohreule verwendet. Der Lockvogel ist an einer Stange angebracht, die ihrerseits an einen Baum gebunden wurde (Punkt A). Noch wirksamer ist der Lockvogel, wenn er so gedreht wird, daß sich in seinen gelben Augen die Sonne spiegelt. Dies soll die Krähen angeblich aggressiver machen.
Der Jäger verbirgt sich unter einem Tarnnetz am Ende eines Grabens hinter einem jungen Baum. Er ist zwischen 20 und 30m vom Lockvogel entfernt. Er trägt einen Tarnanzug und hat auch Hände und Gesicht bedeckt. Als Waffe verwendet er eine Flinte und Patronen mit kleinen Schroten.
Auf halbem Weg zwischen ihm und dem Lockvogel, an Punkt C, hat er ein weiteres Lockmittel ausgelegt, um die Vögel noch mehr zum Näherkommen zu verleiten. Unter einem alten Hasenfell verbirgt sich ein Kassettenrecorder, dessen Kassette die Schreie eines in Not geratenen Hasen wiedergibt.

(Manchmal stürzen sich die angreifenden Vögel auf das Fell und nicht auf den Lockvogel.) Außerdem hat der Jäger auf einem Baum in der Nähe noch einige künstliche Krähen als zusätzliche Lockvögel angebracht (Punkt D). Nur in einigen Teilen der Vereinigten Staaten ist der Einsatz von Kassettenrecordern bei der Krähenjagd gestattet. Viele Krähenjäger verwenden daher einen oder zwei Krähenrufe (der zweite Ruf hat eine etwas andere Tonhöhe). Mit diesen Rufen lassen sich Futterrufe, Kampfrufe, Sammelrufe und Hilferufe der Krähen nachahmen. Mit ihnen kann der Jäger seine Rufe einer veränderten Situation sofort anpassen. Wenn alles nach Plan verläuft, greifen die Vögel den Lockvogel oder den Kassettenrecorder in dichten Schwärmen an. Der Jäger darf keine unvorsichtige Bewegung machen, um die Vögel nicht aus der Schußweite zu verjagen. Sind die Vögel richtig aggressiv geworden, stören sie jedoch weder die Schüsse noch die fallenden Krähen.

In den letzten Jahren erfreuten sich in den Vereinigten Staaten lebensgroße Truthahnattrappen für die Truthahnjagd großer Beliebtheit. In einigen Staaten wird der Truthahn im Herbst und im Frühjahr gejagt, wobei im Frühjahr nur männliche Vögel geschossen werden dürfen, die in dieser Jahreszeit um ihre Brutpartner balzen. Bei der Truthahnjagd wird ein Lockvogel an einer möglichst freien Stelle vor dem Versteck des Jägers auf den Boden gesetzt. Mit einem Ruf versucht der Jäger, andere Tiere anzulocken.

Die Abbildung zeigt eine weitere Verwendungsmöglichkeit für einen Lockvogel. Er handelt sich um die Imitation einer feindlichen Art, zum Beispiel eines Raubvogels. Die Vögel sehen den Lockvogel und fliegen erregt herbei, um ihn anzugreifen. Bei solchen Angriffen vergessen selbst Vögel, die in der Regel sehr vorsichtig sind und denen man sich nur schwer nähern kann, ihre Vorsicht und stürzen sich in einem wütenden und laut schreienden Schwarm auf den Lockvogel.

Die Jagdsaison für Krähen liegt in Europa normalerweise im Frühjahr, wenn sie sich zu Schwärmen sammeln. Die beste Jagdzeit ist die Morgendämmerung. In den Vereinigten Staaten fallen Krähen unter die Gesetze und Regelungen zum Schutz der Zugvögel. In den meisten Ländern ist das Schießen von Krähen außerhalb der Hauptbrutzeit erlaubt, in einigen Ländern jedoch nur an bestimmten Tagen. Die meisten Krähen werden zwischen Mitte Dezember und Mitte März gejagt.

Die Elchjagd mit dem angeleinten Hund

Die Jagd auf den skandinavischen Elch ist der Höhepunkt im Leben vieler nicht-skandinavischer Jäger (und auch für den einheimischen Jäger eines der aufregendsten Erlebnisse!). Jedes Jahr reist eine wachsende Anzahl von Jägern aus anderen Ländern und Kontinenten, selbst aus Amerika, nach Skandinavien, um daran teilzunehmen. Die Treibjagd ist die am weitesten verbreitete Form der Elchjagd. Oft sind an ihr eine große Anzahl an Jägern und Treibern beteiligt. Einige Jäger spüren den Elch mit freilaufenden Hunden auf, die das Tier stellen und dem Jäger durch Bellen anzeigen, wo es sich befindet. Viele Kenner sind der Meinung, daß die Jagd mit einem angeleinten Hund die höchsten Anforderungen an den Jäger stellt. (Diese Methode ist in den Vereinigten Staaten streng verboten, und in Deutschland gibt es keine Elche. Dennoch beschreiben wir diese Jagdform hier, weil der Elch das größte europäische Jagdwild ist und diese Jagdmethode die größte Herausforderung für einen Jäger darstellt.)

Bei dieser Jagdform sind Jäger und Hund ganz auf sich gestellt. Der Jäger führt den Hund an der langen Leine und muß daher gleichzeitig Hundeführer und Schütze sein. Jäger und Hund müssen über viel gemeinsame Erfahrung in dieser Art der Jagd verfügen. Ein Elchhund, in der Regel ein speziell ausgebildeter Pomeraner, bellt nie während der Jagd. Er arbeitet still, unter vollem Einsatz seiner Augen, Nase und Ohren. Er zeigt den Aufenthaltsort des Elches an, indem er stehenbleibt und intensiv in seine Richtung horcht und wittert.

Das leichteste erlaubte Büchsenkaliber für die Elchjagd ist in Skandinavien 6,5 × 55. Andere beliebte Kaliber sind die .30-06 und die .308 Winchester, obwohl die meisten nordamerikanischen Jäger sie noch als zu leicht für den amerikanischen Elch empfinden und statt dessen die 7mm Magnum oder die .338 Magnum mit schweren Geschossen von ca. 11 Gramm vorziehen.

Die Jagd fand in einem dicht bewaldeten Gebiet statt. In den Wald waren riesige Lichtungen geschlagen worden, die mit jungen Bäumen bepflanzt waren. In einer solchen Landschaft fühlt sich der Elch zu Hause.

Die Jagd beginnt an Punkt A. Jäger und Hund müssen stets die Windrichtung berücksichtigen, um den Elch zu entdecken und um nicht selbst entdeckt zu werden.

Nach kurzer Zeit zeigt der Hund an, daß in der Nähe ein Elch steht. Tatsächlich befinden sich an Punkt B einige Elche. Der Hund kann sie aufgrund der Windrichtung nicht wittern, aber er hört, wie sie durch den Wald ziehen. Die Tiere bekommen Witterung von dem Jäger und ziehen zu einer Baumgruppe an Punkt C. Der Jäger verfolgt sie nicht weiter. Zum einen sind sie durch seine Witterung bereits

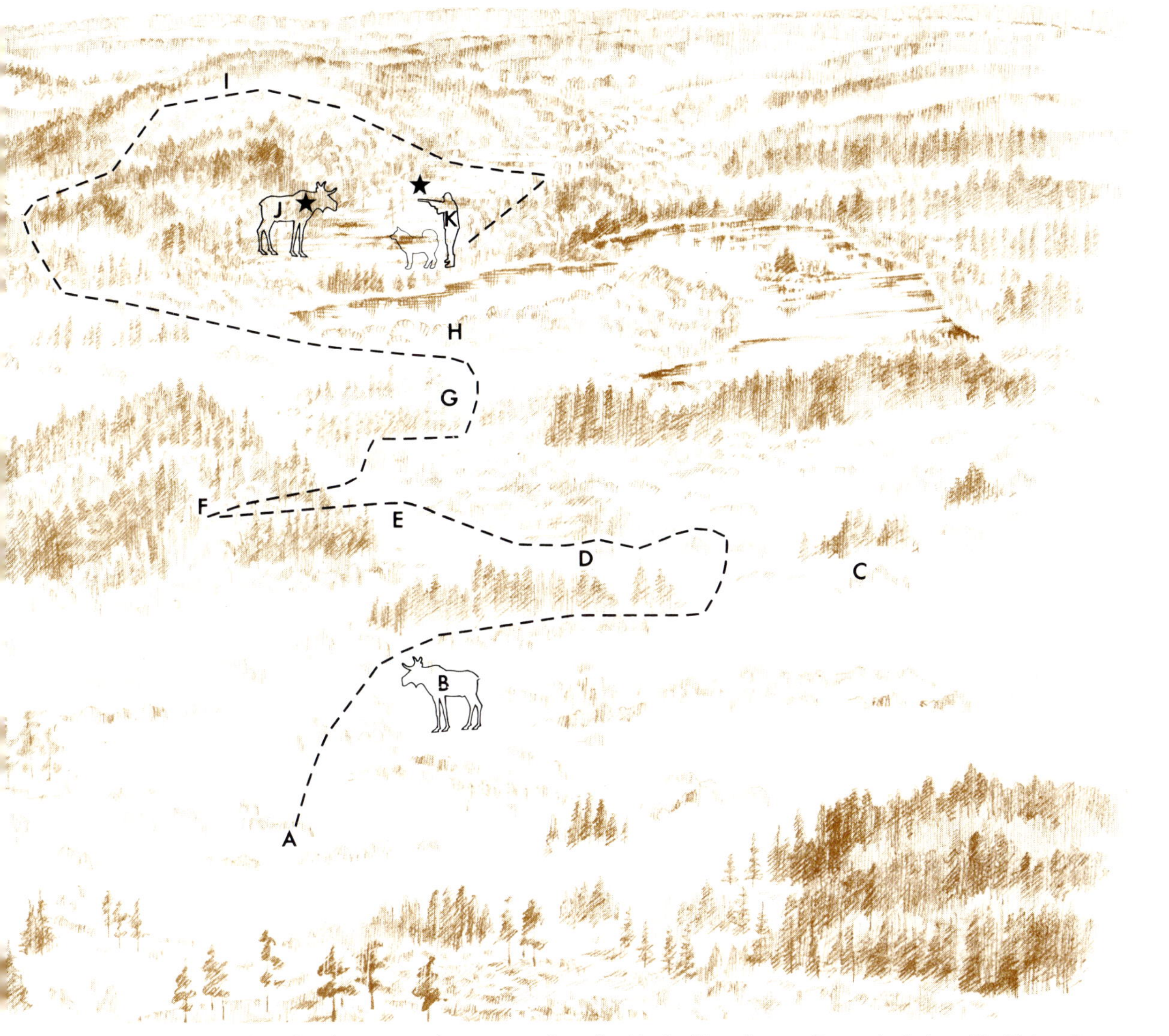

gewarnt und zum anderen hat der Hund ihre Witterung nicht in der Nase. Jäger und Hund gehen zu einer anderen Baumgruppe, an Punkt D. Hier sind sie schon einmal auf Elche gestoßen. Der Wind steht jetzt günstig für sie, doch von einem Elch zeigt sich keine Spur. Sie gehen weiter zu einem bewaldeten Hügel in ungefähr 2 Kilometer Entfernung. Dabei halten sie sich auf der windabgewandten Seite des Hügels. An Punkt E wittert der Hund einen Elch, und sie besteigen den Hügel. Der Hund gibt zu erkennen, daß der Elch an Punkt F steht. Der Jäger geht allein voran, um die Lage zu prüfen. Auf ein Handsignal hin macht der Hund lautlos Platz. Unmittelbar bevor der Jäger das Tier zu Gesicht bekommt, hört er es langsam in Richtung Punkt G ziehen. Der Hund hat sich nicht gerührt, aber er hat genau aufgepaßt. Als der Jäger ihn weiterlaufen läßt, zeigt er sogleich an, daß sich der Elch jetzt an Punkt G befindet. Jetzt bekommt der Jäger ihn zu Gesicht. In ungefähr 200m Entfernung steht ein einzelner Bulle. Der Hund muß erneut Platz machen, während sich der Jäger heranpirscht.

Der Elch ist unruhig und geht ein Stück in den dichten Wald hinein. Jetzt bietet er kein klares Ziel mehr, und der Jäger verzichtet auf einen Schuß. Der Hund kann das Tier ebenfalls sehen, doch er rührt sich nicht und gibt keinen Laut von sich.

Nach einiger Zeit zieht der Elch eine größere Strecke weiter zu einem Sumpfgebiet. Dort bleibt er. Jäger und Hund folgen ihm. Theoretisch wäre es jetzt leicht möglich, sich ihm von der windabgewandten Seite her zu nähern, doch die Wirklichkeit macht es für den Jäger schwieriger. Ein kleiner See an Punkt H schützt das Tier. Jäger und Hund müssen daher möglichst geräuschlos auf den Hügel an Punkt I gelangen. Jetzt befinden sie sich zwar auf der windzugewandten Seite des Elches, doch da sie sich auf einer Anhöhe befinden, weht ihre Witterung über das Tier hinweg.

Sie gehen dann im Kreis um den Sumpf, bis sie sich an Punkt K befinden. Der Hund besteigt einen Felsen und wittert dort regungslos in eine bestimmte Richtung. Der Jäger weiß, daß in dieser Richtung der Elch steht. Beide dringen weitere 100m vor, wobei der Jäger den Hund scharf beobachtet. Schließlich bekommt er den Elch zu Gesicht. Er steht im Freien und wendet seine Flanke dem Jäger zu. Der Hund muß Platz machen, während der Jäger zielt und schießt.

Die Ansitzjagd

Als Ansitzjagd werden alle Jagdformen bezeichnet, bei denen der Jäger wartet, bis das Wild in seine Nähe kommt, ohne daß es von Hunden oder Treibern zu ihm getrieben wird. In der Regel geht der Jäger im Morgengrauen oder in der Abenddämmerung auf Ansitzjagd, da die Tiere um diese Zeit ihre Wasserstellen aufsuchen, beziehungsweise von dort fortziehen. Bei dieser Form der Jagd ist eine Büchse mit dämmerungsstarkem Zielfernrohr zu empfehlen, da die Lichtverhältnisse häufig nicht sehr gut sind. Der Jäger sollte seinen Standort so hoch über dem Boden wie möglich wählen. Vielfach werden zu diesem Zweck sogenannte Hochsitze verwendet. Es gibt fest an einem Ort aufgestellte Hochsitze und transportierbare Hochsitze. Die Wahl des Hochsitzes hängt von dem zu jagenden Wild und dem Jagdgebiet ab. Wenn das Wild keinen Verdacht schöpft, kann der Jäger auf dem Hochsitz in aller Ruhe das Wild beobachten, sein Ziel sorgfältig auswählen und dann schießen. Bei der Ansitzjagd vom Hochsitz aus kann der Jäger hervorragend die Hege des Wildbestandes betreiben, da er hinreichend Zeit hat, die Tiere auf Anzeichen von Krankheiten oder Verletzungen hin zu untersuchen. Diese gemächliche Form der Jagd betreibt der Jäger allein.

Unter anderem werden Hirsche und Wildschweine auf diese Weise gejagt. Das Beispiel in der Abbildung zeigt eine Hirschjagd. Es wird zwar ein Hochsitz verwendet, aber die Windrichtung spielt dennoch eine große Rolle.

An der Jagd nehmen zwei Jäger teil. Sie wollen auf einem Hochsitz und auf einer günstig gelegenen natürlichen Erhebung Stellung beziehen. Die Schwierigkeit besteht darin, daß sie zu ihren Stellungen gelangen müssen, ohne daß ihre Witterung den Waldrand erreicht. Der Wind weht direkt zum Wald hin. Zuerst gehen sie zu Punkt A. Hier bezieht ein Jäger auf einem erhöhten Felsvorsprung Stellung. Er hat jetzt den Waldrand genau im Blick. Das Rotwild tritt vermutlich an Punkt B aus dem Wald ins Freie. Der Jäger befindet sich so hoch über der Ebene, daß seine Witterung nicht in den unten liegenden Wald getragen wird.
Für den zweiten Jäger ist es schwieriger, zu dem Hochsitz zu gelangen. Wenn er direkt von dem Felsvorsprung zum 200m entfernten Hochsitz gehen würde, würde sich seine Witterung über ein großes Waldgebiet verteilen und die Tiere scheu machen. Am besten wäre es, am linken Rand der Lichtung entlangzugehen, dann in den Wald einzudringen, ohne den Waldrand zu betreten, und erst auf der anderen Seite der Lichtung in der Nähe des Hochsitzes (Punkt C) den Wald wieder zu verlassen. Doch ein Sumpfgebiet (Punkt D) vereitelt diesen Plan. Er entschließt sich daher, von dem Felsvorsprung herabzuklettern und in dem Graben, der vom Felsvorsprung in den Wald verläuft, in gebückter Haltung voranzugehen. Seine Witterung erreicht zwar den Waldrand, doch weil er sich exakt in Windrichtung bewegt, ist nur ein schmaler Abschnitt davon betroffen. Im Wald folgt er weitere 100m dem Verlauf des Grabens und wendet sich dann nach rechts. Als er am Waldrand herauskommt, stellt er fest, daß es zu riskant wäre, bis zum Hochsitz weiterzugehen. Daher bleibt er an Punkt E, wo er einen guten Blick auf den Waldrand hat und auch seinen Jagdgefährten gut sieht.
Jetzt beginnt die Wartezeit. Wenn sie Glück haben, sehen sie bald das Wild aus dem Wald hervortreten.

Das Verfolgen von Wild mit Hunden

Die Jagd mit Hunden, die das Wild verfolgen, ist in vielen Ländern verbreitet. Für diese Art der Jagd kommen die verschiedensten Jagdhundrassen in Frage, und es wird das unterschiedlichste Wild auf diese Weise gejagt. Am häufigsten wird diese Jagdform bei der Hasen- und Fuchsjagd praktiziert. In Skandinavien werden auch Rehe mit Hunden gejagt, und in Amerika werden Jagdhunde zum Verfolgen von Hasen, Füchsen, Kaninchen, Waschbären, Luchsen und Pumas eingesetzt. In einigen amerikanischen Staaten wird der Schwarzbär mit Hunden gejagt. Im südöstlichen Amerika werden Hunde für die Jagd auf den Weißwedelhirsch verwendet.
Die Annahme, daß der Hund das Wild zum Jäger treibt, ist ein weit verbreiteter Irrtum. Das Wild bestimmt den Weg und nicht der Hund. Die Aufgabe des Hundes oder der Hunde besteht darin, das Tier zu verfolgen und dabei beständig »Laut zu geben«, das heißt, zu bellen. Am Bellen erkennt der Jäger, welche Richtung das Wild einschlägt. Entsprechend kann er seine Stellung beziehen und dort warten.
Bei dieser unsicheren, aber aufregenden Jagdform spielen zahlreiche Faktoren eine Rolle. Zunächst muß der Jäger das Revier genau kennen und eine gute Stelle wählen, an der er auf das Wild wartet. Ferner muß der Hund das Wild auch wirklich aufstöbern. Hierbei spielt das Wetter eine wichtige Rolle. Unter gewissen Wetterbedingungen fällt dem Hund das Aufsuchen und Halten der Fährte sehr schwer. Schließlich hängt sehr viel von dem

Verhalten des Wildes ab. Wenn es über ein Gelände flüchtet, auf dem keine Spur zurückbleibt, oder wenn es auf einer Straße flieht, verliert der Hund seine Fährte möglicherweise ganz.

Anders als bei anderen Jagdformen erstreckt sich hier die Jagd über große Gebiete. Insbesondere bei der Fuchsjagd werden häufig mehrere Quadratkilometer große Gebiete durchlaufen. Es ist immer wieder erstaunlich, wie der Hund zu seinem Herrn zurückfindet, nachdem er über viele Kilometer kreuz und quer ein Tier verfolgt hat. Diese Jagdhundrassen besitzen einen angeborenen Orientierungssinn, der den des Menschen weit übersteigt.

Der Hund gibt nur dann Laut, wenn er sich direkt auf der Fährte befindet. Wenn er ab und zu die Fährte verliert, bellt er nur unregelmäßig. Aus diesem Grund ist es für den Jäger nicht leicht, am Bellen des Hundes dessen Laufrichtung zu erkennen. Auch bei starkem Wind kann der Jäger das Geschehen sehr schlecht verfolgen.

Insbesondere der europäische Hase läßt sich nur schwer auf diese Weise jagen. Gerade deshalb haben wir in der Abbildung ein Beispiel für eine Hasenjagd gewählt. Die Hasenjagd mit dem Hund bereitet besondere Schwierigkeiten, weil er eine schwächere Fährte hinterläßt als zum Beispiel ein Fuchs oder ein Hirsch, und weil er außerdem äußerst gewitzt im Abschütteln von Hunden ist.

Die Arbeit des Hundes unterteilt sich in zwei Phasen: erstens die Suche nach dem Wild und zweitens die Verfolgung des aufgestöberten Wildes, wobei der Hund ständig Laut gibt. In beiden Phasen arbeitet der Hund allein. Er hat keinen direkten Kontakt zum Jäger und erhält von ihm keine Anweisungen. Der Hund kann also das richtige Verhalten nicht erlernen, sondern es muß angeboren sein.

Zur Jagd auf Hasen und Kaninchen werden zahlreiche Hunderassen verwendet. Gelegentlich werden auch Springerspaniel hierzu eingesetzt. Zwei Rassen wurden jedoch speziell für diese Form der Jagd gezüchtet: der Basset und der Beagle. Der Basset ist ein schwerer, kurzbeiniger Hund mit gekrümmten Vorderbeinen. Er ist nicht sehr hoch und kann daher bei der Verfolgung eines Hasen gut durch dichtes Gestrüpp schlüpfen. Der Beagle hat ebenfalls kurze Beine, ist jedoch viel schlanker, wendiger, schneller und aufgeweckter als der Basset. Viele Jäger finden ihn auch schöner. Zur Zeit erfreut sich der Beagle der größeren Beliebtheit.

Der Beagle ist zwar eine englische Züchtung, aber in den Vereinigten Staaten so beliebt wie in keinem anderen Land. Er eignet sich hervorragend für die Jagd auf das amerikanische Waldkaninchen (und den dortigen Hasen), die sich kaum von der hier beschriebenen und abgebildeten Jagd auf den europäischen Hasen unterscheidet.

Das Wildkaninchen kann zwar auch mit einem einzelnen Beagle gejagt werden, doch die Stärke der Rasse liegt in der gemeinschaftlichen Jagd von zwei oder drei Hunden. Die Hunde müssen allerdings bereits gemeinsam gearbeitet haben. Zunächst durchstreifen sie mehr oder weniger unabhängig voneinander das Gelände. Sobald einer von ihnen auf eine frische Spur stößt oder ein Kaninchen erblickt, werden die anderen Hunde durch seine hohen Hetzlaute angelockt, und sie nehmen gemeinsam die Verfolgung auf. Ein guter Beagle hetzt das Kaninchen nicht übermäßig, da es sonst in einem Murmeltierbau Zuflucht sucht oder in gerader Linie aus dem Jagdgebiet entflieht.

Ein Kaninchen, das von den Beagles nicht zu sehr bedrängt wird, versucht, seinen Verfolgern zu entkommen, ohne sein relativ kleines Revier (oftmals kleiner als 1 Morgen) zu verlassen. Hier kennt es alle Verstecke und weiß,

wo es die beste Deckung findet. Dies gibt ihm ein Gefühl der Sicherheit, das ihm zum Verhängnis werden kann, wenn Jäger und Hunde über genügend Erfahrung verfügen.
Am besten eignen sich für diese Jagdform offene Felder, Wiesen oder Weiden, eine Landschaft mit Wegen, Lichtungen und kahlen Waldrändern, in der Buschbewuchs mit Kulturland wechselt. Hier kann der Jäger verfolgen, welche Richtung die Hetzjagd nimmt. Er weiß, daß die Hunde früher oder später ihre Beute zwingen, eine freie Stelle zu überqueren. Der Jäger bezieht seine Stellung möglichst auf einer kleinen Anhöhe, von wo aus er einige freie Flächen überblicken kann, die das gejagte Wild möglicherweise überqueren wird. (An der Jagd sollten möglichst zwei oder drei Jäger beteiligt sein; auch sind zwei oder drei Hunde besser als nur einer).
Dem Anschein nach flüchtet das Kaninchen in einer willkürlich verlaufenden Zickzacklinie, doch in den meisten Fällen bildet seine Fluchtlinie schließlich einen Kreis. Irgendwann erscheint es wieder dort, wo es aufgestöbert wurde. Es ist es daher ratsam, sich nicht zu weit vom Ausgangspunkt zu entfernen und sich so aufzustellen, daß mehrere Kreuzungspunkte im Blickfeld sind.
Wo ein Wildkaninchen aufgestöbert wird, befinden sich auch andere. Kaninchen laufen nicht so schnell, wie man denkt. Der Eindruck von großer Geschwindigkeit täuscht. Die höchste Fluchtgeschwindigkeit eines Kaninchens beträgt ungefähr 30 Kilometer in der Stunde. Doch aufgrund seiner unberechenbaren und sprunghaften Art zu fliehen, mit den plötzlichen Seitwärtssprüngen und Richtungswechseln, wirkt seine Geschwindigkeit ungeheuer schnell und verleitet den Jäger häufig zu Fehlschüssen. Ein Vorteil dieser Jagdform besteht darin, daß sich dem Jäger nach einem Fehlschuß meistens noch eine zweite Gelegenheit zum Schuß bietet.
Auch in der Aufregung der Jagd muß sich jeder Jäger sicherheitsbewußt und vorsichtig verhalten. Wenn das Kaninchen erscheint, ist manchmal ein Hund so dicht hinter ihm, daß der Jäger nicht gefahrlos schießen kann. Selbst wenn er schon mit dem Durchschwung begonnen und sein Ziel im Visier hat, darf er in diesem Fall nicht abdrücken. (Dieser Fall tritt häufig mit Springerspaniels auf, kommt allerdings auch mit gut ausgebildeten Beagles vor.)
Noch größere Vorsicht ist in Hinsicht auf die Jagdgefährten geboten. Der Jäger muß den Aufenthaltsort der anderen Jäger genau kennen. Er muß wissen, daß er nicht schießen darf, wenn ein Kaninchen auf einer bestimmten Lichtung erscheint, da ihm schräg gegenüber ein Jäger steht, der seiner Feuerlinie zu nahe ist. Bei sorgfältiger Auswahl der Jagdgefährten kann er davon ausgehen, daß sie sich ebenso vorsichtig verhalten wie er. Wenn er kein vollständiges Vertrauen in sie hat, sollte er die Jagd sofort abbrechen und nie wieder mit ihnen jagen.
Die Beagle-Jagd auf den amerikanischen Hasen ist ein Mittelding zwischen der Jagd auf das amerikanische Wildkaninchen und der Jagd auf den europäischen Hasen. Der amerikanische Hase bleibt möglichst in seinem Revier oder zumindest in dessen Nähe. In der Regel kehrt er in einem großen Kreis wieder an den Ausgangspunkt zurück. Doch er ist mutiger und hat ein größeres Revier als das Wildkaninchen und führt die Hunde auf einer Spur, die an die eines europäischen Hasen erinnert. Auch hier versucht der erfahrene Jäger nicht unbedingt, den Hunden zu folgen. Er achtet stattdessen auf ihr helles Bellen, geht in die entsprechende Richtung und stellt sich so auf, daß er die Kreuzungspunkte im Blick hat, die der Hase wahrscheinlich passiert.

Die Fährte in der Zeichnung mag verwickelt und kompliziert erscheinen, doch handelt es sich um die typische Fährte eines verfolgten Hasen. Der Jäger gibt an Punkt A den Hund frei. Er ist mit dem Gelände gut vertraut und

weiß, daß in diesem Revier meistens Hasen zu finden sind. Tatsächlich zeigt frische Hasenlosung, daß sich vor kurzem ein Hase hier aufgehalten hat. An Punkt B stöbert der Hund den Hasen auf, und die Jagd beginnt.

Der Hase flüchtet sehr schnell, während der Hund ihm bellend folgt. Die Spur ist sehr verwickelt und weist viele enge Kurven auf. Dem Hund gelingt es aber, dem Hasen dicht auf den Fersen zu bleiben, bis sie einen kleinen Teich erreichen (Punkt C). Hier zieht der Hase mehrere Kreise auf dem feuchten, morastigen Boden. Für den Hund ist es äußerst schwer, wenn nicht unmöglich, die Fährte auf feuchtem Boden zu halten. Schließlich nimmt er die Witterung wieder auf. Der Hase läuft in nahezu gerader Linie ungefähr einen Kilometer weit und überquert dann eine Straße. Glücklicherweise kreuzt er sie in gerader Linie, so daß keine Unterbrechung in seiner Fährte entsteht. Aber an Punkt D verliert der Hund die Fährte. Hier ist der Hase ca. 50 Meter auf der Straße entlanggelaufen. Vor kurzem haben Autos die Straße befahren, was es für den Hund noch schwieriger macht, die Witterung des Hasen aufzunehmen. Der Hund sucht witternd die Straße nach der Fährte des Hasen ab. Diese Fähigkeit, umherzulaufen, bis eine Spur wiedergefunden ist, gehört zu den speziellen angeborenen Fähigkeiten der Spürhunde.

Während der Hund sucht, ruht sich der Hase aus. Nach 15 Minuten hat der Hund die Fährte wieder gefunden, und die Jagd geht weiter.

Der Jäger hat unterdessen an Punkt A gewartet. Als jetzt Hase und Hund an Punkt E hinter dem Hügel verschwinden, kann er den Hund nicht mehr hören. Er vermutet, daß der Hund seine Verfolgung erneut unterbrechen mußte.

Dem Jäger bieten sich zwei Möglichkeiten. Erstens kann er zu Punkt E gehen, wo er den Hund zuletzt gehört hatte, um nachzusehen, was passiert ist. Zweitens kann er zu Punkt B gehen, wo die Verfolgung des Hasen begann. Meistens kehrt ein verfolgter Hase früher oder später an seinen Ausgangspunkt zurück. Daher entschließt sich der Jäger zur zweiten Möglichkeit. Er stellt sich so auf, daß er in beide Richtungen einen freien Blick hat.

Sein Entschluß erweist sich als richtig. Nachdem der Hase hinter dem Hügel hervorkommt, überquert er die Straße zum dritten Mal und passiert die Stelle, an der er aufgestöbert wurde. Jetzt bietet sich dem wartenden Jäger eine Gelegenheit zum Schuß.

Bei dieser Jagdform läßt sich eine Flinte mit 12er-, 16er- oder 20er-Bohrung mit ¾-Choke oder Voll-Choke verwenden. Als Schrot eignet sich am besten U.S. Nr. 4.

Die Fährtensuche im Schnee

Der Fährte eines Wildes im Schnee ohne Hund zu folgen, ist eine aufregende, interessante Form der Jagd, die viel Geduld erfordert. Erst nach vielen Mißerfolgen und zahlreichen Fehlern beherrscht ein Jäger diese Jagdtechnik. Um Erfolg zu haben, muß er hier mehr als bei anderen Formen der Jagd die Gewohnheiten und das Verhalten des Wildes genau kennen. Meistens jagt ein Jäger allein. Möglichst nur bei Neuschnee (nicht älter als 1 Tag) folgt er der Fährte des Wildes. Als Jagdwild kommen mehrere Arten in Frage.

In Europa wird zur Kleintierjagd in der Regel eine Flinte verwendet. Sehr gut eignet sich eine Flinte mit 20er-Bohrung und starker Mündungsverengung zusammen mit einer Schrotladung U.S. Nr. 4. Eine leichte Flinte ist vorzuziehen, da der Weg vielfach durch schwieriges Gelände führt und eine schwere Flinte dabei schnell zur Last fällt. In den Vereinigten Staaten werden je nach Gegend, Jagdvorschriften und persönlicher Vorliebe Büchsen, Flinten, Faustfeuerwaffen oder auch Pfeil und Bogen bei dieser Art der Jagd verwendet.

Das abgebildete Beispiel zeigt die Verfolgung eines europäischen Hasen im Schnee. Nur wenige Tiere sind so geschickt und trickreich im Abschütteln von Verfolgern wie der Hase. In den Vereinigten Staaten wird auch Großwild, insbesondere Weißwedelhirsche und Maultierhirsche, auf diese Weise gejagt. Wie der Hase, geht auch der Hirsch manchmal in der eigenen Spur zurück oder macht einen Kreis, um Verfolger abzuhängen. Er überquert Felsen oder andere kahle Stellen, an denen der Wind den Schnee weggeblasen hat. Manchmal watet er sogar in einem Fluß entlang, so daß der Jäger gezwungen ist, am Ufer nach der Stelle zu suchen, an der er den Fluß wieder verlassen hat. Die Jagd wird durch zwei Faktoren zusätzlich erschwert. Erstens ist der Jäger manchmal gezwungen, die Spur zu verlassen, damit ihn der Hirsch aufgrund der Windrichtung nicht wittert oder ihn nicht sieht. Voraussetzung ist natürlich, daß der Jäger den Hirsch ganz in der Nähe vermutet. In diesem kritischen Moment muß der Jäger aufgrund seiner Erfahrung und anhand der Situation die Zugrichtung des Hirsches erraten und entscheiden, wie er am besten an ihn herankommt. Die andere Erschwernis ist durch das Durchhaltevermögen und die Geschwindigkeit des Hirsches gegeben. Ein erfahrener Bock läßt sich kaum an einem Tag aufspüren. Sehr gute Jäger nehmen einen leichten Rucksack mit und kampieren dort, wohin sie die Fährte führt. Sie verbringen mehrere Tage in den Wäldern, um einen erfahrenen Bock zu überlisten. Diese Art der Jagd ist jedoch nur etwas für Jäger, die über große Erfahrung verfügen und sich hervorragend im Wald auskennen.

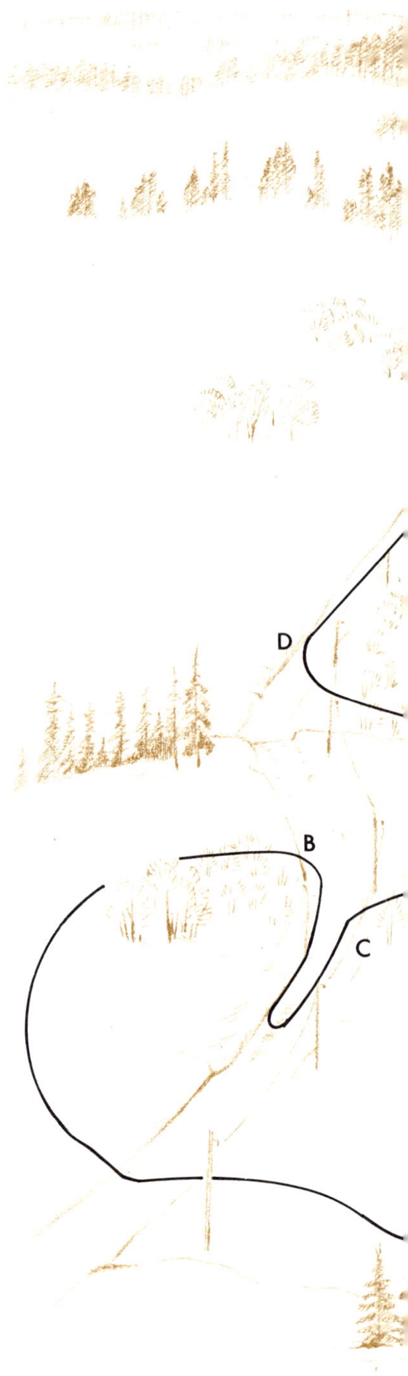

——— Hase
– – – – Suchkreise des Jägers

An Punkt A stößt der Jäger auf eine einzelne Hasenfährte. Das Gelände ist zum Teil mit Bäumen und Büschen bewachsen. Die Fährte führt nach kurzer Zeit auf eine Straße, die der Hase direkt überquert. An Punkt B führt die Fährte erneut auf die Straße. Hier ist der Hase in seiner eigenen Spur zurückgelaufen — ein sehr beliebter Trick. Statt die ganze Spur auszugehen, sucht der Jäger lieber nach der Stelle, an der der Hase die Straße wieder verlassen hat. An Punkt C wird er fündig. Von hier führt die Fährte eine kurze Strecke von der Straße weg. Dann macht sie einen Bogen und trifft an Punkt D erneut auf die Straße.
Die Hasenfährte wird von der Spur eines zweiten Hasen gekreuzt. Der Jäger muß umhersuchen, bis er »seinen« Hasen wieder findet. Doch noch schwerer wird es auf einer Wiese an Punkt E. Hier kreuzen sich mehrere Fährten. Dem Jäger bleibt nur die Möglichkeit, um die Stelle einen großen Kreis zu gehen. Wenn er hierbei auf keine Hasenfährte trifft, müssen sich mehrere Hasen innerhalb des Kreises befinden. Doch an Punkt F stößt er auf eine Spur. Er weiß nicht, ob es sich immer noch um den gleichen Hasen wie am Anfang handelt. Die Fährte macht einen großen Kreis und mehrere kleine und führt ihn schließlich zu Punkt G, wo der Jäger sie erneut verliert. Wiederum geht er in einem großen Kreis um das Gebiet, doch jetzt führt keine Fährte hinaus. Mit der Flinte im Anschlag geht er einen kleineren Kreis um Punkt G. Schließlich findet der Jäger die Fährte wieder. Ein wichtiges Verhaltensmerkmal des europäischen Hasen besteht darin, daß der Abstand zwischen den Abdrücken der Vorder- und Hinterpfoten kleiner wird, wenn der Hase sich verstecken möchte.
Wenn der Abstand zwischen den Spuren nur noch die Breite einer Hand hat und die Spur plötzlich verschwindet, weiß der Jäger, daß der Hase nur noch wenige Meter entfernt ist. Er hat einen gewaltigen Sprung zur Seite gemacht und liegt still in seinem Versteck.
Jetzt besteht die Gefahr, daß der Hase davonläuft, bevor der Jäger schußbereit ist. Er kann dies zu verhindern versuchen, indem er mit den Füßen auf der Stelle tritt und dabei die Umgebung genau ins Auge faßt. Sobald er weiß, wo sich der Hase befindet, nimmt er seine Flinte in Anschlag und schießt, wenn der Hase aus seiner Dekkung hervorbricht.

Die Pirsch

Unter diesen Begriff fallen alle Formen der Jagd, in denen der Jäger versucht, sich dem Wild ungesehen bis auf Schußweite zu nähern. Das Gegenteil der Pirsch ist die Ansitzjagd. Hier bezieht der Jäger eine Deckung und wartet, daß sich das Tier bis auf Schußweite nähert. Manchmal ergibt sich aus den Umständen eine Verbindung beider Jagdformen. Wenn sich der Jäger zum Beispiel in seiner Deckung befindet und sieht, daß ein Wild nicht bis auf Schußweite herankommt, pirscht er sich geräuschlos an das Tier heran, um in eine bessere Schußposition zu gelangen.
Auf der Pirsch werden viele Wildarten gejagt. Als Jagdwaffen verwenden die Jäger Büchsen, kombinierte Waffen (auf dem europäischen Festland) oder Flinten (hauptsächlich für die Wasservogeljagd).
Die Pirsch eignet sich nur für den Einzeljäger. Er muß über ein breites Wissen, viel Erfahrung und großes Geschick verfügen, um sich einem Tier bis auf Schußweite zu nähern. Manchmal bietet sich ihm erst nach einer Pirsch von mehreren Stunden die Gelegenheit zum Schuß, zum Beispiel bei dem sehr vorsichtigen Rotwild im schottischen Hochland und bei Gemsen oder Steinböcken in den Rocky Mountains oder den Alpen. Daher sind ein Fernglas und ein Zielfernrohr bei dieser Jagdform unverzichtbar. Bei der traditionellen Form der Pirsch in Europa und Afrika weiß der Jäger, daß das Wild an einem bestimmten Ort steht, oder er vermutet es zumindest. Er hat das Tier auf einem fernen Hang entdeckt oder hat es über einen Höhenrücken oder in ein Gehölz ziehen sehen. Nur selten kommt der Jäger auf direktem Wege an das Wild heran. Er muß sich dem Tier nähern, ohne daß es ihn hört oder wittert. Dabei bewegt er sich möglichst geräuschlos gegen den Wind und versucht, eine Stelle zu erreichen, die ihm in Büchsenreichweite eine klare Sicht auf das Tier bietet. Der Jäger bewegt sich bei der Pirsch nur selten geradlinig, sondern meistens in einer Schlängellinie voran. Die Jagd zieht sich oft sehr lange hin und ist sehr anstrengend. In Europa und insbesondere in Amerika ist auch eine andere Art der Pirsch verbreitet. Es handelt sich um eine Art »lautlose« Jagd. Diese Jagdtechnik stellt höchste Ansprüche an den Jäger. Er kennt bei Beginn der Pirsch nicht den Standort des Wildes, sondern nimmt nur an, daß sich das Wild — in der Regel ein Hirsch — irgendwo in der Nähe aufhält. Der Jäger muß lernen, auf jedes Geräusch zu achten und sehr aufmerksam Ausschau halten. Das Tier ist oft nicht in seiner Gesamtheit zu sehen, da es häufig zum Teil von Laubwerk oder Geländeformen verdeckt ist. Auf den ersten Blick meint er zum Beispiel, er sieht einen jungen Baum im Unterholz, doch in Wirklichkeit ist es der Lauf eines Hirsches. Bei einem graubraunen Fleck, dessen Farbe geringfügig von der Farbe eines Baumstammes oder der umliegenden Büsche abweicht, könnte es sich um das Körperteil eines Hirsches handeln — die Flanken, den Kopf oder auch nur ein Ohr. Bei etwas Glück bekommt der Jäger plötzlich das ganze Tier zu sehen. Doch noch immer ist ein Schuß nicht möglich. Aber jetzt kennt der Jäger den

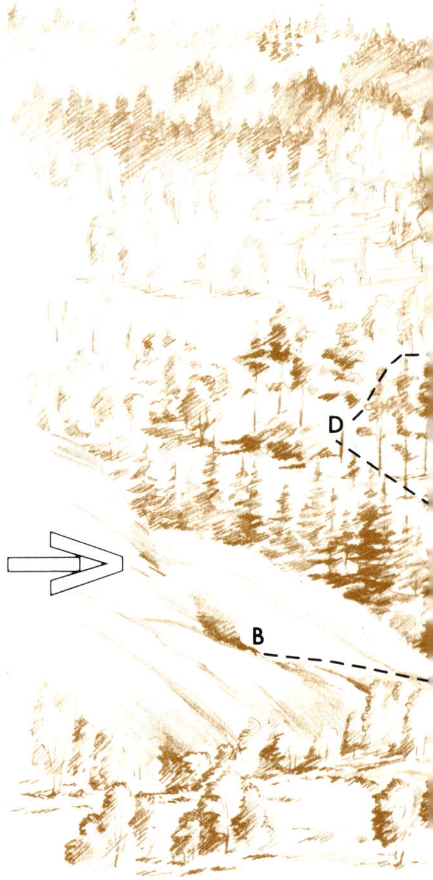

Die Pirsch auf den Auerhahn
In der Abbildung ist eine weniger komplizierte Form der Pirsch dargestellt. Doch auch hier ist viel Geduld erforderlich. Gejagt wird der Auerhahn. Dieser Vogel ist in Skandinavien und Schottland beheimatet und hat ungefähr dieselbe Größe wie der wilde Truthahn. Er findet seine Nahrung in den Wipfeln von Kiefern. In der Regel wird er mit einer kleinkalibrigen Büchse mit Zielfernrohr gejagt, wobei das Zielfernrohr eine starke Vergrößerung haben sollte. Es werden nur Vollmantelgeschosse verwendet, da Geschosse mit weicher oder hohler Spitze das Fleisch unnötig beschädigen.
Die Jagd findet in einem ausgewachsenen Kiefernwald statt. Der Jäger weiß, daß hier Auerhähne vorkommen. Er entdeckt einen Auerhahn im Wipfel einer Kiefer an Punkt A. Der Baum steht am Rand eines Sumpfes in einer kleinen Lichtung. Um den Sumpf erstreckt sich dichter Wald. Der Jäger befindet sich an Punkt B.

Weiter vorn bieten ihm einige kleinere Bäume Deckung. Normalerweise könnte der Jäger sich unter Ausnutzung dieser Deckung an den Vogel heranschleichen. Doch da der Wind von hinten kommt, könnte der Vogel jedes Geräusch hören, das er macht. Der Jäger entschließt sich, einen Kreis um den Vogel zu machen. Sein Plan ist, vom Punkt C aus am Sumpf entlangzugehen und unter dem Schutz der Bäume in eine gute Schußposition zu gelangen. Doch als er an Punkt C ankommt, sieht er, daß der Boden so zugewachsen ist, daß er nicht geräuschlos vorankommen kann. Er entschließt sich, zu Punkt D vorzudringen. Von dort aus führt ein schmaler Pfad an den Sumpf. Hier kommt der Wind auch nicht mehr von hinten.
An Punkt E hat er den Vogel deutlich im Blick. Er hält an und zielt, wobei er die Büchse auf einem Baumstamm aufstützt. Der Vogel ist ca. 100 Meter entfernt — kein Problem für einen erfahrenen Jäger mit einer guten Waffe.

Standort des Wildes und kann seine Pirsch in herkömmlicher Weise fortsetzen. Der größte Jagderfolg des Pirsch-Jägers, der sich nur bei langer Erfahrung und großem Können — seltener auch durch bloßes Glück — einstellt, besteht darin, den Hirsch entweder aus seinem Lager aufzuscheuchen oder ihn zu erlegen, bevor er aufspringen und flüchten kann. Um das zu erreichen, muß der Jäger sich ausgezeichnet verstecken und außerordentlich ruhig und wachsam vorgehen.
Ausrüstung und Bekleidung müssen den Umständen angepaßt werden. Die Kleidung hat die gleiche Farbe wie die Umgebung. Bei der Federwildjagd im Schnee zum Beispiel ist sie weiß, unter normalen Witterungsbedingungen ist sie tarngrün. Bei der Federwildpirsch werden Enten oder Gänse gejagt, die an Land Futter suchen oder auf dem Wasser ruhen. Der Jäger versucht, sich bis auf Schrotschußentfernung an sie heranzuschleichen. Hat er seine Schußposition erreicht, richtet er sich auf. Erschreckt fliegen die Vögel auf, und in diesem Augenblick feuert der Jäger. Er muß sich geräuschlos bewegen können und völlig ruhige Nerven haben. Auf den letzten Metern darf er nicht das geringste Geräusch verursachen. (Manchmal ist es hilfreich, über den Schuhen ein paar alte Socken zu tragen.)
Bei der Jagd auf Gemsen oder Rotwild im Gebirge bereiten manchmal Schußwinkel und Entfernung Probleme. In diesem Fall bietet ein Kaliber mit flacher Flugbahn die besten Trefferchancen, zumal der Jäger meistens nur zu einem einzigen Schuß Gelegenheit hat.

Die »Baumjagd« mit Hunden

Die Jagd mit einem Hund, der in den Bäumen sitzendes Wild anzeigt, ist in Skandinavien eine alte, bewährte Methode der Jagd auf Auerhahn und Moorhuhn. In den Vereinigten Staaten wird auf ähnliche Weise das Eichhörnchen gejagt.

Bei der Eichhörnchenjagd stöbert der Hund ein Eichhörnchen auf und jagt es auf einen Baum, oder er hört ein Eichhörnchen, das auf einem Baum sitzt. Der Hund zeigt durch Bellen an, daß er ein Eichhörnchen gefunden hat, und der Jäger eilt herbei. Das Eichhörnchen klettert auf die andere Seite des Baumstammes. Der Hund umkreist bellend den Baum. Um sich vor dem Hund zu verbergen, springt das Eichhörnchen auf einen anderen Baum oder von Ast zu Ast. Möglicherweise klettert es auch auf die Seite des Baumstammes, an der der Jäger steht. Fast immer bietet sich dem Jäger eine gute Schußgelegenheit. Die meisten Jäger verwenden für diese Jagdweise eine Kleinkaliberbüchse, zum Beispiel mit Kaliber .22. Einige nehmen eine Flinte mit 20er-Bohrung und leichter Schrotladung (U.S. Nr. 6).

Die Auerhahnjagd, wie sie in Skandinavien betrieben wird, ist anspruchsvoller. Meistens jagen ein Jäger und ein Hund allein. Der Hund spürt das Wild auf und bellt am Fuße des Baumes. Der Jäger pirscht sich vorsichtig bis auf Schußweite heran. Wenn der Vogel den Jäger bemerkt oder durch etwas anderes aufgeschreckt wird, fliegt er sofort weg, wenn der Hund zu bellen beginnt. Doch wenn er die Gefahr nicht erkennt, wird er durch das Bellen sogar abgelenkt und bleibt noch kurze Zeit hocken. Wenn der Auerhahn auch nur zwei Minuten sitzenbleibt, gelingt es dem Jäger vielleicht, eine gute Schußposition zu finden.

Ein für die Baumjagd gut geeigneter Hund zeigt während der Jagd ein erstaunliches Geschick und ein ausgezeichnetes Gespür. Um das Wild zu finden, arbeitet er mit der Nase, den Augen und dem Gehör. Ein Hund mit Hängeohren ist nicht zu empfehlen, da er schlechter hört als ein Hund mit stehenden Ohren. Aus diesem Grund eignet sich der Pomeraner besonders für diese Jagdform.

In der Regel verwendet der Jäger eine Büchse mit Zielfernrohr. Empfehlenswert ist eine Büchse mit kleinem Kaliber, zum Beispiel die Kaliber .22 Magnum oder .222 Remington. Der Jäger muß sich äußerst vorsichtig heranpirschen, da der Vogel sehr gut sieht und sich meistens an einem günstigen Aussichtspunkt befindet.

Auerhahnjagd mit einem Hund
Gejagt wird in einem relativ dicht bewaldeten Gebiet, das mit großen ausgewachsenen Bäumen bestanden ist. Hier und da befinden sich vereinzelte Lichtungen. Der Hund wird an Punkt A von der Leine gelassen und durchstreift unabhängig vom Jäger das Gelände. An Punkt B trifft er auf einen Hirsch, doch da er speziell für die Vogeljagd ausgebildet wurde, ignoriert er ihn. Während der Hund einen Vogel sucht, wartet der Jäger, ohne von der Stelle zu gehen. Ungefähr alle 10 Minuten kommt der Hund zurück um ihm zu »melden«, daß er noch keinen Vogel gefunden hat.
Nach ungefähr einer halben Stunde wittert der Hund an Punkt C einen Auerhahn, der hier auf dem Boden nach Nahrung gesucht hat. Der Hund folgt der Witterung ungefähr 30m bis zu Punkt D, wo er den Vogel zum ersten Mal zu Gesicht bekommt. Der Vogel fliegt auf und läßt sich in einem Baum an Punkt E nieder. Der Hund verfolgt das Fluggeräusch und weiß, wo der Vogel sich befindet.
Die meisten Hunde können in einer solchen Situation nicht mehr feststellen, in welchem Baum der Vogel sitzt. Jetzt machen sich Erfahrung und gute Ausbildung bezahlt. Unser Hund ist ein geschickter Taktiker. Zuerst geht er dorthin, wo er den Vogel vermutet, nämlich an Punkt F. Er bellt laut und lauscht dann. Der Vogel, der an Punkt E sitzt, wechselt unruhig seine Position und verrät dadurch dem Hund seinen Aufenthaltsort. Jetzt findet er den richtigen Baum und beginnt fortwährend zu bellen.
Der Jäger befindet sich noch an Punkt A. Er hört, wie der Hund den Vogel verbellt und überlegt sich, wie er sich am besten dem Baum nähert. Er beschließt, zu Punkt G zu gehen, doch der Vogel entdeckt ihn und läßt sich in einem anderen Baum nieder, an Punkt H. Der Hund ist ihm gefolgt. Sein erneutes Bellen führt den Jäger in die richtige Richtung. Vom Punkt I aus hat er den Vogel in ungefähr 80m Entfernung deutlich im Visier. Mit seinem kleinkalibrigen Gewehr mit Zielfernrohr benötigt er nur einen Schuß, um den Vogel zu erlegen.
Der Jäger lobt den Hund jetzt überschwenglich. Er zeigt ihm den toten Vogel und macht ihm deutlich, daß sein Geschick den Jagderfolg herbeiführte.

Die Nachsuche mit dem Hund

Es gibt eine unumstößliche Regel, die jeder gute Jäger stets befolgt. Sie besagt, daß verletztes Wild aufgestöbert und ihm der Fangschuß erteilt werden muß. Ein Spürhund ist zum Auffinden des angeschossenen Tieres unverzichtbar. In vielen Ländern Europas ist es sogar Vorschrift, auf der Jagd einen Spürhund mitzuführen. In den Vereinigten Staaten dagegen ist der Einsatz von Hunden zu diesem Zweck verboten und nur den Vertretern der Jagdbehörden gestattet. Das Verbot ist darauf zurückzuführen, daß vor einigen Jahren wildernde Hunde in den Vereinigten Staaten zu einem großen Problem geworden waren. Sie störten das Wild und töteten Rotwild und andere Tiere. Man befürchtete daher, daß die zur Verfolgung von Rotwild ausgebildeten Hunde zu wildern beginnen, wenn sie unbeaufsichtigt sind. Daher wurde der Einsatz von Hunden bei der Hirschjagd und auch bei der Nachsuche von angeschossenem Wild verboten. (In einigen Staaten dürfen Hunde auch bei der Bärenjagd nicht eingesetzt werden.) In Kanada dagegen ist die Verfolgung eines angeschossenen Hirsches oder Elchs mit Hilfe von Hunden erlaubt. Viele amerikanische Jäger würden lieber nach der europäischen und kanadischen Regel verfahren, da bei der Verfolgung von tödlich verletzten Hirschen mit einem Hund erheblich mehr Tiere gefundenen werden.

Auch bei der Suche nach angeschossenem Kleinwild und Federwild ist der Hund eine große Hilfe. Am besten eignen sich spezielle Apportierhunde. Der Hund wird in der Regel an der langen Leine geführt und sucht das verwundete Tier, während ihm der Jäger mit dem Gewehr im Anschlag folgt. Ein gut ausgebildeter Hund muß nicht an der Leine geführt werden, sondern arbeitet frei, wobei er dicht bei dem Jäger bleibt. Manchmal muß der Hund sogar völlig selbständig vorgehen, ohne daß er Kontakt mit dem Jäger hat.

Es gibt zahlreiche Hunderassen, die für diese Aufgaben eingesetzt werden können, doch in Europa und vor allem in Skandinavien wird bei Elchen und Hirschen der Pomeraner bevorzugt.

Manchmal wird das angeschossene Tier schnell aufgestöbert, doch in schwierigen Fällen kann die Suche auch Stunden dauern. Die in der Abbildung dargestellte Jagdsituation schildert alle häufig auftretenden Probleme.

Wenn ein größeres Tier angeschossen wurde und aufgespürt werden muß, sollte der Jäger mindestens eine Stunde warten, bevor er ihm nachgeht. Das mag schwerfallen, ist jedoch sehr wichtig. Dieser Aufschub gibt dem Tier Gelegenheit, sich in relativ geringer Entfernung niederzulegen. Der Jäger findet es dann erheblich schneller. Wenn der Hund zu früh auf die Spur gesetzt wird, läuft das Tier möglicherweise sehr weit weg, bevor es sich niederlegt. Der Jäger sollte außerdem lernen, sich mehr auf die Nase seines Hundes zu verlassen als auf sein eigenes Gefühl, was die Spur des Wildes betrifft.

An Punkt A, in unmittelbarer Nähe eines Waldweges, hat der Jäger einen Hirsch geschossen. Er ist aber nicht zusammengebrochen. Vermutlich hat der Hirsch eine Bauchwunde oder einen verletzten Hinterlauf. Eine solche Wunde hinterläßt meist nur eine schwache Blutspur. Außerdem hat der Jäger möglicherweise die Witterung des Tieres verdeckt, als er in dem Bereich herumging, in dem der Hirsch den Treffer erhielt. Daher läßt der Hundeführer den Hund das Gebiet durchstöbern, bis er die Fährte gefunden hat. Der Hund führt den Jäger durch den Wald zu Punkt B. Hier kreuzt die Spur einen Weg, der häufig von Wanderern und Beerenpflückern begangen wird. Der Hund hat Schwierigkeiten, die Fährte zu halten, aber anscheinend ist das Tier einige Zeit dem Weg gefolgt. Der Hund muß das Gelände durchstöbern, bis er seine Fährte wieder findet.
An Punkt C gelangen sie an einen Bach. Hat ihn der Hirsch durchquert oder ist er im Wasser den Bach entlanggegangen? Der Hund sucht die Ufer zu beiden Seiten ab. Schließlich findet er die Fährte wieder.

Sie folgen ihr jetzt zu einem See. An Punkt D verliert sich die Fährte erneut. Der See ist von einem breiten Schilfgürtel umgeben, und der Jäger weiß nicht, ob der Hirsch weitergezogen ist oder sich versteckt hat. Er muß einen Kreis um den See schlagen. Wenn die Fährte nirgendwo heraustritt, muß das Tier im Schilf gestellt werden. Doch als der Hund nach dem Umgehen des Sees erneut an den Punkt D kommt, stößt er auf eine frische Fährte. Der Hirsch ist weitergezogen, während der Hund um den See lief.

An Punkt E tritt ein neues Problem auf. Die Fährte des verwundeten Tieres wird von der frischen Fährte eines anderen Hirsches gekreuzt. Der Hund folgt der neuen Fährte und merkt erst nach einiger Zeit, daß er das falsche Tier verfolgt.

Als der Hund wieder auf der richtigen Fährte ist, dringen von Punkt F Geräusche hinüber. Die Suche nähert sich ihrer entscheidenden Phase. An Punkt F stößt der Jäger auf einen frischen Liegeplatz. Hier hat sich das Tier niedergelegt und ausgeruht, während Jäger und Hund sich ihm näherten. An Punkt G wird der Hund immer aufgeregter. Sein Verhalten zeigt, daß der Hirsch in der Nähe ist. An einem Baumstamm findet der Jäger Spuren des Mageninhalts des Tieres. Der Hirsch hat also eine Bauchwunde und wird schon sehr geschwächt sein.

Kurz darauf, an Punkt H, muß sich der Hirsch erneut niederlegen. Der Jäger kann sich ihm nähern und gibt ihm den Fangschuß. In einer solchen Situation darf der Hund auf keine Fall bellen oder sich auf das Tier stürzen.

Auch während der Verfolgung des Tieres darf er nicht bellen.

Index

P

R

S

T

U

V

W

Z